# Das große Wohnmobilbuch Deutschland

Petra Lupp, Martin Klug

# DAS GROSSE WOHNMOBILBUCH DEUTSCHLAND

Die schönsten Routen zwischen Sylt und Alpen

BRUCKMANN

MAUT
0,0

# INHALT

St
100
2016
1,0

# INHALT

# » BELIEBTES REISEZIEL DEUTSCHLAND

Nordfriesland in seinen schönsten Farben

Neu-Augustenkoog
HYMER

Deutsche sind bekannt für ihre Reiseleidenschaft und zählen seit Langem zu den aktivsten Nationen weltweit, wenn es um Auslandsreisen geht. Mit zunehmender Tendenz jedoch nehmen die Deutschen ihr eigenes Land wahr – für Städtetrips übers Wochenende, Kurzurlaube am Strand oder in den Bergen sowie gleich ganze Jahresurlaube für Entspannung und sportliche Aktivitäten. Dieser Trend führt dazu, dass – anders als gemeinhin angenommen – die Deutschen bereits die Mehrheit ihrer Urlaubsreisetage im Inland verbringen, so der Bundesverband der Deutschen Tourismuswirtschaft. Vorbei die Zeiten, da das touristische Angebot in den Alpen, an Nord- und Ostsee, an Rhein, Mosel & Co mehrheitlich von Reisenden älterer Jahrgänge wertgeschätzt wurde und die Infrastruktur mancherorts altbacken wirkte. Wer heutzutage Deutschlands beliebteste Ferienregionen ansteuert, ist beeindruckt von der starken Präsenz aller Bevölkerungsgruppen und Altersklassen, auch von einladenden Beherbergungsbetrieben und serviceorientierten Restaurants mit oder ohne Stern, von gepflegten Campinganlagen und modernsten Freizeiteinrichtungen.

Mit stark steigender Tendenz nimmt das Reisen im Wohnmobil dabei im Ranking der beliebtesten Urlaubsformen einen immer bedeutenderen Stellenwert ein. Der Reisemobiltourismus entwickelt sich laut Caravaning Industrie Verband mit einem Umsatz von nahezu 15 Milliarden Euro pro Jahr und einem durchschnittlichen Konsum von 50 Euro pro Tag und Person zu einem bedeutenden Wirtschaftsfaktor (Stand 2019). Die Branche boomt und feiert von Jahr zu Jahr neue Zulassungsrekorde. Gegenwärtig sind nach Angaben des Kraftfahrt-Bundesamtes mehr als eine halbe Million Wohnmobile in Deutschland zugelassen. 3000 Campingplätze mit einer Viertelmillion Standplätzen und 3600 Wohnmobilstellplätze mit über 60 000 Standplätzen können die Nachfrage in Hochsaisonzeiten kaum befriedigen. Reisemobil und Reiseland Deutschland – eine attraktive und stark nachgefragte Kombination!

## GUTEN TAG, HALLO, SERVUS, GRÜSS GOTT, MOIN

Sehr erfreulich in diesem Zusammenhang ist, dass auch unsere europäischen Nachbarn, oft selbst in touristisch attraktiven Ländern beheimatet, Deutschland als interessantes Reise- und Ferienziel immer öfter für sich entdecken. Wer einen Wohnmobilstellplatz oder Campingplatz anfährt, bekommt einen guten Eindruck, wie viele Niederländer, Franzosen, Italiener, Skandinavier, um nur einige zu nennen, das gleiche Ziel hatten. 2018 waren es 1,8 Millionen Camping-Gäste aus dem Ausland.

Was verbindet alle diese Reisenden? Die Sehnsucht nach stabilen, sommerlichen Temperaturen wird, so viel faire Selbsteinschätzung muss sein, nicht zu den ausschlaggebenden Faktoren zählen. Es ist vielmehr die schier überbordende Angebotsvielfalt, die das Reisen in Deutschland so verschiedenartig und reizvoll macht: Das überörtliche Straßennetz ist mit rund 230 000 Kilometern hervorragend ausgebaut und ermöglicht sowohl das zügige Vorankommen von A nach B auf Autobahnen als auch das gemütliche Cruisen auf verträumten Landstraßen. Großer Pluspunkt: All dies lässt sich mautfrei befahren. Dabei ist das Landschaftsbild auf der Reise von Nord nach Süd, von West nach Ost gleichermaßen unterschiedlich wie faszinierend. Von Wohlfühl-Küsten über wanderfreundliche Mittelgebirge, von unverwechselbaren Metropolen über romantische Fachwerkdörfer, von wilden Schluchten über alpine Panoramen: ländliches und urbanes Bilderbuch-Wechselspiel auf gerade einmal 357 000 Quadratkilometern. Und doch sind auch Einheimische des Öfteren überrascht, welche Regionen Deutschlands sie noch nicht kannten und mit dem Wohnmobil nun erstmals für sich registrieren und bereisen.

Linke Seite oben: Blick in den Thüringer Wald; unten: Ostseestrand bei Ahrenshoop

Die Autoren Martin Klug und Petra Lupp per E-Bike unterwegs

Symbol für 25 Jahre Einheit

Rechts: Wohnmobilisten genießen gerne Wandern und Natur.

## KULTUR, KUNST UND LEBENSQUALITÄT

Deutschland ist aber und vor allem auch Kulturland. Interessierte finden zu Themen rund um historische Sehenswürdigkeiten, Kultur- und Baudenkmäler, Kunst, Literatur, Theater, Film, Musik, Architektur – um nur einige Bereiche zu nennen – unzählige Angebote in Form von Stadtführungen, Museen, Konzerten und Events. Garniert wird die landschaftliche und kulturelle Entdeckungsreise von einer gastfreundlichen und weltoffenen Bevölkerung, die sich befreit hat vom hartnäckigen Klischee der humorlosen Deutschen und bei ausländischen Gästen immer mehr auf positive Verwunderung stößt. Die Verständigungsmöglichkeiten auf Englisch sind in großen Bevölkerungsteilen Deutschlands als sehr gut zu bezeichnen. Touristeninformationen bieten zahlreiche Infobroschüren zwei- oder mehrsprachig und dazu mehrheitlich kostenfrei an. Die wichtigsten touristischen Sehenswürdigkeiten werden von qualifizierten Guides in diversen Fremdsprachen angeboten, Infotafeln sind oft zumindest zweisprachig.

Das allgemeine Preisniveau in Deutschland ist ein weiterer Punkt auf der Haben-Seite. Die wohnmobilspezifischen Kosten für die Stellplatzgebühren und Nebenkosten sind moderat, selbst wenn die allgemeine Preissteigerung auch hier nicht haltmacht. Die Infrastruktur auf den Plätzen reicht von einfacher Ver- und Entsorgung an Münzautomaten bis zu komfortablen Sterne-Anlagen mit bestens ausgestatteten Gastronomie-, Sanitär- und Freizeiteinrichtungen.

Die Restaurantpreise sind im internationalen Vergleich günstig, das gastronomische Angebot reicht von der rustikalen Straußwirtschaft über bürgerliche Tagesgerichte bis zur Sterneküche, die, unter Einbeziehung und Neu-Interpretation der traditionellen deutschen Küche, durch eine innovative und ausgezeichnete Speisenvielfalt gekennzeichnet ist. Ohnehin entdecken Gastronomie wie

Hund und Wohnmobil – das passt!

auch Handel den Kunden wieder als König. Die viel gescholtene »Dienstleistungswüste Deutschland« ist erfreulicherweise dabei, sich in ein nachhaltiges Feuchtbiotop zu verwandeln.

Liebhaber von alkoholischen Genüssen haben nach Fahrtende die Qual der Wahl, weil sie qualitativ wie preislich auf ein extrem vielschichtiges Angebot treffen. Urige Weinprobierstuben wechseln sich mit stylishen Eventlocations der nachrückenden jüngeren Winzergeneration ab. Die Bandbreite und Qualität der hiesigen Gewächse ist enorm und von der süffigen Schorle bis zum international prämiierten Spitzenwein finden Weinfans eine außerordentlich reiche Auswahl. Selbstverständlich ist Deutschland auch bekannt für seine Biere. Betriebsame Biergärten im Grünen werden mehr und mehr ergänzt durch aufstrebende Handwerksbrauer, die an leckeren neuen Craft-Beer-Kreationen arbeiten und diese in kleinen privat geführten Brauereien anbieten.

Deutschland ist obendrein ein Lebensmittelparadies, sowohl von der Flächenabdeckung mit unterschiedlichsten Lebensmittelmärkten als auch preismäßig gesehen. Selbstversorger und Hobbyköche freuen sich zudem über kurze Wege zu lokalen Wochenmärkten und Bioläden, die frische ökologische Lebensmittel aus regionalem Anbau anbieten.

Deutschland per Fahrrad entdecken

## UNTERWEGS MIT HUND UND RAD

Gefühlt jeder zweite Wohnmobilist schätzt diese Reiseform besonders, weil die vierbeinigen Lieblinge problemlos mitgenommen werden können. Deutschland ist eine Nation von Hundeliebhabern und ein abendlicher Rundgang über einen Stell- oder Campingplatz stellt dies eindrucksvoll unter Beweis. Auch wenn inzwischen vielerorts Leinenpflicht besteht, so ist die Akzeptanz von Hunden hierzulande groß und macht das Wohnmobilreisen mit Vierbeinern zum Vergnügen.

Eine weitere große Leidenschaft der Wohnmobilisten ist das Fahrradfahren. Auch hier punktet Deutschland mit einem Freizeit-Radwegenetz, das für den klassischen Fahrradtraditionalisten, sportlichen Mountainbiker und Rennradler, zeitgeistigen Dirt- und Fatbiker oder den komfortbejahenden E-Biker Tourenangebote für jede Länge und körperlichen Anspruch bereithält. Insbesondere der Markt für E-Bikes bzw. Pedelecs erfährt seit einiger Zeit eine große Nachfrage. Mit der allgemein steigenden Anzahl von Ladestationen, auch auf Wohnmobilstell- und Campingplätzen, äußern die Betreiber ein klares Bekenntnis zu dem erforderlichen Versorgungsnetz, um dem Boom hinsichtlich elektrischer Mobilität zu entsprechen.

Als Resultat sämtlicher Einflussfaktoren, Deutschland mit dem Wohnmobil zu bereisen, steht ein erfreulich positives Ergebnis: eine hervorragende Infrastruktur, eine weit gefächerte Angebotsfülle an Landschafts-, Kultur- und Freizeiteinrichtungen, attraktive Preis-Leistungs-Verhältnisse, eine Gästen gegenüber zunehmend serviceorientierte Dienstleistungsgesellschaft und zu guter Letzt ein Land, das sich zu allen vier Jahreszeiten – das immer populärer werdende Wintercamping einschließend – sehr gut bereisen lässt und das zu einer äußerst attraktiven Destination wird.

Die Deutsche Zentrale für Tourismus wirbt für das Reiseland Deutschland mit dem Slogan »Deutschland – Einfach freundlich«. Wir laden Sie, liebe Leserinnen und Leser, herzlich auf eine nachhaltig erlebnisreiche Fahrt durch Deutschlands schönste Regionen ein und wünschen uns, dass Sie diese Freundlichkeit überall spüren und erfahren können, eine wunderbare Wohnmobil-Zeit und unvergesslich schöne Reisemomente erleben!

Linke Seite: Die Berge locken mit Erholung.

Stellplatz direkt an der Elbe in Glückstadt

# » DIE ROUTEN

Rapsfelder im Mai
nahe der Ostsee

Concorde

# 1 AUF ZU DEUTSCHLANDS ZWEI MEEREN

## Von Hamburg nach Sylt und weiter zur Lübecker Bucht

Wie wunderschön Nord- und Ostsee in ihrer Individualität sind, zeigt diese Route durch den nördlichsten Teil Deutschlands in besonderer Art und Weise. Für alle, die die Hansestadt Hamburg als Startpunkt wählen, wartet nach dem Trubel der Großstadt die Entspanntheit an der Elbe in Glückstadt. Mit der ersten Überquerung des Nord-Ostsee-Kanals (NOK) begleiten Deiche, Schafe, Strände und Naturschönheiten die Weiterfahrt. Beliebt präsentiert sich St. Peter-Ording mit seiner gesunden Nordseeluft. Ruhiger geht es am Leuchtturm Westerhever zu.

Die Schafe stehen auf dem Deich und begrüßen die Reisenden.

Angekommen schließlich in Klanxbüll, geht es auf die legendäre Insel Sylt – der nördlichste Punkt dieser Reise mit ihren Dünen, Walmdachhäusern, Heidelandschaften und feinen Sandstränden. Doch schon heißt es wieder Abschied nehmen von der Nordsee: Durch Leck geht es nach Schleswig, wo das Hafenflair an der Schlei bezaubert; danach lädt Eckernförde zu einem Altstadtbummel ein. In Kiel kreuzt der Nord-Ostsee-Kanal erneut den Fahrweg. Nach Plön und Eutin locken zum Abschluss die wunderbaren Ostsee-Sandstrände in der Lübecker Bucht.

## DIE ELBE ENTLANG

Die traumhafte Stadt **Hamburg** an der Elbe ist Startpunkt. Vom neuen Wahrzeichen, der Elbphilharmonie, geht es durch die Speicherstadt zum Jungfernstieg, danach zum legendären Fischmarkt und an die Landungsbrücken zum Schiffegucken. Ganz nah an die Kolosse heran kommt man bei einer Hafenrundfahrt in einer der traditionellen Barkassen.

Die Weiterfahrt führt über Elmshorn, die Heimat der bekannten Kölln-Flocken,

## ROUTE 1

**START- UND ENDPUNKT**
Hamburg und Scharbeutz

**STRECKENLÄNGE**
565 Kilometer

**FAHRZEIT**
14 bis 18 Tage

Start
**Hamburg**
*Jungfernstieg, Hafencity, Landungsbrücken, Hafenrundfahrt*
Altona
Pinneberg
B431
41 km
**Elmshorn**
B431
22 km
**Glücksstadt**
St. Margarethen, Büttel, Holstendamm, Fähre,
30 km
**Brunsbüttel**
*Nord-Ostsee-Kanal, Schleusenanlage*
Marne, Voigtsweg, Friedrichskooger Str.
B5
29 km
**Friedrichskoog**
*Seehundstation,*
Nordermeldorf
43 km
**Büsum**
*Anlegestelle Helgoland,*
Reinsbüttel, Wesselburen,
B203
*Eider-Sperrwerk, Naturerlebnispark Katinger Watt,*
38 km
**St. Peter-Ording**
*Naturpark Wattenmeer, Strandparken, Leuchtturm Westerhever*
B202
B5
Kotzenbüll
43 km
**Husum**
*Theodor-Storm-Haus*

nach **Glückstadt**. Der Stellplatz am Hafen bezaubert mit einem wunderbaren Blick übers Wasser. Die Anfahrt dorthin ist ausgeschildert und leitet aufgrund der Einbahnstraßenregelung erst durch die Stadt, um dann zum Hafen zurückzuführen. Zentral gibt es Einkaufsmöglichkeiten und einen Wochenmarkt. Alternativ ist Entspannen im Café mit Blick auf die sich mit den Gezeiten bewegenden Boote angesagt.

## AUF DU UND DU MIT DEN GROSSEN PÖTTEN

In **Brunsbüttel** wartet zuerst die kostenlose Fähre, danach die imposante Schleusenanlage des **Nord-Ostsee-Kanals**. Wer Interesse hat, bucht eine offene Schleusenführung und lässt die Containerschiffe mal eben schnell vorbeiziehen, während alle den Erläuterungen lauschen. Der knapp 100 Kilometer lange Nord-Ostsee-Kanal gilt als die meistbefahrene künstliche Seeschifffahrtsstraße der Welt. Vom Segler bis zum Containerschiff, ob Jacht oder Kreuzfahrtschiff, sie alle nutzen den verkürzten Weg, den Kaiser Wilhelm II. im Jahr 1895 eröffnete. 325 Kilometer am Nord-Ostsee-Kanal entlang und gleich noch durch das landschaftlich reizvolle Hinterland führt die Fahrradroute »Kanal total«. Ein Tipp, den aktive Urlauber sicherlich gerne nutzen, um endlich mal Seite an Seite mit den großen Pötten zu radeln. Mehrere Wohnmobilstellplätze, teils mit freiem Blick auf den NOK, laden zum Übernachten und Schiffebeobachten ein.

## GEMÜSE SATT UND STRANDKORBFEELING

Für alle, die im Sommer unterwegs sind, geht es nun geradezu durch einen Kohl- und Kartoffel-Garten, also an weiten Feldern vorbei, nach **Friedrichskoog**. Es scheint, was im Alten Land bei Hamburg das Obst, ist hier im Norden das Gemüse. Der Stellplatz liegt ruhig und rund 600 Meter vom Deich entfernt. Direkt an der Nordsee befindet sich ein Hundestrand. Außerdem gibt es eine Vermietung der klassischen Strandkörbe, um trotz steifer Brise den Sonnenschein zu nutzen. Restaurants bieten leckere Krabbengerichte an und die würzige Nordseeluft lässt man sich gerne auf dem Deich um die Nase wehen. Etwas entfernt am Hafen kann sogar eine Seehundstation besucht werden.

## HELGOLAND ALS TAGESTRIP

Einmal um die Meldorfer Bucht herum bietet das Nordseeheilbad **Büsum** – entsprechend

dem dort in der Hochsaison herrschenden Trubel – einen sehr großen Stellplatz. Der Vorteil ist jedoch, dass der Hafen und die Ablegestellen zur beliebten Nordseeinsel Helgoland mit der berühmten Langen Anna wunderbar fußläufig liegen. Tagesgäste parken übrigens bequem auf einem separaten Parkplatz.

Und es geht noch nördlicher: Das Passieren des Küstenschutzbauwerks **Eidersperrwerk**, das die Sturmfluten der Nordsee an der Mündung der Eider vom Binnenland abhält, ist das Tor nach Nordfriesland. Links der Deich, rechts der Naturerlebnispark Katinger Watt mit dem NABU Naturzentrum. Nach der Besichtigung heißt jedoch das Tagesziel heute **St. Peter-Ording**.

## RUHE, KUR ODER TRUBEL IM NORDSEEBAD

Das einzige Nordseeheil- und Schwefelbad kann bereits auf eine lange Historie als Kurbad zurückblicken. Mit seiner kilometerlangen Küste, den mehrmals im Jahr überschwemmten Salzwiesen und den als Küstenschutz wichtigen Dünen ist der Kurort elementarer Lebensraum im Nationalpark Wattenmeer. Den Charme von St. Peter-Ording erkennt man bei der Besuchspremiere allerdings erst auf den zweiten Blick. Denn viele einzelne Dorfteile reihen sich, durch kleine Wälder getrennt, aneinander. Mal ist hier ein kleines Zentrum, mal dort. Die überall notwendige Gästekarte – selbst für das Betreten des Strandes – ermöglicht kostenlose Busfahrten.

Das Fahrrad ist hier wichtigstes Verkehrsmittel, so scheint es, um die Strandabschnitte unter Beachtung der Strandregeln entspannt zu erkunden. Ein ganz besonderer Tipp: Die bequemste Art, tagsüber die Nordsee direkt aus dem Wohnmobil zu genießen, ist sicherlich das Strandparken. Vom 15. März bis 31. Oktober ist dies kostenpflichtig in den Strandabschnitten Böhl und Ording von 7.30 bis 22.30 Uhr erlaubt.

**Strandkörbe schützen auch an der Nordsee gegen den Wind.**

**Linke Seite: Deich in Friedrichskoog**

**AUSFLUG**

**POSTKARTENIDYLLE LIVE ERLEBEN**

Wer es tagsüber lieber ruhiger mag, fährt ein paar Kilometer weiter zum Leuchtturm Westerhever. Der 2,5 Kilometer lange Fußweg vom Parkplatz zum Leuchtturm führt über die saftigen Salzwiesen und an grasenden Schafen vorbei. Der Wind pfeift immer mal und so definiert das Wort »Sommerfrische« sicherlich die wahre Bedeutung. Nach dem Sonnenuntergang zieht es fotografierfreudige Besucher ebenso wie die Schafe in die Nähe des windschützenden Deichs zurück. Das Befahren des Wegs mit dem Fahrrad ist erlaubt. Leider ist der Parkplatz jedoch kein Übernachtungsplatz.

Nordseeheilbad Büsum, nahe der Ablegestellen nach Helgoland

Rechte Seite oben: Hier geht es zum Südstrand von Sankt-Peter-Ording. Unten: Westerhever Leuchtturm und die Salzwiesen

## AUF DEN SPUREN VON THEODOR STORM

Auf dem Weg Richtung Nordstrand ist **Husum**, das städtische Zentrum Nordfrieslands, auf jeden Fall für Theodor-Storm-Fans einen Stopp wert. In der Heimatstadt des Autors (1817–1888) der bekannten Novelle »Der Schimmelreiter« ist im über 500 Jahre alten Storm-Haus ein bedeutendes Literaturmuseum eingerichtet. Rund um den Marktplatz herrscht Alltagstrubel mit Geschäften und Cafés, ein ehemaliges Fischereigelände am Stadtrand dient in Husum als Wohnmobilstellplatz. Selbstverständlich gibt es in der Nähe auch frischen Fisch zu kaufen, um die Wohnmobilküche für eigene Kochkünste zu nutzen.

Erst 1933 wurde die ehemalige dänische Insel **Nordstrand** mit dem Nordstrander Deich an das Festland angeschlossen. Bekannt und beliebt ist die Gegend heute für Tagesfahrten zu den Seehundbänken, kurze Ausflugsfahrten zu den Halligen oder für die Fährverbindungen nach Pellworm. Wer dafür Richtung Norderhafen fährt, passiert in der Ortschaft Süden die Kirche St. Theresia. Bereits optisch fällt das kleine Gotteshaus der Alt-Katholiken auf, seine bewegte Geschichte lohnt einen kurzen Halt zur Besichtigung des Innenraums.

## EINFACH MAL REIN INS NORDSEEWASSER

Manchmal wünscht man sich auf eine einsame Insel, um dem Alltagsstress zu entfliehen. Ab Schlüttsiel kann dieser Traum mit dem Besuch einer Hallig wahr werden. Wenn das Eiland in der Nordsee etwas größer sein darf, bietet sich die Überfahrt ab Dagebüll zu den Inseln Föhr bzw. Amrum an.

Auf dem Festland hingegen geht es, wie könnte es anders sein, erneut nach Norden. Oben vom Deich schauen die Schafe verträumt dem Wohnmobil entgegen oder hinterher. Über schmale Zuwegungen geht es jetzt nämlich nach **Südwesthörn**. Aktuell gilt die kleine Spitze am Schöpfwerk mit Strandbad, den Strandkörben, dem Gasthaus und

**Husum**
*Theodor-Storm-Haus*

22 km
**Nordstrand**
*St. Theresia, Seehundbänke,* Wobbenbüll, Sönke-Nissen-Koog, Grossegaarde, Schlüttsiel, *Halligen*

54 km
**Dagebüll**
*Föhr / Amrum*

12 km
**Südwesthörn**
*Nordsee-strandbad, Wattwandern* Klanxbüll

23 km
**Niebüll**
*Zugfahrt Sylt,* B199
Leck, B201
Handewitt B76

23 km
**Schleswig**
*Schloss Gottorf, Wikinger-Siedlung* B76

Neugieriger Besuch im Strandkorb; rechts: St. Theresia in Süden

Rechte Seite oben links: Leuchtturm Hörnum auf Sylt; oben rechts: Fähranleger nach Pellworm; Mitte rechts: Schloss Gottorf in Schleswig; unten rechts: Sicht auf die Schleusen des NOK in Kiel

den vielen neugierigen Schafen sicher noch als Geheimtipp. Doch hier heißt es bei Flut rein ins Nordseewasser und losschwimmen, bei Ebbe watet man durchs Watt. Alternativ oder ergänzend sind das Sonnenbad und der Sonnenuntergang, genussvoll aus dem Strandkorb beobachtet, ein entspannendes Ritual. Der kleine angrenzende Stellplatz erfreut sich zunehmender Beliebtheit.

## NÖRDLICHER IST NUR NOCH DÄNEMARK

Schon am nächsten Tag naht der nördlichste Punkt der Reise: die faszinierende Insel Sylt. Sie zu besuchen ist auf mehreren Wegen möglich, wenngleich der naheliegende, nämlich das Wohnmobil huckepack mit dem Sylt-Shuttle über den Hindenburgdamm zu transportieren, leider eingestellt wurde. So verbleibt für den Mehrtagesaufenthalt die Fährüberfahrt von der dänischen Insel Rømø. Für Tagesausflügler bietet sich die Zugfahrt von **Klanxbüll** bzw. **Niebüll** bis Westerland an. Von dort starten Inselrundfahrten, auch der gut ausgebaute Buslinienverkehr ist für individuelle Erkundungen der Insel bestens geeignet. Außerhalb der Stoßzeiten ist die Fahrradmitnahme im Zug begrenzt möglich.

SPECIAL

### MIT DEM WOHNMOBIL AUF DIE NORDSEEINSEL

Camping und ein paar Tage Urlaub auf der Nordseeinsel bedeutet für viele noch ein Stück näher dran zu sein an Natur und Erholung. Ob Pellworm, Föhr oder Amrum, diese drei Inseln sind mit dem Wohnmobil per Fähre erreichbar. Vor Ort gibt es Campingplätze, die saisonabhängig besser vorreserviert werden.
Sylt verfügt ebenfalls über unterschiedliche Wohnmobil- und Campingplätze, die Anreise per Fähre ist aktuell jedoch nur über die dänische Insel Rømø möglich. Diese umfangreiche Tourenbeschreibung inklusive der Stellplatzvorschläge durch den nördlichsten Teil Deutschlands beschränkt sich jedoch aufs Festland mit einigen interessanten Insel-Tipps für Tagesausflüge.

Die Insel **Sylt** bietet neben den bekannten Szene-Hotspots und In-Läden wunderschöne Dünen, Walmdachhäuser, im Juli blühende Heidelandschaften und superschöne, feine Sandstrände. Doch auch hier gilt: Gästekarte als Eintrittskarte oder Tageskarte lösen, wenn ein Strandbesuch auf dem Tagesplan steht. Zurück auf dem Festland, bietet sich in Niebüll eine Übernachtung auf dem Wohnmobilstellplatz am Niebüller Marktplatz direkt neben dem Hallenbad an.

## SÜDÖSTLICH LOCKT DER OSTSEEFJORD

Mit Wehmut und zugleich Vorfreude heißt es nun »Tschüss Nordsee«, um alsbald erfreut »Hallo Ostsee!« zu rufen. Wer möchte, kann auf dem Weg gen Osten in Leck Station machen, bei einer Draisinenfahrt entschleunigen oder den alten Ochsenweg entlangwandern. Alle, die nun schnell die hübsche Stadt **Schleswig** am sogenannten Ostseefjord Schlei erreichen wollen, nutzen für ein paar Kilometer die Autobahn A 4.

Schon gleich bei der Anfahrt begrüßt das imposante Schloss Gottorf mit seinem Barockgarten alle Reisenden. Schaurig klingt

es, beherbergt das Schloss doch u. a. Moorleichen. Als Wunderwerk zeitgenössischer Handwerkskunst, Naturwissenschaft und Technik gilt der Gottorfer Globus. Bereits 1651 geplant, ist er heute als originalgetreue Rekonstruktion zu sehen.

Der Stellplatz versprüht richtiges Jachthafenflair und ist in der Hochsaison daher sehr gut frequentiert. Ein Spaziergang in die alte Fischersiedlung Holm lohnt, zumal um sich die zweiteiligen Klöndoren anzuschauen, die zum Schnack mit Nachbarn nur im oberen Teil geöffnet wurden. Etwas außerhalb und bereits auf dem Weg Richtung Eckernförde reizt dann noch ein Besuch der Wikingersiedlung Haithabu, seit Sommer 2018 UNESCO Weltkulturerbe.

## OSTSEE, WIR LIEBEN DICH!

Am Sandstrand mit der parallel laufenden Promenade entlang bis zu den Gassen der Altstadt und zum Hafen bummeln – das ist möglich in **Eckernförde**. Alle genießen die Luft der Ostsee und freuen sich vielleicht auch, entgegen der Gezeiten an der Nordsee, hier immer Wasser am Strand zu haben. Der Stellplatz ist gut ausgestattet, allerdings, wie einige neu angelegte Plätze, vollautomatisiert und mit Schranke.

Ein alter Bekannter kreuzt nun erneut den Weg: Der Nord-Ostsee-Kanal ist wieder da, diesmal auf der Ostsee-Seite. In **Kiel** gibt es einen der besten Ausblicke inklusive Übernachtung auf dem Stellplatz Förde- und Kanalblick mit Aussichtsterrasse und Imbiss. Ist das schön – der Kanal und die Schiffe ziehen in den Bann, ob großer Containerfrachter oder Kreuzfahrtschiff, hier schippern sie sozusagen knapp an der eigenen Kaffeetasse vorbei. Wenn schon mal in Kiel, besuchen Marinefreunde sicherlich das Marine-Ehrendenkmal in Laboe oder klettern ins ausgestellte U-Boot. Entlang der Förde gibt es in Innenstadtnähe einen längeren Badestrand, unterschiedliche Schiffsabfahrten locken zusätzlich zu Ausflügen auf die Ostsee. Auch ein ausgiebiger Stadtbummel ist denkbar.

## HOLSTEINISCHE SCHWEIZ FÜR ENTDECKER

Bei aller Liebe zur Ostsee heißt es jetzt allerdings erneut zurück ins Binnenland, an die herrliche Seenlandschaft der Holsteinischen Schweiz. **Plön** begeistert am großen und am kleinen See mit Schloss und der beliebten Prinzeninsel. Gleich zwei Stellplatzmöglichkeiten gibt es: zum einen für Kurzzeitaufenthalte ein paar Plätze am kleinen Plöner See mit Seeblick und nahe der fußläufigen Innenstadt. Wer ein paar Tage länger bleiben will, nutzt den 800 Meter weiter entfernten, idyllisch gelegenen Campingplatz mit Wohnmobilstellplätzen.

Beide Seen eignen sich zum Kanufahren oder Paddeln und Nordic-Walking-Fans kommen auf ausgeschilderten Routen ebenso auf ihre Kosten. Wer Lust auf Komfort mit Kapitän hat, bucht die 5-Seen-Rundfahrt per Schiff. Pedalritter freuen sich auf die 25 Kilometer lange Fünf-Seen-Radtour, die eigentlich in Malente beginnt, der Einstieg ist jedoch jederzeit entlang der Strecke – Dieksee, Behler See, Schöhsee, Großer Plöner See und Suhrer See – möglich. Traumhaft ist es allerdings auch, ganz entspannt einfach nur den Sonnenauf- oder -untergang zu genießen, während das Wasser leise ans Ufer plätschert.

Für alle, die nach Schloss Gottorf und Schloss Plön noch immer Lust auf Schloss und Geschichte haben, bietet die barocke, vierflügelige Schlossanlage in **Eutin** 850 Jahre bewegte Geschichte des Oldenburger Fürstenhauses. Zudem sehenswert sind der englische Landschaftsgarten und der sogenannte Küchengarten. Von Mai bis Oktober geöffnet ist auch der Eutiner Wasserturm, erbaut an der höchsten Stelle. Als Belohnung winkt bei schönem Wetter ein traumhafter Rundumblick über die Rosenstadt Eutin, den großen Eutiner See und die Holsteinische Schweiz. Der 2018 eröffnete Reisemobilpark ist als Ausgangspunkt für die Erkundung von Schloss, Altstadt und Wasserturm ideal, zudem abendlicher Ruhepol und am nächsten Tag geeigneter Startpunkt Richtung Ostsee.

## AUSKLANG IN DER LÜBECKER BUCHT

Nur ein paar Kilometer und doch eine andere Welt: Die Ostseestrände in Haffkrug und **Scharbeutz** liegen direkt ineinander übergehend in der Lübecker Bucht und sind äußerst beliebt. Hier reiht sich in der Hauptsaison Strandkorb an Strandkorb, das pralle Strandleben findet natürlich zwischen Promenade und Ostseewellen statt. Außerhalb dieser Zeit dürfte es etwas ruhiger sein, die Schönheit der belebenden Kombination aus Strand und Meer bleibt. Mit dem Womohafen Scharbeutz ist ein Stellplatz wunderbar strandnah und mit Schatten spendenden Bäumen ausgestattet.

Und so endet diese beeindruckende Entdeckungsreise in den nördlichsten Teil Deutschlands mit ganz viel getankter Energie aus der geballten Meeres-Kraft von Nord- und Ostsee sowie bleibenden Erinnerungen an den wunderschönen Norden.

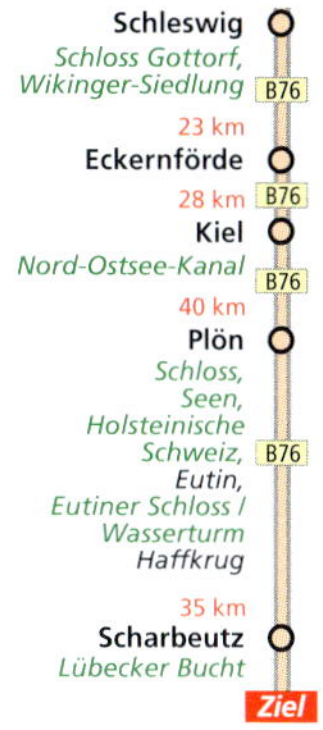


Linke Seite oben: Schloss in Plön; unten: Strand Scharbeutz

Abendstimmung am Plöner See

# PRAKTISCHE HINWEISE

### TOURISTENINFORMATIONEN

**Tourist Information Hamburg**
Am Hauptbahnhof (Hauptausgang Kirchenallee), 20099 Hamburg
St. Pauli Landungsbrücken (zw. Brücke 4 und 5), 20359 Hamburg
Welterbe Info Point im Chilehaus, Pumpen 6, 20095 Hamburg
alle: Tel. +49 40 30051701, www.hamburg-tourism.de

**Tourist-Information Büsum**
Südstrand 11 (Freizeit- und Informationszentrum Watt'n Hus), 25761 Büsum, Tel. +49 4834 909114, www.buesum.de

**Tourist-Info Brunsbüttel**
Gustav-Meyer-Platz 2, 25541 Brunsbüttel, Tel. +49 4852 391186, www.echt-dithmarschen.de

**Tourist-Info St. Peter-Ording**
Badallee 1, 25826 St. Peter-Ording (Ortsteil Dorf)
Maleens Knoll 2, 25826 St. Peter-Ording (Ortsteil Bad)
beide: Tel. +49 4863 9990, www.st-peter-ording.de

**Tourist Information Husum**
Großstr. 27 (Historisches Rathaus), 25813 Husum, Tel. +49 4841 89870, www.husum-tourismus.de

**Insel Sylt Tourismus-Service**
Strandstr. 35, 25980 Sylt, Westerland
Kirchenweg 1 (Bahnhof Westerland, im Pavillon), 25980 Sylt, Westerland
beide: Tel. +49 4651 9980, www.insel-sylt.de

**Touristinformation Schleswig**
Plessenstr. 7 (gegenüber St.-Petri-Dom), 24837 Schleswig, Tel. +49 4621 850056, www.ostseefjordschlei.de

**Tourist Info Großer Plöner See**
Bahnhofstr. 5, 24306 Plön, Tel. +49 4522 50950, www.holsteinischeschweiz.de

**Tourist-Info Scharbeutz**
Strandallee 134, 23683 Scharbeutz, Tel. +49 4503 7794160, www.luebecker-bucht-ostsee.de

**Wohnmobilstellplatz am Stadthafen in Schleswig**

### STELLPLÄTZE UND CAMPINGPLÄTZE

S 1.1 **Wohnmobilhafen Hamburg**
(S.266/D6) Grüner Deich 8 (Einfahrt über Süderstraße), 20097 Hamburg, Tel. +49 40 30091890, www.wohnmobilhafen-hamburg.de
GPS-Daten: 53.543333, 10.025556
Gebührenpflichtiger, ganzjährig geöffneter, sehr kompakter Stellplatz auf Schotteruntergrund, der für ca. 40 bis 50 Wohnmobile

Reisemobilhafen St.-Peter-Ording

genutzt wird; komplette Infrastruktur; zentrale Lage (Stadtteil Hammerbrook), deshalb keine Ruheoase; gute Anbindung an Bus- und S-Bahn-Netz; idealer Ausgangspunkt für Stadtbesichtigungen, Innenstadt, Alster und Hafencity fußläufig.

S 1.2 **Wohnmobilparkplatz Am Außenhafen** (S. 266/C6)
Am Hafen (Nordermole/Außenhafen), 25348 Glückstadt, Tel. +49 4124 937585, www.glueckstadt-tourismus.de
GPS-Daten: 53.785278, 9.410278
Gebührenpflichtiger Stellplatz für ca. 15 Wohnmobile auf Schotter; keine Infrastruktur; geöffnet April bis Oktober; beliebt für seine Lage an der Elbe mit Blick auf die Schiffe (deswegen auch von anderen Besuchern stark frequentiert); in fußläufiger Nähe zur Stadtmitte.

S 1.3 **Wohnmobilstellplatz Friedrichskoog-Spitze** (S. 266/B5)
Nordseestr., 25718 Friedrichskoog, Tel. +49 4854 219010, www.friedrichskoog.de
GPS-Daten: 54.032778, 8.848333
Gebührenpflichtiger, ganzjährig geöffneter Stellplatz für ca. 40 Wohnmobile auf Wiese; V/E (im Winter eingeschränkt); ruhig am Ortsrand gelegen, ca. 300 Meter bis zur Nordsee.

S 1.4 **Wohnmobilhafen WMV Büsum** (S. 266/B4) Dr.-Martin-Bahr-Str. 5, 25761 Büsum, Tel. +49 4834 9192, www.wohnmobiluebernachtungsplatz.de
GPS-Daten: 54.128889, 8.868889
Gebührenpflichtiger, ganzjährig geöffneter, parzellierter Großraumstellplatz auf 20 000 Quadratmeter Fläche für ca. 100 Wohnmobile auf verdichtetem Rasenuntergrund (witterungsbedingte Beeinträchtigungen möglich); komplette Infrastruktur (in der Nebensaison eingeschränkt); neben dem kurzweiligen Erlebniszentrum und Mitmachmuseum Phänomania sowie nahe am Hafen gelegen, Ortszentrum und weitere Sehenswürdigkeiten fußläufig.

S 1.5 **Reisemobilhafen St. Peter-Ording** (S. 266/A4)
Ketelskoog 4 (Am Marktplatz), 25826 St. Peter-Ording (Ortsteil Dorf), Tel. +49 4863 8171, www.reisemobilhafen-spo.de
GPS-Daten: 54.308889, 8.635278
Gebührenpflichtiger, nahezu ganzjährig geöffneter (Betriebspause 01.11.–15.12.) und parzellierter Stellplatz für 75 Wohnmobile auf Kies/Schotter; komplette Infrastruktur; ruhige Lage am Ortsrand, zu Fuß ca.

300 Meter zur Mitte von SPO-Dorf; nach SPO-Bad mit dem Fahrrad oder Ortsbus.

S 1.6 **Wohnmobilplatz Margarethenruh** (S. 266/B3) Süderhafen 8, 25845 Nordstrand, Tel. +49 4842 8553, www.camping-nordstrand.de
GPS-Daten: 54.469444, 8.910000
Gebührenpflichtiger, ganzjährig geöffneter, parzellierter und familiär geführter Stellplatz für 16 Wohnmobile auf Schotter mit Rasenanteil; komplette Infrastruktur; Teil eines Campingplatzes; kurzer Fußweg zum Deich.

S 1.7 **Wohnmobilstellplatz Schöpfwerk Südwesthörn** (S. 266/A2)
Südwesthörner Str., 25924 Emmelsbüll-Horsbüll, Tel. +49 4665 605, www.emmelsbuell-horsbuell.net
GPS-Daten: 54.796944, 8.660556
Gebührenfreier, ganzjährig nutzbarer Stellplatz für offiziell drei Wohnmobile auf Rasen; V/E, Strom, öffentliches WC; außerhalb an einem Schöpfwerk, sehr ruhig und direkt hinterm Deich gelegen; ideal für ausgedehnte Deichspaziergänge oder das Herumtollen mit dem Vierbeiner am Hundeauslaufplatz; Imbiss und Restaurant in unmittelbarer Nähe.

C 1.8 **Campingplatz Neuwarft** (S. 266/A2)
Nordseestr. 20, 25899 Dagebüll, Tel. +49 4667 95140, www.nordfriesland-camping.de
GPS-Daten: 54.730000, 8.699167
Gebührenpflichtiger, ganzjährig geöffneter, parzellierter Campingplatz für 67 Wohnmobile; komplette Infrastruktur (Anmeldung im angrenzenden Hotel Neuwarft); in fußläufiger Nähe (ca. 250 m) zu Strand und Hafenmole mit Verbindungen nach Föhr und Amrum.

S 1.9 **Wohnmobilstellplatz Schwimmhalle Niebüll** (S. 266/B2)
Böhmestr./Lornsenstr., 25899 Niebüll, Tel. +49 4661 601701, www.niebuell.de
GPS-Daten: 54.788056, 8.824444
Gebührenpflichtiger, ganzjährig nutzbarer Stellplatz (außer zwei Wochen im Juni zum Jahrmarkt) für 25 Wohnmobile/Caravans; V/E, Strom, WLAN, öffentliches WC; auf separater Fläche des Parkplatzes Marktplatz, direkt am Hallenbad gelegen; in fußläufiger Nähe zur Ortsmitte, guter Ausgangspunkt für Bahnfahrt nach Sylt.

S 1.10 **Reisemobilhafen am Erlebnisbad Leck** (S. 266/B2)
Am Stadion 3, 25917 Leck, Tel. +49 4662 775000, www.reisemobilhafen-leck.de
GPS-Daten: 54.767222, 8.980833
Gebührenpflichtiger, ganzjährig geöffneter und parzellierter Stellplatz für 20 Wohnmobile auf Pflaster/Rasengitter; V/E, Strom; die Sanitäreinrichtungen des angrenzenden Erlebnisbades können während der Öffnungszeiten genutzt werden; ruhige Lage, Ortskern in fußläufiger Entfernung.

S 1.11 **Wohnmobilstellplatz am Stadthafen** (S. 266/C3)
Am Hafen 5, 24837 Schleswig, Tel. +49 4621 801450, www.womoplatz-schleswig.de
GPS-Daten: 54.512222, 9.568056
Gebührenpflichtiger, ganzjährig geöffneter Stellplatz für 45 Wohnmobile auf Pflaster/Schotter; komplette Infrastruktur (Ende November bis Anfang März eingeschränkt); an der Marina und zentrumsnah gelegen; sehr schöne und nachgefragte Plätze in erster Reihe direkt am Wasser; Bistro und Hafencafé in unmittelbarer Nähe.

S 1.12 **Wohnmobilstellplatz am Noor** (S. 266/D3) Kakabellenweg 25, 24340 Eckernförde, Tel. +49 4351 9050, www.stadtwerke-eckernfoerde.de
GPS-Daten: 54.464167, 9.834444
Gebührenpflichtiger, ganzjährig geöffneter und ausgezeichneter Stellplatz für offiziell 49 Wohnmobile auf Rasengitter; komplette

Infrastruktur; Zentrum und Strand fußläufig, städtische Busanbindung (kostenfrei); Einkaufsmöglichkeiten für Lebensmittel in unmittelbarer Nähe.

S 1.13 **Wohnmobilstellplatz Förde- und Kanalblick** (S. 266/D4)
Mecklenburger Str. 58, 24106 Kiel,
Tel. +49 431 38908515,
www.bella-vista-kiel.de
GPS-Daten: 54.363611, 10.147222
Gebührenpflichtiger, ganzjährig geöffneter Stellplatz für 32 Wohnmobile (davon elf in erster Reihe) auf Pflaster/Schotter; komplette, optimierbare Infrastruktur; sehr schön direkt am Nord-Ostsee-Kanal mit Blick auf die Schleusenanlagen und Kieler Förde gelegen (Bereiche A und C, 1. Reihe); Aussichtsterrasse mit Imbiss am Platz; Beeinträchtigungen durch Schleusenbetrieb und benachbartes Kieswerk möglich; an der Nordmole des Scheerhafens gelegen, ca. fünf Kilometer außerhalb vom Stadtzentrum.

S 1.14 **Wohnmobilstellplatz Womo-Stop Plön** (S. 267/E4)
Hamburger Str., 24306 Plön,
Tel. +49 4522 50950, www.ploen.de
GPS-Daten: 54.152500, 10.404444
Gebührenpflichtiger, ganzjährig geöffneter, abgegrenzter Stellplatz für zwölf Wohnmobile auf einem Parkplatzareal; V/E; direkt am Kleinen Plöner See gelegen; Zentrum, Schlossgarten und Prinzeninsel fußläufig; Beeinträchtigungen durch Parkplatzverkehr, Imbiss und Durchgangsstraße möglich.

S/C 1.15 **Wohnmobilhafen Naturcamping Spitzenort** (S. 267/E4)
Ascheberger Str. 76, 24306 Plön,
Tel. +49 4522 2769, www.spitzenort.de
GPS-Daten: 54.147778, 10.397778
Gebührenpflichtiger Stellplatz für zwölf Wohnmobile auf Schotterrasen; komplette Infrastruktur mit Gastronomie und Wassersportzentrum; geöffnet Anfang April bis Ende Oktober; unmittelbar vor dem Campingplatz, am Ortsrand von Plön gelegen; ÖPNV-Verbindung; Campingplatz hat Premiumlage auf der Halbinsel und ist vom Fluss Schwentine und dem Großen Plöner See umgeben.

**Wohnmobilstellplatz am Noor, Eckernförde**

S 1.16 **Reisemobilpark Eutiner See** (S. 267/E4) Oldenburger Landstr. 21, 23701 Eutin, Tel. +49 4521 70970,
www.reisemobilpark-eutin.de
GPS-Daten: 54.133611, 10.629444
Gebührenpflichtiger, ganzjährig geöffneter, neuwertiger Stellplatz für 24 Wohnmobile auf Schotter; komplette Infrastruktur; ÖPNV-Anschluss; ruhige und sehr schöne Lage direkt am Großen Eutiner See; Zentrum, Schlossgarten und Seepark fußläufig.

S 1.17 **Womohafen Scharbeutzer Strand** (S. 267/E5) Hamburger Ring 6–8,
23683 Scharbeutz, Tel. +49 1525 2885844,
www.womohafen-scharbeutzer-strand.de
GPS-Daten: 54.031111, 10.752500
Gebührenpflichtiger, ganzjährig geöffneter und neuwertiger Stellplatz für 90 Wohnmobile auf Schotterrasen; komplette Infrastruktur (Sanitärgebäude evtl. noch im Bau befindlich); lebendige und sehr gute Lage in Nähe des Strandes; Ortskern in fußläufiger Entfernung.

# 2 ENTLANG DER OSTSEEKÜSTE VON LÜBECK BIS RÜGEN

## Backsteingotik, Hanse und traumhafte Strände

Ob Lübecker Marzipan, stilvolle Bäderarchitektur oder Wanderparadies nahe der Rügener Kreidefelsen: Jegliche Art von Genuss lockt entlang der Ostseeküste. Dabei dem Charme glitzernder Wellen im Sonnenlicht erliegen oder den Wind im Gesicht spüren – so köstlich schmeckt Erholung. Imposante und geschichtsträchtige Hansestädte wie Lübeck, Wismar, Rostock und Stralsund laden zum Entdecken und Flanieren ein. Ob in Warnemünde, Ahrenshoop oder auf Rügen, jeder findet ganz sicher seinen persönlichen Lieblingsplatz. Die Ostseefeeling-Tour führt zu sehenswerter Backsteingotik, frischem Fisch, Kunst und Kultur, den berühmten Kreidefelsen und wunderschönen Sandstränden.

Das Holstentor in Lübeck

Ostseestrand Boltenhagen

In Gedanken an Lübeck kommen doch gleich das einzigartige und prägende Holstentor, die Hanse und ihre Kaufmannshäuser, die Buddenbrooks sowie das legendäre Lübecker Marzipan in den Sinn. Diese Ostseetour startet mit genau der allseits bekannten mittelalterlichen Romantik.

## BUDDENBROOKS UND BACKSTEINGOTIK

Ein Bummel durch die alten Gassen **Lübecks**, der ehemaligen Hauptstadt der Hanse, beginnt, ausgehend vom Wohnmobilstellplatz an den Media Docks, mit der Überquerung der alten Drehbrücke. Gleich rechts schließt sich der Museumshafen an, der Weg geradeaus durch die Engelsgrube hält auf beiden Seiten schmale Eingänge zu den für Lübeck typischen »versteckten« Gängen und Höfen parat. Die Breite Straße lädt zum Shoppen ein, an dieser entlang reihen sich weitere Sehenswürdigkeiten, etwa das Buddenbrookhaus in der Mengstraße, u. a. mit dem Förderverein Buddenbrookhaus und der Deutschen Thomas Mann-Gesellschaft. Die Marienkirche bestimmt das Bild der Lübecker Altstadt und ist Teil des UNESCO Welterbes. Das berühmte Rathaus in Backsteingotik schließt direkt an. Einige Meter weiter der Holstenstraße Richtung Trave folgend, grüßt das Spätmittelalter mit dem Holstentor.

## ROUTE 2

**START- UND ENDPUNKT**
Lübeck und Rügen

**STRECKENLÄNGE**
360 Kilometer

**FAHRZEIT**
14 Tage

## AUSFLUG

### LANDESHAUPTSTADT AM SCHWERINER SEE

Auch Schwerin lädt ein zum Bummeln und zum Wassersport. Für einen mehrstündigen Besuch eignet sich der Großparkplatz am Hauptbahnhof, denn er ist zugleich ein guter Ausgangspunkt zur Erkundung der Innenstadt. Zu Fuß geht's am Pfaffenteich entlang in Richtung Fußgängerzone, sehenswerter Altstadt und selbstverständlich zum Schweriner Schloss, ansprechend umrahmt vom Gelände der Bundesgartenschau 2009. Die Schlossführung »Vom Keller bis zur Kuppel« ist ebenso ansprechend wie informativ.

Schloss Schwerin

Blick über Rostock und Hafen

Aus Lübeck hinaus ruft der erste Sandstrand zum Eintauchen in Wellen und Wind. Durch ostseetypische Alleen führt ab Dassow die L 1 in Richtung **Boltenhagen**, das in einer Bucht mit einem über vier Kilometer langen Sandstrand punktet und zur Erholung von der Anreise bestens geeignet ist. Gleich zwei nebeneinanderliegende Wohnmobilstellplätze buhlen um die Gunst der Gäste, bevor es von hier, ausgeruht und neugierig, zur Hansestadt Wismar weitergeht.

## BÄDERARCHITEKTUR UND DAMPFLOK-NOSTALGIE

Entlang der B 105 geht es in die Hansestadt **Wismar**, die sogleich mit viel Flair, Geschichte und frischen Fischbrötchen begeistert. Ein Bummel lohnt sich: Vom Caravan-Park Westhafen ausgehend gilt der erste Stopp dem alten Hafen. Um in die Innenstadt zu kommen, bietet sich der Weg zu St. Nikolai, vorbei am Stammsitz von Karstadt und dann weiter zur Wasserkunst auf dem Marktplatz, an. Einen Blick wert ist das 1380 erbaute Gebäude »Alter Schwede«. Es gibt viel zu entdecken und Architekturfreunden geht das Herz auf bei all den wunderbaren Häusern der Altstadt im Stile der Backsteingotik.

Die Weiterreise führt nach **Heiligendamm**, dem ältesten Seebad Deutschlands (1793). Der Ort hat eine bewegte Geschichte hinter sich und erstrahlt teilweise in neuem, luxuriösem Glanz. Zwischen 18 und 8 Uhr ist der große Stell- und Parkplatz beim Jagdhaus kostenfrei, in einem 15-minütigen Spaziergang geht es durch den Wald zum Strand und zur Strandpromenade. Wer Glück hat, genießt nun den ersten traumhaften Ostsee-Sonnenuntergang der Tour.

Alle, die hier auch übernachten, besuchen ausgeruht und von Vogelgezwitscher geweckt am nächsten Tag das Münster in **Bad Doberan**. Die Kirche des Zisterzienserklosters, erbaut im späten 13. Jahrhundert, ist entlang der europäischen Route der Backsteingotik eine wahre Perle. Empfehlenswert ist von März bis Oktober zudem die Fahrt mit der Molli-Bäderbahn (anno 1886), denn sie bietet Dampflok-Nostalgie pur. Vom Bahnhof Bad Doberan führt die faszinierende Bahnreise mehrmals täglich auf 900 Millimeter Spurweite durch Felder und Wiesen über Heiligendamm nach Kühlungsborn und zurück.

## ASTRONOMISCHE UHR, LEUCHTTURM UND SANDSTRAND

Hansestädte haben ihre ganz eigene Atmosphäre, so auch **Rostock**. Sinnvoll ist es, von Bad Doberan oder Warnemünde kommend, Richtung Stadthafen zu fahren und gleich am Parkplatz Am Kabutzenhof, direkt an der Warnow, zu parken. Wer will, kann auch über Nacht stehen. Ein schöner Spazierrundgang führt vom Stadthafen zum Kröpeliner Tor durch die Fußgängerzone mit schönen Giebelhäusern und netten Cafés bis zur Marienkirche. Dort unbedingt einen Stopp einlegen und die astronomische Uhr von 1472 besichtigen. Auf dem neuen Markt bietet sich der Ausblick auf Rathaus und Marienkirche,

Start
**Lübeck**
*Buddenbrookhaus, Altstadt, Holstentor,* Selmsdorf, Dassow, Wilmstorf, Klütz — B104, B105, L1, L3
43 km
**Boltenhagen**
*Sandstrand,* Eulenkrug, Gägelow, Lübsche Straße — L1, B105
22 km
**Wismar**
*Hafen, Altstadt, Alter Schwede,* Kröpelin, Hundehäger Weg — B105
45 km
**Heiligendamm**
*Seebad* — L12
8 km
**Bad Doberan**
*Münster, Molli-Bäderbahn* — B105, B103
18 km
**Warnemünde**
*Alter Leuchtturm, Teepott*
13 km
**Rostock**
*Astronomische Uhr, Petrikirche Panoramablick,* Rövershagen *Erdbeerhof,* Borg — B105, L21

Meisterwerk der Spätgotik: St. Nikolai in Wismar

Anziehungspunkt in Warnemünde: Teepott und Alter Leuchtturm

und wer noch Lust und Zeit hat, läuft weiter bis zur Petrikirche in der Altstadt. Denn hier geht es flugs mit dem Aufzug hinauf zum wunderbaren Rundumblick über die Stadt, die Warnow und bei guter Sicht bis zum Ostseebad **Warnemünde**.

SPECIAL

**ERDBEERFREUNDE AUFGEPASST!**

Karls Erdbeerhof mit Bauernmarkt und Erlebniswelt liegt direkt auf dem Weg Richtung Ahrenshoop an der B 105 in Rövershagen. Laut Website können Wohnmobile auch mal eine Nacht auf dem großen Parkplatz stehen – Einkaufen ist dort sowieso fast Pflichtprogramm. In der Erdbeerzeit wird die Marmelade frisch im Bauernmarkt gekocht, alle Süß-Schnuten kommen hier auf ihre Kosten (www.karls.de).

Wahrzeichen und Hingucker vom breiten Sandstrand, Mole und Promenade ist dort das Ensemble aus Altem Leuchtturm (1898) und dem legendären Teepott. Einen grandiosen Ausblick hat, wer die zahlreichen Stufen der Wendeltreppe im Inneren des Leuchtturms hochsteigt. Viele Kreuzfahrtschiffe haben die Ansiedlung an der Mündung der Warnow in ihrem Programm. Auch viele Reisemobilisten lieben genau diesen Ausblick auf ein- und ausfahrende Schiffe gegenüber dem Wohnmobilstellplatz an der Mittelmole. Während nun die einen Wellen, Sand und Sonne nutzen, gibt es in zahlreichen Läden entlang des Alten Stroms und der Alexandrinenstraße, übrigens hübsch anzusehen mit Kopfsteinpflaster und kleinen Giebelhäusern, Souvenirs, Süßes, Schmuck oder Bekleidung zu entdecken.

**Rostock**
*Astronomische Uhr, Petrikirche* B105
*Panoramablick, Rövershagen Erdbeerhof, Borg* L21
42 km
**Ahrenshoop**
*Kunstmuseum, Kunstpfad* L21
27 km
**Zingst**
*Fischland Darß Zingst, Löbnitz* L21 L23 B105

Lösen Begeisterung aus: Kilometerlange Sandstrände auf der Halbinsel Fischland Darß-Zingst

## WANDELN AUF DEM PFAD DER KUNST

2017 feierte die 1892 im Zuge einer europäischen Bewegung entstandene Künstlerkolonie **Ahrenshoop** das 125-jährige Jubiläum. Nach dem Besuch des Kunstmuseums, dessen großer Parkplatz auch für Reisemobile geeignet ist, läuft man zur Erkundung des neu gestalteten Kunstpfads vorbei an reetgedeckten Häusern, blumenreichen Gärten und sanften Dünen.

Obendrauf gibt's sensationelle Ausblicke auf den Strand, die Ostsee oder ins Hinterland. Den Kunstpfad zu beschreiten bedeutet, die Gegend durch die Augen der Maler zu erleben und bei zehn stimmungsvollen Werken namhafter Künstler am Standort ihres Entstehens zu sein. Etwas Zeit für den wunderbaren Spaziergang einzuplanen lohnt sich.

## WELLEN UND WEITE UND VIEL NATUR

Die rund 45 Kilometer lange Halbinsel Fischland Darß-Zingst hat viele Fans, die insbesondere die kilometerlangen Sandstrände lieben. In den angrenzenden Bodden des Nationalparks werden Schiffsrundfahrten angeboten. Wanderfreunde finden Entspannung auf den markierten Wegen im Darßer Wald. Für einen angenehmen Abschluss des Tages wartet schließlich der direkt hinter der Düne gelegene Wohnmobilstellplatz am Strandübergang 6 in **Zingst**. Sonnensucher und Strandläufer sind begeistert von Wellen und Weite, die Surfschule liegt gleich nebenan, der angrenzende Fahrradweg führt zur Seebrücke und Einkaufsmöglichkeiten im Zentrum. Hier lässt es sich also auch ein paar Tage aushalten.

Bäderarchitektur in Sellin

zum imposanten Rathaus oder Alten Markt. Wer es maritimer mag, schaut sich die Gorch Fock I an, besucht das Ozeaneum oder lässt sich im Hafen von den schaukelnden Booten verzaubern.

## AUF NACH RÜGEN

Mit **Stralsund** steht anschließend die nächste Hansestadt auf dem Programm. Wie so oft, sind die Spuren der Backsteingotik auch hier wieder zu finden, beim Stadtspaziergang vorbei an Stadtmauer und Bürgerhäusern,

Nach weiteren 2380 Metern Fahrtweg über die Rügenbrücke ist die Sehnsuchtsinsel vieler Ostseeurlauber erreicht. Sofort schwirren klangvolle Namen und Orte wie Kreidefelsen, Seebrücken, Freilichtbühne Ralswiek mit den Störtebeker-Festspielen oder auch Prora ins Gedächtnis.

Mit bezaubernder Bäderarchitektur und einer beeindruckenden Seebrücke, einem ersten Eindruck von Steilküste und einem Gefühl, angekommen zu sein – so empfängt **Sellin** seine Urlauber. Die Tauchgondel am Ende der Seebrücke mit dem Blick in die Ostsee fasziniert Groß und Klein, die Strandkörbe warten auf Sonnenhungrige und Erholungsuchende. Etwas außerhalb bietet der Wohnmobilhafen Sellin Ruhe und ausreichend Stellplätze. Wer die Schmalspurbahn »Molli« in Bad Doberan verpasst

Gorch Fock I in Stralsund

Kreidefelsen auf Rügen

hat, kann hier die Gelegenheit nutzen, mit dem »Rasenden Roland« auf 750 Millimeter Schmalspurbahn die Umgebung zu erkunden, und bis nach Binz oder Putbus fahren. Das naturgeschützte Waldgebiet Granitz zwischen Binz und Sellin ist seit 1991 Teil des Biosphärenreservats Südost-Rügen und mit dem Jagdschloss ein beliebtes Ausflugsziel.

## BUCHENWÄLDER UND KREIDEFELSEN

Auf dem Weg zu den sehenswerten Kreidefelsen bietet sich, mit Abzweig von der L 29, ein Besuch beim Infopoint **Prora** an – mit Erlebnis-Museum, KulturKunststatt und Sonderausstellungen. Aktive Bautätigkeiten, bereits fertiggestellte Wohnungen und ein Hotel beleben den direkt am langen Sandstrand gelegenen Ort der Geschichte neu. Der nahe gelegene Baumwipfelpfad durch einen Buchenwald vermittelt vielfältige Informationen und hält atemberaubende Ausblicke bereit.

Das nächste und leider letzte Highlight dieser Tour wartet. Von Sassnitz aus gilt es nun, den Nationalpark Jasmund mit dem UNESCO Weltnaturerbe »Alte Buchenwälder Europas« zu erkunden. Der kostenpflichtige Parkplatz Lohme ist zugleich großzügiger Wohnmobilstellplatz sowie Ausgangspunkt für Wanderungen und Bustransfers zum Königsstuhl. Vier unterschiedliche Flyer beschreiben übersichtlich die Wandergebiete und geben Tourentipps. Spaziergänger führt der wildromantische, drei Kilometer kurze Fußweg vom Ende des Wohnmobilstellplatzes bis zum Königsstuhl mit Besucherzentrum. Für den perfekten Blick auf den **Kreidefelsen** ist der nur wenige Hundert Meter entfernte Aussichtspunkt Viktoria-Sicht die erste Wahl.

Am Abend kehrt dann etwas Ruhe ein auf der Anhöhe in Lohme und es bleibt Zeit, mit Blick über die Hügel diese wunderbare Reise beim Untergehen der Sonne Revue passieren zu lassen.

# PRAKTISCHE HINWEISE

## TOURISTENINFORMATIONEN

**Lübeck und Travemünde Marketing**
Holstentorplatz 1, 23552 Lübeck,
Tel. +49 451 8899700,
www.luebeck-tourismus.de

**Tourist-Information Wismar**
Lübsche Str. 23 a, 23966 Wismar,
Tel. +49 3841 19433, www.wismar.de

**Tourist-Information Bad Doberan-Heiligendamm**
Severinstr. 6, 18209 Bad Doberan,
Tel. +49 38203 62154,
www.bad-doberan-heiligendamm.de

**Tourist-Information Rostock & Warnemünde**
Universitätsplatz 6 (Barocksaal),
18055 Rostock
Am Strom 59/Ecke Kirchenstr.,
18119 Rostock-Warnemünde
beide: Tel. +49 381 2222,
www.rostock.de

**Tourismuszentrale Stralsund**
Alter Markt 9,
18439 Stralsund,
Tel. +49 3831 252340,
www.stralsundtourismus.de

**Münster in Bad Doberan**

Abendstimmung am Wohnmobilstellplatz am Königsstuhl auf Rügen

**Tourist-Information Rügen**
Info-und Buchungscenter der Insel Rügen, Tel. +49 3838 807780, www.ruegen.de
Kurverwaltung Sellin Infopoint, Seeparkpromenade 1, 18586 Sellin, Tel. +49 38303 16222, www.ostseebad-sellin.de
Touristinfo Lohme, Arkonastr. 31, 18551 Lohme, Tel. +49 38302 88855, www.lohme.de

### STELLPLÄTZE UND CAMPINGPLÄTZE

S 2.1 **Media Docks Lübeck**
(S. 271/F2) Willy-Brandt-Allee/Abzweig Media Docks, 23554 Lübeck
GPS-Daten: 53.872778, 10.681667
Gebührenpflichtiger Parkplatz (Ticketautomat) ohne jegliche Infrastruktur; auf dem Gelände der Media Docks am Stadtgraben gelegen; Parkplätze in ausreichender Anzahl für jede Größenordnung vorhanden; nur wenige Gehminuten in die Altstadt.

S 2.2 **Banana Jack Wohnmobilpark**
(S. 271/G2) Ostseeallee 58, 23946 Boltenhagen, Tel. +49 38825 21030, www.bananajack.de
GPS-Daten: 53.981667, 11.218056
Kinder- und tierfreundlicher Wohnmobilstellplatz auf Rasen für 50 Fahrzeuge und mit komplettem Dienstleistungsspektrum; ca. 150 Meter zum Strand; direkte Anbindung zu Entertainment-Angebot mit Cocktailbar, Biergarten, Party und Lagerfeuer.

S 2.3 **Krämers Wohnmobilhafen**
(S. 271/G2) Ostseeallee 58 b, 23946 Boltenhagen, Tel. +49 38825 23288, www.kraemerswohnmobilhafen.de
GPS-Daten: 53.981389, 11.219167
Familiengeführter Wohnmobilplatz mit 45 Stellplätzen auf unterschottertem Wiesengelände; komplette Infrastruktur inklusive Fahrradverleih; in unmittelbarer Nachbarschaft des vorher genannten Wohnmobilstellplatzes.

S 2.4 **Wohnmobilpark Westhafen**
(S.271/G2) Schiffbauerdamm 12, 23966 Wismar, Tel. +49 172 3905368, www.wohnmobilpark-wismar.de
GPS-Daten: 53.894167, 11.451667
Zentrumsnaher Stellplatz mit 85 Parzellen

Rechte Seite oben: Teil des Kunstpfads in der Künstlerkolonie Ahrenshoop; unten: Molli, beliebte Bäderbahn in Bad Doberan

auf befestigtem Untergrund; vollständige Infrastruktur; ideale Lage mit fußläufiger Nähe zu Altstadt und Alter Hafen.

**S 2.5 Parkplatz am Hauptbahnhof**
(S. 271/G3) Wismarsche Str. 192, 19053 Schwerin
GPS-Daten: 53.636944, 11.409167
Vier große (lange) Stellplätze, Kassenautomat für 24 Stunden, V/E inklusive.

**S 2.6 Parkplatz am Jagdhaus Heiligendamm** (S. 271/H1)
Seedeichstr. 18, 18209 Bad Doberan
GPS-Daten: 54.139167, 11.852500
Einfahrt von L 12, Parkplatzhinweisschild beachten; Kassenautomat, aber von 18 bis 8 Uhr kostenfrei.

**S 2.7 Großparkplatz Mittelmole**
(S. 271/H1) Am Bahnhof 5, 18119 Rostock-Warnemünde
GPS-Daten: 54.176667, 12.090000
50 Parkplätze auf Schotter bzw. ehemaliger Hafenanlage; ohne Infrastruktur; Tickets für drei, sechs oder 24 Stunden am Automaten.

Seebrücke in Sellin

**C 2.8 Wellness-Camp Düne 6**
(S. 268/A3) Inselweg 9, 18374 Ostseeheilbad Zingst, Tel. +49 38232 17617, www.wellness-camp.de
GPS-Daten: 54.436667, 12.705833
Großer ganzjährig geöffneter Luxus-Campingplatz mit gut 400 Komfort-Stellplätzen und sehr umfangreichem Dienstleistungs- und Freizeitangebot; wenige Gehminuten zu Strand, Einkauf, Ortskern und Hafen.

**S 2.9 Wohnmobilstellplatz Wassersportzentrum Zingst** (S. 268/A3)
Seestraße (am Strandübergang 6), 18374 Ostseeheilbad Zingst, Tel. +49 38232 389010
GPS-Daten: 54.441111, 12.706667
Ca. 40 teilweise unebene Stellplätze auf Rasen bei freier Platzwahl; von Anfang April bis Mitte Oktober geöffnet; am Ortsrand in direkter Strandnähe; Strom/Dusche/WC gegen Gebühr; Imbiss mit Brötchen, Snacks und Drinks; Surfschule nebenan.

**S 2.10 Reisemobilhafen Sellin**
(S. 268/C3) Kiefernweg 4 b, 18586 Ostseebad Sellin, Tel. +49 38303 92770, www.wohnmobilstellplatz-sellin.de
GPS-Daten: 54.371667, 13.701389
50 parzellierte Stellplätze mit eigener Stromsäule; V/E, WC, Duschen, WLAN; geöffnet Mitte März bis Anfang November und Ende Dezember bis Anfang Januar.

**S 2.11 Parkplatz zum Königsstuhl**
(S. 268/C3) Stubbenkammerstr. 57, 18551 Lohme-Hagen, Tel. +49 38302 9412, www.lohme.de
GPS-Daten: 54.561389, 13.623889
Ungefähr 40 kostenpflichtige Stellplätze auf Wiese/Kies am Ende des Großparkplatzes; keine Parzellierung, für jede Wohnmobilgröße geeignet, V/E gegen Gebühr; Imbiss- und Souvenirläden tagsüber geöffnet; drei Kilometer Fußweg zum Besucherzentrum und Kreidefelsen; Bushaltestelle am Stellplatz mit Verbindungen zu den Sehenswürdigkeiten Rügens.

99 2324-4

# 3 VON DER EMS BIS AN DIE ELBE

## Über Emsland, Ostfriesland und Bremen nach Hamburg

Mit einem knappen »Moin« wird hier gegrüßt, denn wer »Moin, Moin« sagt, gilt im Norden bereits als Schwätzer, heißt es. Der deutsche Norden und die Nordsee haben ganz besondere Reize, die auf dieser Route entspannt entdeckt werden wollen. Einmal die Produktion der Kreuzfahrtschiffe in Papenburg erleben, an der längsten Fehnkolonie entlanglaufen oder in Greetsiel den Krabben auf der Spur sein – kein Problem! Die Nordsee-Bäderkultur in Ostfriesland dann lädt entlang der Küste zu Deichspaziergängen, zum Wattwandern sowie zum Chillen und Erholen ein. Ein schönes Kontrastprogramm bieten Städte wie Wilhelmshaven, Bremen, Bremerhaven und Cuxhaven.

Der Hafen in Weener

Fehnkolonie Papenburg und seine Friderike am Rathaus

## ROUTE 3

**START- UND ENDPUNKT**
Papenburg und Hansestadt Hamburg

**STRECKENLÄNGE**
539 Kilometer

**FAHRZEIT**
14 Tage

Ihr nordisches, teils hanseatisches Gesicht zeigen diese Städte in unterschiedlichen Facetten, gerne unterbrochen von Ausblicken auf Ebbe und Flut der Nordsee. Bei der Fahrt durchs Alte Land wiederum, vorbei an herrlichen Obstplantagen nebst Verkaufsständen, präsentiert sich die Natur von Frühjahr bis Herbst von ihrer fruchtbarsten Seite. Zuletzt bildet die beeindruckende Hansestadt Hamburg einen schönen Abschluss dieser vielseitigen Tour.

### WO DAS FERNWEH EINE FORM ERHÄLT

Klar, Wohnmobilisten sind keine Kreuzfahrer – oder vielleicht doch, mal so zur Abwechslung? Der Fluss Ems ist sozusagen der Geburtskanal der großen Kreuzfahrtschiffe. Die weit über die Landesgrenze hinaus bekannte Meyer Werft, gegründet 1795, produziert mittlerweile in siebter Generation als Familienunternehmen. Es ist beeindruckend, Tausende Mitarbeiter bei ihrer Arbeit an den

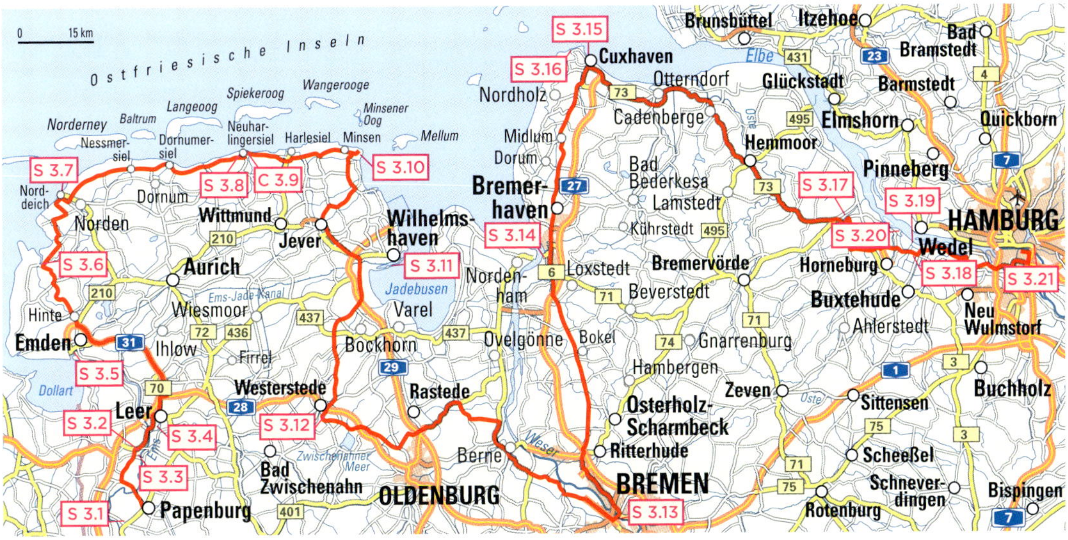

Teelke in Leer

Start
**Papenburg**
*Meyer Werft, Fehnkolonie*
16 km
**Weener**
B436
13 km
**Leer**
*Altstadt, Teemuseum, Emden, Hinte, Eilsum*
A31
B70
B210

halbfertigen Giganten zu beobachten. Von der Planung bis zur Fertigstellung vergehen 36 Monate, bevor ein Schiff die Werft verlässt. Die Eintrittskarten für die informative, geführte Besichtigungstour gibt es in Papenburg am Tourist-Info-Schiff Friederike hinter dem Rathaus. Sozusagen gleich ums Eck fährt bequem der Shuttlebus los. Derweil parkt das Wohnmobil auf dem Stellplatz schräg gegenüber vom Rathaus auf dem Großparkplatz am Roten Kreuz.

## FEHNKOLONIE ENTDECKEN

Doch die Stadt hat noch viel mehr zu bieten: **Papenburg** ist die längste Fehnkolonie, eine Moorbesiedlung, welche eindrucksvoll

Zwillingsmühlen am Ortseingang von Greetsiel

in der hübsch gestalteten Innenstadt mit den typischen weißen Zugbrücken und Schiffen dargestellt ist. Ein entspannter Spaziergang am schnurgeraden und ebenso fürs Fehngebiet charakteristischen Kanal vermittelt ein paar Einblicke. Hier gelingt auch der Einstieg in die Deutsche Fehnroute, die sowohl mit dem Kraftfahrzeug als auch mit dem Fahrrad bereist werden kann.

Für gefühlte Romantik ist denn auch gleich der alte Hafen in **Weener** zuständig. Die in Bronze gegossenen Torfstecherinnen freuen sich über Besuch; gleich zwei Wohnmobilstellplätze laden zum Übernachten ein.

Über die Ems-Zugbrücke Jan Berghaus und entlang der L 436 wartet nun die Stadt **Leer**. Empfehlenswert ist ein Bummel zum Hafen und der alten Brücke, dann zurück in die schnuckelige Altstadt mit restaurierten Fischerhäusern, Kopfsteinpflaster und dem imposanten Rathaus mit Glockenspiel. Bei der Bronzestatue Teelke, die vor dem Teemuseum symbolisch eine Tasse Ostfriesentee anreicht, geht Teegenießern sicherlich das Herz auf, ist sie doch hübsches Zeugnis für die Lebensart der Ostfriesen. Geparkt und übernachtet werden kann auf dem Wohnmobilstellplatz, der einem innenstadtnahen Parkplatz angegliedert ist.

## DEN KRABBEN AUF DER SPUR

Auf dem Weg nach Greetsiel passieren die Wohnmobilisten entlang der Ems zahlreiche

**Fischerboote im Hafen von Greetsiel**

**Hingucker und beliebtes Fotomotiv: Pilsumer Leuchtturm**

grasende Schafe auf dem Deich, um kurz danach die Stadt **Emden** zu erreichen. Für alle, die hier einen Tag Rast einlegen möchten: Der Emdener Wohnmobilstellplatz ist beliebt und liegt am alten Binnenhafen. Diese Tour allerdings führt noch ein Stück weiter nach Norden und eindrucksvoll markieren die restaurierten Zwillingsmühlen schließlich den Ortseingang von **Greetsiel**. Die Mühlen sind Teil der Niedersächsischen Mühlenstraße, der Reisende überall in Ostfriesland begegnen. Gleich gegenüber befindet sich ein großzügig angelegter Reisemobilhafen, davor finden Kurzzeitparker ebenso ihren Platz.

Viele lieben es: das leckere und frisch zubereitete Krabbenbrötchen. Mit Greetsiel wartet einer der größten Krabbenkutterhäfen Deutschlands. Angebotene Führungen zeigen Interessierten, wie die Krabben zwischen zwei Brötchenhälften kommen.

Die Erkundungstour durch den verkehrsberuhigten Ort versetzt sofort in angenehme Urlaubsstimmung. Das Nationalparkhaus ist dabei übrigens einen Besuch wert, denn es vermittelt wichtiges Wissen über Wiesen, Watt, Wasser und die Menschen im Nationalpark Wattenmeer. Das Wattenmeer, seit 2009 UNESCO Weltnaturerbe, ist weltweit einzigartig. 11 500 Quadratkilometer groß, erstreckt es sich über 500 Kilometer entlang der niederländischen, deutschen und dänischen Nordseeküste.

## BÄDERKULTUR IM RAUEN NORDEN

Welches Fleckchen an der Nordsee nun zum persönlichen Liebling wird, grenzt sicherlich an eine Glaubensfrage. Denn ab jetzt reihen sich Nordseebäder, von Schafen bevölkerte Deiche, Felder, Wiesen und grasende Kühe aneinander. Jede Ortschaft hat ihren ganz eigenen Charme, den es zu entdecken gilt. Meist gibt es interessante Schiffsverbindungen zu einer der vorgelagerten Ostfriesischen Inseln, deren Abfahrtszeiten hier natürlich tidenabhängig sind. Mit Glück sind auch Tagesausflüge möglich. Wer in Greetsiel sozusagen offline alle Fakten über das Wattenmeer gelernt hat, darf nun online üben. Überall wird während der Ebbe fachkundig geführtes Wattwandern angeboten. Und der größte Pluspunkt: Die Gegend ist extrem wohnmobilfreundlich, zugleich variieren die Plätze in Ausstattung und Lage. Wer das Wohnmobil stehen lassen möchte,

**AUSFLUG**

### ZUM PILSUMER LEUCHTTURM

Der Ausflug zum bekannten Pilsumer Leuchtturm ist auf dem Fahrrad oder auch mit dem Wohnmobil möglich. Weithin leuchten die Farben rot und gelb, wenngleich der Turm selbst gerade mal neun Meter misst und gerne von Hochzeitspaaren aus ganz Deutschland für Trauungen genutzt wird. Der Parkplatz am Leuchtturm ist übrigens nur in der Zeit zwischen 10 und 18 Uhr kostenpflichtig nutzbar.

**Leer**
*Altstadt, Teemuseum,* Emden, Hinte, Eilsum
A31 B70 B210
51 km
**Greetsiel**
*Nationalpark-Wattenmeer, Krabbenbrötchen, Pilsumer Leuchtturm,* Greetsieler Straße, Am Leydeich, Wester Charlottenpolder
19 km
**Norddeich**
*Seehund-aufzuchtstation,* Ostermarsch, Neßmersiel, *Fähre Baltrum,*
44 km
**Neuharlingersiel**
*Fähre Spiekeroog, Thalasso-Kur,* Carolinensiel, *Boßeln,*
25 km
**Schillig**
*Strandspaziergang,* Jever, *B210,* Wilhelmshaven, *Jade WeserPort, Labskausessen, Maritime Meile* Sande, Zetel
B210

Wattwandern, immer wieder informativ im Nationalpark Wattenmeer

nutzt den kostengünstigen Urlauberbus mit einem großzügigen Streckennetz, um Ostfriesland zu »erfahren«.

**Norddeich** liegt im Nordwesten, nahe Norden, der ältesten Stadt in Ostfriesland. Voll auf Urlauber eingestellt, überzeugen das Erlebnisbad Ocean Wave mit angrenzendem Wohnmobilstellplatz, die Seehundaufzuchtstation, die wunderbaren Spazierwege vor, auf und hinter dem Deich sowie die Schiffsverbindungen zu den Inseln Norderney und Juist.

Der nahe Ort Neßmersiel bietet Tagesfahrten zur kleinsten Insel Baltrum sowie Schiffsfahrten an den Seehundbänken vorbei. In Bensersiel beeindrucken gleich zwei weiße Deichbrücken.

**Neuharlingersiel** punktet mit Tagesausflügen nach Spiekeroog, der Wohnmobilstellplatz am Ostanleger dagegen mit freiem Nordseeblick. Für Langzeit- und Kururlauber ist die Kombination von Thalasso-Kuranwendungen und Campingplatz geradezu ideal.

Einen Besuch wert sind auch die Orte Carolinensiel und Harlesiel, dazwischen befinden sich der Raddampfer sowie die Küsten-Räucherei Albrecht mit Restaurant und Verkaufstheke. Denn für viele Urlauber gehören Seeluft, frischer Fisch oder Räucherfisch einfach zur Erholung dazu.

Mit **Schillig** ist das östliche Festlandende von Ostfriesland erreicht. Der lange Sandstrand vor dem Wattenmeer begeistert und lädt zu langen Strandspaziergängen ein. Der

Achtung: Boßeln zwischen Carolinensiel und Schillig;

Abendstimmung am herrlichen Sandstrand in Schillig

große Wohnmobilstellplatz liegt perfekt fußläufig zum Strand, der über eine Kitezone und einen eigenen Hundestrand verfügt. Schiffsliebhaber sehen hier die Pötte, die Wilhelmshaven oder Bremerhaven anlaufen.

## ABSTECHER NACH JEVER

Die Stadt Jever ist Stammsitz der gleichnamigen Brauerei und bietet neben der Brauereibesichtigung auch als hübsches Kleinod mit Schloss, Parkanlagen und Fußgängerzone die perfekte Alternative zum Strandleben. Nicht nur dann, wenn das Wetter mal wieder friesisch herb ist, lockt auch das Schlossmuseum Jever zum Besuch. Hier kann man sich wunderbar nicht nur über die Geschichte des Schlosses, sondern auch über die Geschichte des Jeverlandes informieren. Historische Funde zeugen von einer sehr frühen Besiedlung der Region.

SPECIAL

### MEIN HUND UND DAS WATTENMEER

Im Nationalpark Wattenmeer treffen Urlauberinteressen, Hundefans und eine schützenswerte Vogelwelt aufeinander. Dass es hierbei Regeln gibt, die zu beachten sind, ist eigentlich selbstverständlich. Trotzdem informieren Schilder vor Ort sowie Karten zusätzlich darüber. Frei laufende Hunde sind für Brutvogelkolonien eine große Gefahr und so besteht ganzjährig in der Ruhe- und Zwischenzone des Nationalparks sowie in der Brut- und Setzzeit der Vögel in Niedersachsen Leinenzwang für Hunde. Zudem dürfen auf von Schafen beweideten Deichabschnitten keine Hunde mitgeführt werden, es gelten die Bestimmungen der Deichverbände. An einigen Stellen gibt es jedoch ausgewiesene Hundestrände.

## LABSKAUSESSEN UND MARITIME MEILE

In **Wilhelmshaven** ankommen heißt, am Jadebusen zu sein. Im Norden der Stadt liegt der 2012 eröffnete Tiefseehafen JadeWeserPort für große Containerschiffe. Die ein-

Maritime Meile Wilhelmshaven mit Kaiser-Wilhelm-Brücke

**Schillig**
*Strandspaziergang, Jever, B210, Wilhelmshaven, Jade WeserPort, Labskausessen, Maritime Meile Sande, Zetel*
B210
67 km
**Westerstede**
*Draisinenfahrt, Zwischenahner Meer und Park der Gärten, Elemendorf, Neuenkruge Neusüdende, Etzhorn, Huntorf, Berne, Harmenhausen, Bardewisch, Deichhausen, Woltmershausen*
B212
79 km
**Bremen**
*Rathaus, Bremer Stadtmusikanten*
B6

stündige Bus-Besuchertour bietet zweimal wöchentlich Einblicke rund um den Hafen, ein Infocenter steht ebenso bereit.

Highlight des Wilhelmshaven-Besuchs ist jedoch die »Maritime Meile« mit gleich fünf Museen, darunter das eindrucksvolle Deutsche Marinemuseum. Es begrüßt Interessierte gleich bei der Fahrt über die als Wahrzeichen bekannte Kaiser-Wilhelm-Brücke (max. Durchfahrtshöhe drei Meter) mit dem Zerstörer Mölders.

Für den Wohnmobilstellplatz am Fliegerdeich gibt es Tagestickets und wechselweise sind Deichspaziergang und der Besuch der Maritimen Meile fußläufig möglich. Am Abend lockt der Blick über den Jadebusen. Höhere Wohnmobile fahren einfach von der unscheinbaren anderen Seite den Wohnmobilstellplatz an.

Im Juli findet alljährlich das weltgrößte Labskausessen in der Innenstadt statt. Wer also das Seemannsgericht, bestehend aus gepökeltem Dosenfleisch, Kartoffeln, Rote Bete, Gewürzgurke mit Hering oder Rollmops sowie einem Spiegelei, einmal probieren will, ist herzlich willkommen.

## DRAISINENFAHRT ERLEBEN

Auf dem Weg nach Bremen ist ein Zwischenstopp in **Westerstede** eingeplant. Denn die Rhododendronstadt lockt mit einer kurzweiligen Draisinenfahrt. Entspannt geht es dabei zu, denn für jeweils eine Stunde reine Fahrtzeit für Hin- und Rückfahrt dürfen vier Stunden verbraucht werden, bis die Draisine wieder am Ausgangspunkt steht. Zum Erholen liegt der Wohnmobilstellplatz praktischerweise direkt gegenüber.

Gartenfreunde kommen auf der nun sich anschließenden Fahrt Richtung Bremen auf ihre Kosten, wenn sie statt der Autobahn die Landstraßen Richtung Zwischenahner Meer und Park der Gärten fahren. Eine Baumschule reiht sich an die nächste und im Park der Gärten gibt es herrliche Gartengestaltung zu bewundern, Inspiration für Gartenfans inklusive.

## HÜBSCH UND KOMPAKT, DIE HANSESTADT

Die Hansestadt **Bremen** überzeugt mit der Altstadt Schnoor und ihren engen Gassen sowie dem wunderschönen Rathaus und dem Vorplatz. Ganz in der Nähe ist das obligatorische Erinnerungsfoto mit den Bremer Stadtmusikanten selbstverständlich ein Muss. Schokoladenliebhaber schauen im Hachez-Shop oder beim Werksverkauf vorbei. Die Flaniermeile an der Weser ist mit Restaurants und Außensitzplätzen gut bestückt, der Blick verweilt auf der gegenüberliegenden Weserburg.

Der Wohnmobilstellplatz Am Kuhhirten ist schattig mit altem Baumbestand, zudem ruhig im Naherholungsgebiet Kuhhirtenweg gelegen und somit idealer Ausgangspunkt, um die Stadt zu Fuß oder mit dem Fahrrad zu erkunden. Ein Stadtplan liegt aus. Tagesgäste parken mit Parkschein direkt an der Weser im Bereich Werderstraße/Herrlichkeit und überqueren nur kurz die Brücke, um in die Stadt zu kommen.

## FRÜHERES TOR NACH AMERIKA

Um von Bremen nach Norden zu kommen, geht es vorbei an den Industriehäfen. **Bremerhaven** hat in den letzten Jahren sehr viel

**Linke Seite: Pflichtbesuch bei den Bremer Stadtmusikanten**

**Bremen**
*Rathaus, Bremer Stadtmusikanten* B6
58 km
**Bremerhaven**
*Deutsches Auswandererhaus, Schaufenster Fischereihafen, Langen* B73
41 km
**Cuxhaven**
*Hafen Alte Liebe, Wattwagen Neuwerk, Fähre Helgoland, Nationalpark Schleswig-Holsteinisches Wattenmeer* B73

**Maritime Meile Bremerhaven**

in Aussehen und Ausstattung rund um die maritime Meile investiert. So zeigt das heutige Deutsche Auswandererhaus einen Teil der Geschichte; der neue Leuchtturm, das ausgestellte Museums-U-Boot, das Deutsche Schifffahrtsmuseum sowie das Klimahaus vermitteln weiteres Wissen und bieten Abwechslung.

Von dem windgeschützt in einer Senke liegenden Stellplatz an der Doppelschleuse aus können die Sehenswürdigkeiten gut erkundet werden. Etwas außerhalb, bei den Fischereihäfen, liegt die neue kulinarische Meile »Schaufenster Fischereihafen«, die sich großer Beliebtheit erfreut. Parkplätze sind genügend vorhanden Der Hafenbus bietet Interessierten zudem eine Hafenführung an.

**»Hamburger Leuchtturm« in Cuxhaven**

## LUST AUF ALTE LIEBE

Mit **Cuxhaven** erreicht diese Tour die Kugelbake, ein 30 Meter hohes Seezeichen zwischen Elbe und Nordsee, und somit den nördlichsten Punkt Niedersachsens. Ab dem Hafen Alte Liebe verkehren die Schiffe zu den beliebten Nordseeinseln Helgoland und Neuwerk. Der 1310 erbaute Leuchtturm auf Neuwerk ist übrigens das älteste Gebäude der Stadt Hamburg, da die Insel nach wie vor zu Hamburg gehört. Ab Duhnen bzw. Sahlenburg verkehren manchmal, wenn es der Wasserstand der Tiden zulässt, von Pferden gezogene Wattwagen, die bis nach Neuwerk fahren. Das ist ein ganz besonderes Erlebnis und alle, die die Chance haben, sollten diese im Rahmen eines Tagesausflugs nutzen. Auch eine Übernachtung, um abends die einkehrende Inselruhe zu genießen, lohnt sich.

Der übergroße Wohnmobilstellplatz am Fährhafen Cuxhaven ist in den Sommermonaten richtig gut besucht, bietet er doch gleich nach drei Seiten Sicht auf das Meer, vorbeiziehende Schiffe und den Jachthafen.

Im quirligen Cuxhavener Stadtteil Duhnen ist der Strandzugang nur mit Kurkarte bzw. mit einer Tageskarte erlaubt. Am durchaus gepflegten Strand bieten Strandkorbvermietungen ihre Dienste an. Der dortige Wohnmobilstellplatz ist recht eng, aber verkehrsgünstig gelegen.

## ALTES LAND UND STADE

Etwas ruhiger, aber wunderschön geht es weiter südlich in **Stade** zu. Die Gassen der Altstadt, Fachwerkhäuser und Kopfsteinpflaster, die 1000-jährige Geschichte, das Rathaus, das Museum Schwedenspeicher und der Fischmarkt am idyllischen alten Hafen – die kompakte Hansestadt Stade wirkt regelrecht romantisch. Sie lädt ein zum Verweilen, zum Bummeln, zum Entdecken und Ausspannen. Der innenstadtnahe Wohnmobilstellplatz ist komfortabel ausgestattet und die erholsame Nachtruhe bereitet ideal vor auf den nächsten Tag im **Alten Land**. Saftige Kirschen, leckere Himbeeren, knackige Äpfel und vieles mehr bietet dieses große Obstanbaugebiet. Aus einer unbewohnten Sumpflandschaft im Urstromtal der Elbe ist fruchtbarstes Land geworden. Die nackten Zahlen sprechen für sich: 17 Millionen Obstbäume – und 50 000 Fahrradfahrer pro Saison.

Wer Interesse hat, den Unterschied zwischen Natur- und Kulturlandschaft Altes Land kennenzulernen, ist in Horneburg richtig. Vielerorts informieren Obstwanderungen bzw. Besichtigungen von Obsthöfen über

SPECIAL

## RADFAHREN – EIN WAHRES VERGNÜGEN

Flach ist es, zu sehen und zu erkunden gibt es viel und oft geht es an wunderschönen Wasserwegen entlang. Fahrradfahren nahe der Nordsee ist erholsam, gesund und macht einfach Spaß. Die Radwege-Vielfalt von Ostfriesland bis ins Alte Land ist gigantisch, die Strecken sind bestens ausgeschildert und gut zu befahren. Natur pur, verkehrsberuhigte Streckenführungen, Hafenstädte, schmucke Dörfer, Kirchen, Denkmäler und faszinierende Landschaften warten darauf, entdeckt zu werden. Fahrrad-Vermietstationen bieten ihre Dienste an für alle, die kein eigenes Fahrrad mit an Bord haben. Die Touristeninformationen beraten gerne zu Radfernwegen, Tagesetappen oder Rundtouren. Der wachsenden Nachfrage nach E-Bike-Ladestationen gerecht werdend, gibt es diese immer häufiger im öffentlichen Raum oder angegliedert an Gaststätten.

Am Deich in Duhnen

**Cuxhaven**
*Hafen Alte Liebe, Wattwagen Neuwerk, Fähre Helgoland, Nationalpark Schleswig-Holsteinisches Wattenmeer*
B73
73 km
**Stade**
*Museum Schwedenspeicher, Fischmarkt,* Steinbeck, Dollern, Guderhandviertel
21 km
**Jork**
*Altes Land, Obsthofbesichtigung* Borstel, Hinterbrack, An der Alten Süderelbe, Köhlbrandbrücke, Freihafenelbbrücke
21 km
**Hamburg**
*Hafencity, Hafenrundfahrt, Alster*
Ziel

Apfelplantagen im Alten Land

Rechte Seite: Hamburgs neues Wahrzeichen – die Elbphilharmonie

den Wirtschaftsfaktor Obstanbau. Ob Frühling, Sommer oder Herbst, jede Jahreszeit hat besondere Reize, seien es die duftenden Blüten, die reifen Früchte oder einfach nur die Artenvielfalt. Die wunderbaren Schätze der Natur sind köstlich und an zahlreichen Verkaufsständen erhältlich.

## DAS FLAIR DER WEITEN WELT

Wenn die imposanten Kräne des **Hamburger** Hafens bei der Anfahrt zu sehen sind, ist die Hansestadt bald erreicht. Nach so viel Natur und Nordseeromantik heißt es nun Stadtluft schnuppern, Kultur tanken oder shoppen. Die obligatorische Hafenrundfahrt zeigt einen Teil der Bedeutung des größten Seehafens Deutschlands, der mit 9000 Schiffsanläufen pro Jahr sowie knapp 300 Liegeplätzen an insgesamt 43 Kilometern Kaimauern für Seeschiffe imponiert. Entspannter und ebenfalls erlebenswert ist eine Alsterrundfahrt. Die Speicherstadt lockt außerdem mit dem Miniatur Wunderland, das immer wieder kleine und große Eisenbahnfans fasziniert. Die Elbphilharmonie begeistert von außen wie von innen, zig Musicals laden zur gelungenen Abendgestaltung ein.

Da der Wohnmobilstellplatz zentrumsnah und gut anfahrbar liegt, wird die ihn umgebende Geräuschkulisse für ein paar Übernachtungen in Kauf genommen; dafür spart man sich die täglich neue Anfahrt in die City und die Parkplatzsuche. Denn Hamburg bietet Stadtleben und das Flair der weiten Welt. Viele schöne Plätze, Kunst und Kultur, Geschichte und moderner Lifestyle laden ein, hier gleich mehrere Tage zu verbringen. Für jeden wird hier einiges geboten – und so findet die abwechslungsreiche »Von der Ems bis an die Elbe«-Tour ihren würdigen Abschluss.

HYMER

# PRAKTISCHE HINWEISE

## TOURISTENINFORMATIONEN

**Tourist-Information Papenburg**
Ölmühlenweg 21, 26871 Papenburg, Tel. +49 4961 83960, www.papenburg-marketing.de
Museumsschiff »Brigg Friederike«, Hauptkanal rechts 68–69 (hinterm Rathaus), 26871 Papenburg

**Tourist-Info Emden**
Bahnhofsplatz 11, 26721 Emden, Tel. +49 4921 97400, www.emden-touristik.de

**Tourist Information Greetsiel**
Zur Hauener Hooge 11, 26736 Krummhörn-Greetsiel, Tel. +49 4926 91880, www.greetsiel.de

**Nationalparkhaus Greetsiel**
Schatthauser Weg 6, 26736 Greetsiel, Tel. +49 4926 2041, www.nationalparkhaus-wattenmeer.de

**Tourist Information Norddeich**
Dörper Weg 22, 26506 Norden-Norddeich, Tel. +49 4931 986200, www.norddeich.de

**Tourist-Information Neuharlingersiel**
Edo-Edzards-Str. 1, 26427 Neuharlingersiel, Tel. +49 4974 18812, www.neuharlingersiel.de

**Tourist-Information Wilhelmshaven**
Ebertstr. 110, 26382 Wilhelmshaven, Tel. +49 4421 913000, www.wilhelmshaven-touristik.de

**Tourist-Information Bremen**
Im Hauptbahnhof (gegenüber Reisezentrum), 28195 Bremen
Böttcherstr. 4, 28195 Bremen, Tel. +49 421 3080010, www.bremen-tourismus.de

**Tourist-Info Bremerhaven**
H.-H.-Meier-Str. 6 (Hafeninsel), 27568 Bremerhaven, Tel. +49 471 80936120, www.bremerhaven.de
Am Schaufenster 5 (Fischereihafen), 27572 Bremerhaven, Tel. +49 471 80936127, www.bremerhaven.de

**CUX-Tourismus Cuxhaven**
Am Bahnhof 1, 27472 Cuxhaven, Tel. +49 4721 404209, www.cuxhaven.de
Cuxhavener Str. 92, 27476 Cuxhaven (Duhnen), Tel. +49 4721 404200, www.cuxhaven.de

**Tourist-Information Stade**
Hansestr. 16, 21682 Stade, Tel. +49 4141 776980, www.stade-tourismus.de

**Tourist-Information Hamburg**
Am Hauptbahnhof (Hauptausgang Kirchenallee), 20095 Hamburg
St. Pauli Landungsbrücken (zwischen Brücke 4 und 5), 20359 Hamburg
Welterbe Infopoint im Chilehaus, Pumpen 6, 20095 Hamburg
alle: Tel. +49 40 30051701, www.hamburg-tourism.de

## STELLPLÄTZE UND CAMPINGPLÄTZE

S 3.1 **Marktplatz Papenburg**
(S. 269/G5) Rathausstr. 11 (Marktplatz), 26871 Papenburg, Tel. +49 4961 83960, www.papenburg-tourismus.de
GPS-Daten: 53.076667, 7.392778
Gebührenfreier, temporär unruhiger Großparkplatz auf Rasen/Sand, für Wohnmobile jeder Größenordnung; keine Infrastruktur; kurze Wege in das Ortszentrum und

Ausgangspunkt für Werftbesichtigung; bei Großveranstaltungen gesperrt.

**S 3.2 Reisemobilstellplatz am Alten Hafen** (S. 269/G4)
Zum Schöpfwerk (Zufahrt: Pannenborgstraße), 26826 Weener, Tel. +49 4951 305500, www.weener.de
GPS-Daten: 53.168889, 7.361667
Gebührenpflichtiger, ganzjährig geöffneter Stellplatz auf Asphalt am Jachthafen für 45 bis 55 Wohnmobile bis max. neun Meter Länge; V/E, Sanitärgebäude mit Dusche/WC, Waschmaschine/Trockner; Beeinträchtigungen durch angrenzende Gastwirtschaft und Fabrik möglich.

**S 3.3 Sportboothafen Weener**
(S. 269/G4) Am Sportboothafen, 26826 Weener, Tel. +49 4951 1691, www.weener.de
GPS-Daten: 53.165556, 7.365556
Gebührenpflichtiger Stellplatz am Sportboothafen für zwölf Wohnmobile von max. sechs bzw. acht Meter Länge; V/E, Sanitärgebäude mit Dusche/WC; geöffnet Anfang April bis Ende September.

**S 3.4 Wohnmobilstellplatz P9 Leer**
(S. 269/G4) Große Bleiche 2, 26789 Leer, Tel. +49 491 91969670, www.touristik-leer.de
GPS-Daten: 53.225833, 7.446111
Gebührenfreier, ganzjährig nutzbarer Stellplatz für ca. zehn Wohnmobile auf öffentlichem Parkplatz; V/E, Strom; zeitlich eingeschränkte Nutzung von Dusche/WC in fußläufiger Entfernung; unmittelbare Nähe zur historischen Altstadt.

**S 3.5 Wohnmobilstellplatz Am Alten Binnenhafen** (S. 269/F4)
Am Eisenbahndock, 26721 Emden, Tel. +49 160 3624744, www.emden-touristik.de
GPS-Daten: 53.363611, 7.208611

**Sehr beliebt: Wohnmobilstellplatz Am Fährhafen Cuxhaven**

**Stellplatz Am Ostanleger Neuharlingersiel mit Ausblick**

Gebührenpflichtiger, ganzjährig geöffneter Stellplatz für 29 Wohnmobile; komplette Infrastruktur; sehr schön in erster Reihe direkt an der Marina gelegen, Lärmbeeinträchtigungen möglich, wenige Gehminuten zur Fußgängerzone und Altstadt.

S 3.6 **Reisemobilhafen Greetsiel** (S. 269/F3) Mühlenstr., 26736 Krummhörn-Greetsiel, Tel. +49 4926 91880, www.greetsiel.de
GPS-Daten: 53.496944, 7.101944
Gebührenpflichtiger, ganzjährig geöffneter Stellplatz am Ortseingang bei den Zwillingsmühlen, auf Schotter für 55 Wohnmobile; V/E, Strom; Ortskern und Hafen fußläufig; in den Wintermonaten eingeschränkte Wasserversorgung; Ortskern und Hafen fußläufig

S 3.7 **Wohnmobilstellplatz am Erlebnisbad Ocean Wave** (S. 269/F3)
Itzendorfer Str., 26506 Norden, Tel. +49 4931 986200, www.norddeich.de
GPS-Daten: 53.609722, 7.158056
Gebührenpflichtiger, ganzjährig geöffneter Stellplatz für 100 Wohnmobile auf Rasen/Pflaster; komplette Infrastruktur; beim Erlebnisbad (»Wohnmobil-Service-Card« mit Vergünstigungen) gelegen, hinter dem Pkw-Großraumparkplatz Dörper Weg; Strand, Ortskern und Mole fußläufig.

S 3.8 **Wohnmobilstellplatz Am Ostanleger** (S. 269/G2)
Am Ostanleger, 26427 Neuharlingersiel, Tel. +49 4974 18812, www.neuharlingersiel.de
GPS-Daten: 53.701667, 7.707500

Gebührenpflichtiger, ganzjährig nutzbarer Stellplatz (witterungsbedingte Schließungen möglich) auf Schotter für ca. 20 Wohnmobile; V/E, Strom; direkt an der Nordsee gelegen, in Hochsaisonzeiten aufgrund des angrenzenden Pkw-Großraumparkplatzes hohes Verkehrsaufkommen.

C 3.9 **Nordsee-Camping Neuharlingersiel** (S.269/G2)
Alt Addenhausen 4, 26427 Neuharlingersiel, Tel. +49 4974 188900,
www.neuharlingersiel.de
GPS-Daten: 53.695000, 7.690278
Gebührenpflichtiger, ganzjährig geöffneter und riesiger Campingplatz mit 1100 Stellplätzen; komplette Infrastruktur; direkt hinter dem Deich und Strand gelegen; mit fünf Stellplätzen sehr limitierte Nutzung für Hundehalter.

S 3.10 **Wohnmobilstellplatz Am Campingplatz Schillig** (S. S. 269/H2)
Schilliger Düne, 26434 Wangerland-Schillig,
Tel. +49 4426 987170, www.wangerland.de
GPS-Daten: 53.698889, 8.024444
Gebührenpflichtiger, ganzjährig geöffneter Stellplatz für ca. 80 Wohnmobile auf befestigter Wiese/Schotter; komplette Infrastruktur; zwischen Nordseecamping und Badestrand Schillig direkt vor den Dünen gelegen.

S 3.11 **Wohnmobilstellplatz Am Fliegerdeich** (S.269/H3)
Fliegerdeich, Parkplatz West, 26382 Wilhelmshaven, Tel. +49 4421 913000,
www.wilhelmshaven-touristik.de
GPS-Daten: 53.510556, 8.128333
Gebührenpflichtiger, ganzjährig nutzbarer Parkplatz für 58 Wohnmobile; keine Infrastruktur; erhöht und direkt am Wasser gelegen, mit schönem Ausblick auf den Jadebusen; der Beschilderung in Richtung Südstrand/Helgoland-Kai folgen; alternativ fünf weitere Wohnmobilstellplätze in Wilhelmshaven vorhanden; Ortskern und Hafen fußläufig

S 3.12 **Wohnmobilstellplatz Westerstede** (S.269/H4)
Süderstr. 2, 26655 Westerstede,
Tel. +49 4488 78234,
www.camping-westerstede.de
GPS-Daten: 53.249722, 7.934444
Gebührenpflichtiger, ganzjährig geöffneter Wohnmobilstellplatz für 50 Wohnmobile auf Rasen/Schotter; komplette Infrastruktur; im vorderen Bereich eines Campingplatzes gelegen; gegenüber Möglichkeit zur Draisinenfahrt Westerstede–Ocholt (1. April bis 15.Oktober).

S 3.13 **Wohnmobilstellplatz Am Kuhhirten** (S.270/B5)
Kuhhirtenweg, 28201 Bremen,
Tel. +49 173 9850092,
www.stellplatz-bremen.de
GPS-Daten: 53.065000, 8.818611
Gebührenpflichtiger, ganzjährig geöffneter Stellplatz für 70 Wohnmobile auf kompaktem Platz mit viel Baumbestand; komplette Infrastruktur; an der Zentrumsperipherie und dennoch ruhig im Grünen gelegen, kostenpflichtiger Shuttlebus in die Innenstadt buchbar; plakettenfreie Zufahrt durch die Umweltzone auf bestimmten Routen erlaubt.

S 3.14 **Reisemobilparkplatz Doppelschleuse** (S. 270/B3)
An der Neuen Schleuse, 27570 Bremerhaven, Tel. +49 471 414141 oder
+49 172 4103687, www.bremerhaven.de
GPS-Daten: 53.531944, 8.575833
Gebührenpflichtiger, ganzjährig geöffneter, parzellierter Stellplatz für 63 Wohnmobile auf Schotter; V/E, Strom, Dusche/WC; direkt an der Mündung von der Weser in die Nordsee gelegen; gute Lage für Stadterkundung.

S 3.15 **Wohnmobilstellplatz Am Fährhafen** (S. 270/B2)
Am Fährhafen (Seebäderbrücke),
27472 Cuxhaven (Grimmershörn),
Tel. +49 4721 5000, www.cuxhaven.de

GPS-Daten: 53.873056, 8.701667
Gebührenpflichtiger, ganzjährig nutzbarer Parkplatz für ca. 120 Wohnmobile jeder Größenordnung; V/E, Strom; Zufahrt über Cassen-Eils-Straße und Am Jachthafen; in der ersten Reihe schöner Ausblick auf Elbe und vorbeigleitende Schiffe; für Stadterkundungen mit dem Fahrrad guter Ausgangspunkt.

S 3.16 **Wohnmobilstellplatz Duhner Allee** (S. 270/B2)
Duhner Allee 2, 27476 Cuxhaven, Tel. +49 4721 48241, www.strandparkplatz-duhnen.de
GPS-Daten: 53.884444, 8.648056
Gebührenpflichtiger, ganzjährig geöffneter Stellplatz für 80 Wohnmobile auf Pflaster; V/E, Strom, Sanitärbereich mit Dusche/WC; kurze Fußwege zu Strand und Ortskern; im Ortsteil Cuxhaven-Duhnen gelegen, idealer Ausgangspunkt für Ausflüge zur Insel Neuwerk.

S 3.17 **Wohnmobilstellplatz Am Schiffertor** (S. 270/C3)
Schiffertorstr. 21, 21682 Stade, Tel. +49 4141 7769840, www.stade-tourismus.de
GPS-Daten: 53.603333, 9.467222
Gebührenpflichtiger, ganzjährig geöffneter, parzellierter Stellplatz für 79 Wohnmobile auf Schotteruntergrund; komplette Infrastruktur; sehr schöne, ruhige Lage mit Blick ins Grüne; das Stadtzentrum ist fußläufig entfernt.

S 3.18 **Wohnmobilstellplatz Am Festplatz** (S. 270/D3)
Am Fleet, 21635 Jork, Tel. +49 4162 914755, www.tourismus-altesland.de
GPS-Daten: 53.530833, 9.679722
Gebührenpflichtiger, ganzjährig nutzbarer Parkplatz für ca. 80 Wohnmobile auf Pflaster; V/E, Strom, öffentliches Sanitärhaus mit Dusche/WC; zwischen Pkw-Parkplatz und Sportanlagen

**Reisemobilparkplatz Doppelschleuse Bremerhaven**

Wohnmobilhafen Hamburg, passend mit weithin sichtbaren Containern

gelegen (für Veranstaltungen evtl. gesperrt).

**S 3.19 Wohnmobilstellplatz Am Jachthafen** (S. 270/D3)
Jachthafenstr. 6, 21635 Jork,
Tel. +49 4162 914755,
www.tourismus-altesland.de
GPS-Daten: 53.553056, 9.668611
Gebührenpflichtiger, ganzjährig nutzbarer Stellplatz für ca. zehn Wohnmobile auf Schotter; V/E, Strom; Dusche/WC im gegenüberliegenden Restaurant-Gebäude (außer montags/dienstags); ruhig und direkt am Deich beim Jachthafen Neuenschleuse gelegen, guter Ausgangspunkt für Ausflüge entlang des Elbradwanderwegs.

**S 3.20 Wohnmobilstellplatz Am Fähranleger Lühe** (S. 270/D3)
Elbdeich/Fährstr., 21720 Grünendeich,
Tel. +49 4142 8990,
www.luehe-online.de
GPS-Daten: 53.572222, 9.631944
Gebührenpflichtiger, ganzjährig nutzbarer, separierter Parkplatz für ca. zehn Wohnmobile auf Schotter; V/E; direkt am Elbufer gelegen; Platz kann wegen Nähe zu Pkw-Parkplatz, Imbiss, Bikertreffpunkt und der Lühe-Schulau-Fähre lebhaft sein.

**S 3.21 Wohnmobilhafen Hamburg**
(S. 271/E3) Grüner Deich 8 (Einfahrt über Süderstraße), 20097 Hamburg,
Tel. +49 40 30091890,
www.wohnmobilhafen-hamburg.de
GPS-Daten: 53.543333, 10.025556
Gebührenpflichtiger, ganzjährig geöffneter, sehr kompakter Stellplatz auf Schotteruntergrund, der für ca. 40 bis 50 Wohnmobile genutzt wird; komplette Infrastruktur; zentrale Lage (Stadtteil Hammerbrook), deshalb keine Ruheoase; gute Anbindung an Bus- und S-Bahn-Netz; idealer Ausgangspunkt für Stadtbesichtigungen, Innenstadt, Alster und Hafencity fußläufig.

# 4 DREILÄNDERECK RHÖN

## Thüringen, Bayern und Hessen vereint

Eine ideale, da sehr abwechslungsreiche Urlaubsregion liegt im Dreiländereck Thüringen, Bayern und Hessen und heißt Rhön. Ganzjährig locken hier dichte Wälder und verwunschene Moore, romantische Flusstäler ebenso wie sonnige Höhenzüge und natürlich die Fliegerbastion Wasserkuppe mit viel Weitblick. So fühlen sich Freiheit und Erholung an. Mit Charme, Kurbadqualitäten und reicher Geschichte punkten zudem Städte wie Bad Neustadt, Bad Königshofen, Bad Kissingen und Bad Brückenau. Zum Finale wartet die schöne Barockstadt Fulda.

»Grenzen überwinden«: Brücke der Einheit in Vacha

Und doch ist die dreigeteilte Rhön auch lebendiges Zeugnis der jüngeren Geschichte, immerhin verlief die innerdeutsche Grenze direkt mittendurch. Anschaulich erklärt und dargestellt, ohne den Zeigefinger zu heben, wird dies in der Gedenkstätte Point Alpha, die nach Vacha mit der Brücke der Einheit einen interessanten Besuchspunkt dieser Route darstellt.

## DIE STADT DER STORCHE

Die älteste Stadt Südthüringens ist Startpunkt dieser Wohnmobilreise. Geboten werden 1200 Jahre **Vacha**: z. B. ihr Wahrzeichen, der Storchenturm, errichtet im 15. Jahrhundert, die Burg Wendelstein mit Museum und die größte Puppensammlung Thüringens. Parken ist auf dem zentral gelegenen Park- und Wohnmobilstellplatz direkt an der Werra empfehlenswert.

Der Spaziergang über die gegenüberliegenden historischen Brückenbögen der Werra ist heute ein Gang durch die Geschichte. Denn wo jetzt Kanufahrer entspannt paddeln oder Fußgänger auf der Brücke der Einheit wie selbstverständlich die Bundesländer wechseln, führte vor nicht allzu langer Zeit die innerdeutsche Grenzziehung zu einer Absurdität: Der Grenzverlauf machte das Gebäude der Druckerei im hessischen Philippsthal zu einem »geteilten Haus«. Mehr Informationen erwünscht und einmal einen original erhaltenen Grenzturm von innen sehen? Auch das ist in Vacha möglich, dafür einfach den Türschlüssel gegen Kaution im Museum abholen und die stillen Zeugen auf sich wirken lassen und individuell erkunden.

## ROUTE 4

**START- UND ENDPUNKT**
Vacha und Fulda

**STRECKENLÄNGE**
250 Kilometer

**FAHRZEIT**
7 bis 10 Tage

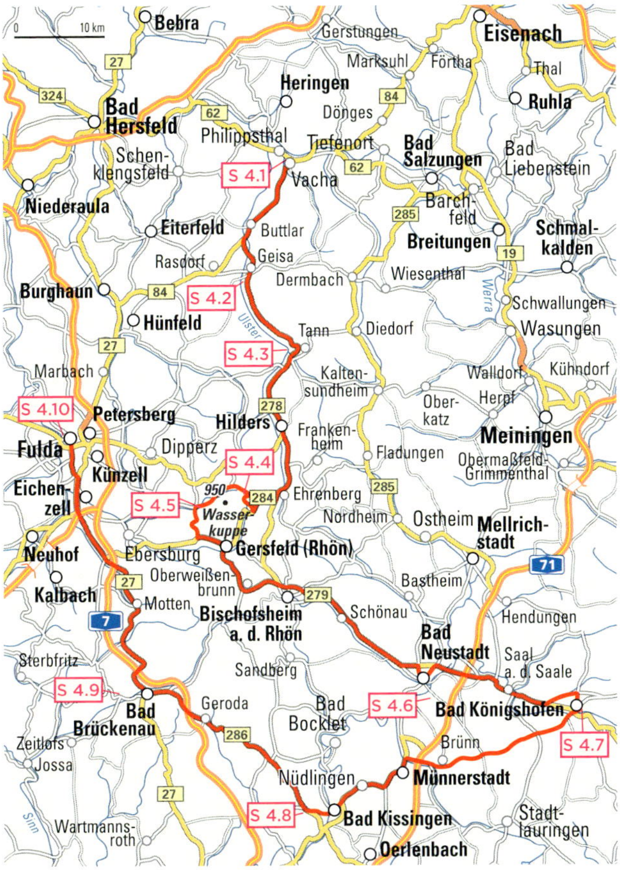

**Point Alpha: Freigelände mit Kolonnenweg und Grenzturm**

Spaziergang im Schwarzen Moor; unten: Stadttor in Tann

## GEDENKSTÄTTE ZUM ANFASSEN

Auf der thüringischen Seite der B 84, B 278 und L 1026 folgend, führt die Fahrt durch Buttlar Richtung Geisa und am Abzweig L 1026 nach Rasdorf bis zum **Point Alpha**. Der große Parkplatz am Platz der Deutschen Einheit ist auch für Reisemobile geeignet. Es lohnt sich, einige Stunden Zeit mitzubringen und flache Schuhe anzuziehen. Denn hier heißt es interessiert wie nachdenklich auf dem ehemaligen Kolonnenweg entlang der Original-Grenzbefestigung spazieren zu gehen oder staunend im »Haus auf der Grenze« die Dauerausstellung zur deutschen Teilung anzusehen. Ja, Besucher stellen sich möglicherweise auch ungläubig vom wichtigsten Beobachtungsstützpunkt des US-Kasernen-

**AUSFLUG**

### VON DER NATUR VERWÖHNT

Aktiv sein und wandern ist im Biosphärenreservat Rhön ganz leicht möglich und und dabei vielfältig. Der Naturlehrpfad im Schwarzen Moor, Bestandteil des europaweiten Schutzgebietsnetzwerks NATURA 2000, am Dreiländereck nahe Fladungen, informiert hervorragend über die Bedeutung eines Hochmoores auf einem Bohlenpfad mit 2,5 Kilometer Länge. Alternativ stehen zudem das Rote Moor, der Barfuß-Panorama-Weg am Heilpflanzengarten in Frankenheim sowie Premiumwandern auf Extratouren, alle konzipiert als Rundtouren für zwei bis sechs Stunden Wanderspaß, zur Auswahl. Fans ausgedehnter Wanderungen laden der Hochrhöner und der Rhön-Höhen-Weg ein.

areals aus den damaligen, über 40 Jahre andauernden Tagesalltag vor. Hier wird die Geschichte des Kalten Krieges originalgetreu und äußerst informativ in Szene gesetzt.

Im nahen Geisa ist der Reisemobilstellplatz, direkt am idyllischen Rhön-/Ulstertal-Radweg gelegen, danach sicherlich gut geeignet für eine ruhige Übernachtung.

## DEM HIMMEL SO NAH

Nach so viel bewegender Geschichte darf die mal liebliche, mal schroffe Landschaft der Rhön ihr schönstes Gesicht zeigen. Moorbegeisterte Wanderer nutzen den Abzweig, um dem Schwarzen Moor einen Besuch abzustatten. Alle anderen nehmen die Route auf dem Hochrhönring bis zur höchsten Erhebung Hessens: die Wasserkuppe, mit 950 Metern und 360-Grad-Panoramablick seit jeher ein einzigartiges Erlebnis grenzenloser Freiheit. Genauso müssen es die ersten Segelflieger verspürt haben, denn sie machten die **Wasserkuppe** zum Geburtsort dieses faszinierenden Flugsports; zu entdecken im Segelflugmuseum. Langeweile und Winterschlaf sind hier übrigens Fremdwörter. Das Info-Zentrum Rhön, interessante Wanderwege und die Fuldaquelle können sich sehen lassen.

Wie wäre es, sich einfach mal rücklings auf den umliegenden Freiflächen ins Gras zu legen, den Blick himmelwärts zu richten und den sanften Wind oder das leise Zischen der vorbeigleitenden Segelflieger wahrzunehmen? Das ist Lebensqualität pur. Alle, die den Wolken noch näher sein möchten, erfüllen sich vielleicht einen lang gehegten Traum. Vom 20-minütigen Segelflug bis zur Ausbildung zum Segelflugpiloten ist hier oben alles möglich. Und schon bald heißt es dann fasziniert: Flieger, grüß mir die Sonne!

Grandiose Fernsicht von der Wasserkuppe

Die Rhön blüht im schönsten Winterkleid erneut auf. Dann zieht es Tausende hinauf zu den Liften oder auf die Loipen. Wer nun die Nacht lieber etwas windgeschützter, dafür hübsch gelegen im Tal verbringen möchte, ist in **Poppenhausen** genau richtig.

SPECIAL

### NEUES TRAUMPAAR: GOLFSPORT UND WOHNMOBIL

Wunderbar eingebettet in das leicht hügelige Gelände ist der 18-Loch-Meisterschafts-Golfplatz Maria Bildhausen bei Münnerstadt, perfekt gelegen auf dem Weg zwischen Bad Königshofen und Bad Kissingen. Freunden des individuellen Golferlebnisses bietet der Platz Weitläufigkeit und entspannende Stille. Denn die Kombination von Wohnmobilreisen und Golfen findet immer mehr Anhänger. Der öffentliche Pay-&-Play-Kurzplatz kann übrigens ganz in Ruhe von Golfinteressierten ohne Vorkenntnisse oder Platzreife bespielt werden. Vielleicht der perfekte Anfang für ein neues Hobby?

## ENTSCHLEUNIGUNG UND NATURERLEBNIS

So ausgeruht, ruft nun die bayerische Rhön mit **Bad Neustadt** an der Saale. Die sehenswerte Altstadt ist vom Stellplatz am Kurpark wunderbar zu Fuß erreichbar. Die Themenstadtführung zum Heilbad gibt Einblick in die Geschichte des Heilbads und der Heilquellen. Alternativ zeigt Bad Neustadt auch gerne seine Altstadt mit dem Wahrzeichen Hohntor, seine Kirchen oder, ganz kulinarisch, die Entdeckung des Genusses. Der Rhöner Bierradweg ist eine Initiative von Landwirten, Mälzern und Brauern; gleich zwei angeschlossene Brauereigaststätten befinden sich in Bad Neustadt. Fahrrad- und E-Bike-Freunde nutzen die Gelegenheit, Teilstrecken des 180 Kilometer langen Rhönradwegs zu fahren. Wellness-Fans finden hier wie in Bad Königshofen ihre persönliche erholsame Auszeit in Thermen und Spas.

Oben links: Hohntor in Bad Neustadt a. d. Saale und die historische Altstadt; oben rechts: Blühende Rhön im Frühling; unten: Selbstfahrerparcours während der »Abenteuer & Allrad«

Linke Seite oben und unten: Golfplatz Maria Bildhausen bei Münnerstadt

Bayrische Rhön: Historisches Staatsbad Bad Brückenau

**Bad Neustadt a. d. Saale**
*Altstadt* B279
25 km
**Bad Königshofen**
*Großbardorf, Golfplatz, Maria Bildhausen* B278
35 km
**Bad Kissingen**
*Abenteuer & Allrad Messe* B286
31 km
**Bad Brückenau**
*Schlosspark* B27 B254
37 km
**Fulda**
*Dom, Schlossgarten, Altstadt*
Ziel

Als weitere Stadt im Bäderland Bayerische Rhön lädt die sehr beliebte Frankentherme mit Naturheilwassersee und angrenzendem großen Wohnmobilstellplatz in **Bad Königshofen** ein. Die Landschaft wird flacher, damit sind Wanderungen in die nähere Umgebung auch für Ungeübte eine willkommene Abwechslung. Selbst barrierefreie Wege durch den Naturpark Haßberge sind angelegt und ausgeschildert.

## JUGENDSTIL UND BOOTSWANDERN

Vom östlichsten Teil dieser Wohnmobilroute geht es weiter in das größte Bayerische Staatsbad **Bad Kissingen**. Und wie könnte es anders sein – auch hier lädt die KissSalis Therme zu Wellness und gesunderhaltenden Bädern ein. Doch die Stadt hat viel mehr zu bieten: Prächtige Jugendstilbauten, Arkaden, bezaubernde Grün- und Kuranlagen bestätigen, dass bereits im 19. Jahrhundert regelmäßig Kaiser und Könige hier kurten. Bootswandern ist an der Fränkischen Saale mit Einstieg in Bad Kissingen ebenfalls möglich. Für den Weitblick von oben über die Stadt und die bayerische Rhön ist der Wittelsbacher Turm prädestiniert.

## HEILQUELLEN-LOUNGE UND NORDIC WALKING

Auf den nächsten Kilometern zeigt sich die Rhön nochmals lieblich, waldreich und eigentlich auch ideal als Motorradstrecke. Wer nun entspannte Ruhe sucht, vielleicht im Wald baden, zumindest aber die Natur fast direkt vor der Wohnmobiltür haben möchte, für den ist das historische Staatsbad **Bad Brückenau** genau das Richtige. Die gepflegten Parkanlagen und der etwas oberhalb gelegene Wohnmobilstellplatz laden ein, auf den ehrwürdigen Spuren von König Ludwig I. zu lustwandeln. Die Heilquellen-Lounge bietet den Genuss von gleich fünf unterschiedlichen Quellen, im VitalSpa warten 2800 Quadratmeter Wellnessfläche und das DSV Nordic-Walking-Zentrum hält fünf zertifizierte Routen für Anfänger und Profis bereit. Der herrliche Schlosspark und die dahinplätschernde Sinn lassen Raum fürs Ausruhen und Krafttanken.

## BAROCKE PRACHT, LEBENDIGE MODERNE

Die letzte Etappe ist angebrochen, die Barockstadt **Fulda** heißt die Rhön-Reisenden herzlich willkommen. 2019 feierte das 1275-jährige Stadtjubiläum die Gründung des Klosters Fulda im Jahr 744 durch Sturmius und seine sieben Gefährten als die Keimzelle für die Besiedlung. Der Wohnmobilstellplatz ist am Stadtrand gelegen, zu Fuß ist von

SPECIAL

### TREFF DER OFFROAD- UND OUTDOORSZENE

Einmal jährlich verwandelt sich Bad Kissingen für vier Tage zum Mekka der 4×4- und Abenteuerfreunde weltweit. Die größte Allradmesse »Abenteuer & Allrad« bietet auf dem ehemaligen Militärgelände alles, was das Weltenbummlerherz begehrt. Man trifft sich mit Gleichgesinnten, informiert sich und verbringt gerne ein paar Tage auf der extra eingerichteten Camp Area innerhalb der Stadt.

Prunkvolle Barockkirche und Wahrzeichen der Stadt: der Fuldaer Dom

hier die Ballung von opulenten sakralen und profanen Bauten sowie repräsentativen Parkanlagen am besten zu erkunden.

Barocke Gebäudeensembles und quirlige Geschäftigkeit, Fulda bietet spannende Kontraste für alle Sinne. Im Umkreis weniger Gehminuten fühlt sich der Betrachter in eine andere Epoche zurückversetzt, ein architektonisches Glanzstück folgt dem anderen. Vom Wahrzeichen der Stadt, dem Dom St. Salvator und größte Barockkirche Hessens (1704–1712), führt der Weg in den gegenüberliegenden, herrlichen Schlossgarten mit Orangerie, Floravase und Stadtschloss. Die historischen Räume zeigen die fürstlichen Lebenswelten des 18. Jahrhunderts. Ehemals höfisches Leben wird vor dem geistigen Auge lebendig, wenn der Blick auf den prächtigen Landschaftspark fällt.

Im schmucken, mittelalterlichen Stadtkern belebt ein bunter Mix aus Studenten, Bewohnern und internationalen Touristen die einladenden Bistros, Cafés und Restaurants; Wochenmarktbesucher genießen das frische Angebot regionaler Produkte. An warmen Sommerabenden verwandeln sich Teile der Fußgängerzone in eine einzige große Flaniermeile mit südländischem Charme. Eine perfekte Kulisse, um den letzten Abend der Rhöntour gebührend zu begehen.

Unten: Glanzvoller Bau, stilvoll die Blumenpracht: Orangerie und Schlossgarten in Fulda

# PRAKTISCHE HINWEISE

## TOURISTENINFORMATIONEN

**Touristinformation Vacha**
Markt 4, 36404 Vacha,
Tel. +49 36962 2610, www.vacha.de

**Besucherservice Gedenkstätte Point Alpha**
Platz der Deutschen Einheit 1, 36419 Geisa,
Tel. +49 6651 919030, www.pointalpha.com

**Rhön Info-Zentrum auf der Wasserkuppe**
Wasserkuppe 1, 36129 Gersfeld (Rhön),
Tel. +49 6654 917120, www.rhoen.de

**Touristinformation Bad Neustadt**
Spörleinstr. 11, 97616 Bad Neustadt
a. d. Saale, Tel. +49 9771 6876060,
www.tourismus-nes.de

**Tourist-Information/Kurverwaltung Bad Königshofen**
Am Kurzentrum 1,
97631 Bad Königshofen i. Grabfeld,
Tel. +49 9761 91200,
www.badkoenigshofen.de

**Tourist-Information Bad Kissingen**
Im Kurgarten (Arkadenbau),
97688 Bad Kissingen,
Tel. +49 971 8048444,
www.badkissingen.de

Fuldaquelle auf der Wasserkuppe

Wohnmobilstellplatz am Lüttergrund Poppenhausen

**Tourist Information Bad Brückenau**
Alter Rathausplatz 1, 97769 Bad Brückenau, Tel. +49 9741 80411, www.bad-brueckenau.de

**Tourist Information Fulda**
Bonifatiusplatz 1, 36037 Fulda, Tel. +49 661 1021813, www.tourismus-fulda.de

## STELLPLÄTZE

S 4.1 **Wohnmobilstellplatz Vacha** (S. 280–281/D–E1) Hersfelder Str. 3, 36404 Vacha, Tel. +49 36962 2610, www.vacha.de
GPS-Daten: 50.829722, 10.022500
Gebührenfreier, ganzjährig nutzbarer Stellplatz für zwei Wohnmobile auf Pflaster; Strom, Frischwasser, Entsorgung Grauwasser; auf einem Pkw-Schotterparkplatz an der Umgehungsstr. B 62 gelegen; kurze Fußwege zu Brücke der Einheit, Grenzturm und Altstadt mit Museum Burg Wendelstein.

S 4.2 **Wohnmobilstellplatz an der Ulster** (S. 280/D1)
Schleider Str., 36419 Geisa, Tel. +49 36967 69150, www.geisa.de
GPS-Daten: 50.706667, 9.948333
Gebührenfreier, ganzjährig nutzbarer Stellplatz für acht Wohnmobile auf Rasen; V/E, Strom; direkt am Rhönradweg und Ulstertalradweg gelegen; Ausgangspunkt für Besichtigungen von Point Alpha; Ortskern mit Schloss Geisa und ÖPNV-Anbindung in einem Kilometer Entfernung.

S 4.3 **Wohnmobilstellplatz Am Unsbach** (S. 280/D2)
Am Unsbach, 36142 Tann (Rhön), Tel. +49 6682 96110, www.tann-rhoen.de
GPS-Daten: 50.641944, 10.018056
Gebührenpflichtiger, ganzjährig geöffneter und pflegebedürftiger Stellplatz für ca. zehn Wohnmobile auf Schotter; V/E, Strom; Bezahlung gemäß Infotafel; am Ortsrand in ruhiger Tallage an der Ulster; Schloss und Ortskern fußläufig.

S 4.4 **Wohnmobilstellplatz an der Wasserkuppe** (S. 280/D2)
L 3068 Abtsroda–Wasserkuppe, Tel. +49 6654 918340, www.rhoen.de
GPS-Daten: 50.500278, 9.952222

Gebührenpflichtiger, ganzjährig nutzbarer Parkplatz für zehn Wohnmobile auf Asphalt; auf einem separaten Teil des Pkw-Parkplatzes, aus Abtsroda kommend, auf linker Seite und direkt unterhalb der Wasserkuppe gelegen; keine Infrastruktur; kurzer Fußweg zur Wasserkuppe mit sämtlichen Angeboten.

S 4.5 **Wohnmobilstellplatz am Lüttergrund** (S. 280/D2)
Sebastian-Kneipp-Weg, 36163 Poppenhausen, Tel. +49 6658 960013, www.poppenhausen-wasserkuppe.de
GPS-Daten: 50.490000, 9.875833
Gebührenpflichtiger, ganzjährig geöffneter, großzügig parzellierter und terrassierter Stellplatz für zehn Wohnmobile auf Pflaster; V/E, Strom; im Grünen an einem Sport- und Freizeitgelände gelegen, mit direktem Einstieg in das Wander- und Radwegenetz sowie in den Nordic-Walking-Park; in fußläufiger Lage zum Ortskern.

S 4.6 **Reisemobilstellplatz am Kurpark** (S. 281/E3) Mühlbacher Str., 97616 Bad Neustadt a. d. Saale, Tel. +49 9771 6310310, www.tourismus-nes.de
GPS-Daten: 50.315000, 10.220556
Gebührenpflichtiger, ganzjährig geöffneter Stellplatz für über 50 Wohnmobile auf Rasen/Schotter; V/E, Strom; am Ortsrand von Bad Neustadt in den idyllischen Saaleauen vor Mühlbach/Bad Neuhaus gelegen; Stadtzentrum fußläufig entlang der Mühlbacher Straße oder über den Kurpark.

S 4.7 **Wohnmobilstellplatz an der Frankentherme** (S. 281/E3)
Am Kurzentrum 1, 97631 Bad Königshofen, Tel. +49 9761 91200, www.frankentherme.de
GPS-Daten: 50.301389, 10.474167
Gebührenpflichtiger, ganzjährig geöffneter und parzellierter Groß-Stellplatz für 96 Wohnmobile auf Pflaster (davon 31 auf neuer angrenzender Fläche); komplette Infrastruktur mit eigenem Sanitärgebäude; direkt an der Frankentherme gelegen; ÖPNV-Anschluss, Ortszentrum fußläufig.

S 4.8 **Wohnmobilstellplatz an der KissSalis Therme** (S. 281/E3)
Heiligenfelder Allee 16, 97688 Bad Kissingen, Tel. +49 971 1218000, www.kisssalis.de
GPS-Daten: 50.189444, 10.062500
Gebührenpflichtiger, ganzjährig geöffneter, nicht separierter Stellplatz für 18 Wohnmobile auf Rasengitter; V/E, Strom; auf dem Pkw-Parkplatz direkt an der Therme und am Ortsrand gelegen; ÖPNV-Anschluss, ca. 30 Gehminuten in das Stadtzentrum. Hinweis: Seit 01.04.2019 steht der Platz aufgrund von Bauarbeiten vorerst nicht zur Verfügung. Alternative in einem Kilo-

Sehr beliebt: Wohnmobilstellplatz an der Frankentherme Bad Königshofen

meter Fahrentfernung: Knaus Campingpark Bad Kissingen, Euerdorfer Str. 1, Tel. +49 971 78513966, www.knauscamp.de

S 4.9 **Wohnmobilstellplatz Schlosspark König Ludwig I.** (S. 280/D3) Schlüchterner Str. 4, 97769 Bad Brückenau, Tel. +49 9741 8020, www.staatsbad.de
GPS-Daten: 50.305833, 9.750278
Gebührenpflichtiger, ganzjährig geöffneter, separierter Stellplatz für zehn Wohnmobile auf Asphalt; V/E, Strom; WC im Parkhaus; Bezahlung von Stellplatzgebühr und Gast-/Kurkarte umständlich; ruhig und grün auf erhöhtem Plateau gelegen, mit schönem Blick auf das Staatsbad und den Kurpark; Freizeitbad Vital Spa & Garden sowie gastronomische Angebote in unmittelbarer Nähe; ins Ortszentrum Bad Brückenau knapp vier Kilometer zu Fuß.

S 4.10 **Wohnmobilstellplatz Weimarer Straße** (S. 280/D2)
Weimarer Str., 36037 Fulda, Tel. +49 661 1023250, www.tourismus-fulda.de
GPS-Daten: 50.555833, 9.666667
Gebührenpflichtiger, ganzjährig geöffneter Stellplatz für 16 Wohnmobile auf Pflaster; V/E, Strom; auf einem Parkplatz am Stadtrand gelegen; Beeinträchtigungen durch angrenzende Einrichtungen und die Straße möglich; Städtetrip-geeignet, ÖPNV-Anschluss, ein Kilometer in die Innenstadt.

# 5 FRANKEN UND MAIN MIT ALLEN SINNEN GENIESSEN

## Kultur und Natur im Einklang

Die wunderbare Region Franken ist reich an erhaltenswerter Geschichte, davon zeugen gleich vier Welterbestätten: das wiedereröffnete Markgräfliche Opernhaus Bayreuth, die bezaubernde Bamberger Altstadt, übrigens wie Rom erbaut auf sieben Hügeln, die Würzburger Residenz und der Obergermanisch-Raetische Limes. Der Main lädt begleitend zu Aktivprogramm oder entspannter Erholung ein – und schon wird eine perfekte Wohnmobilreise daraus. Los geht es in Oberfranken in der Festspielstadt Bayreuth, die vom Roten Main durchflossen wird.

Einem Mann und seiner Musik gewidmet: Festspielhaus in der Wagnerstadt Bayreuth

Radwege am Mainufer und Wanderwege durch die Fränkische Schweiz oder den Steigerwald bieten im Anschluss viel Raum für den sportlichen Ausgleich an frischer Luft. Das ein oder andere Weindorf begeistert dabei entlang des Wegs. In Unterfranken bezaubert dann Würzburg mit der Alten Brücke über den Main sowie dem großen Fresko des venezianischen Künstlers Tiepolo in der Würzburger Residenz. Für den Ausklang der Tour ist die historische Altstadt mit der romantisch auf dem Berg thronenden Burg Wertheim vorgesehen, am Zusammenfluss von Tauber und Main.

## FESTSPIELSTADT VON WELTRUHM

Wer an **Bayreuth** denkt, hat sofort Richard Wagner im Gedächtnis. Und so ist es auch vor Ort, sogar außerhalb der Festspielzeit. Buchstäblich überall ist der berühmte Komponist präsent, für dessen Werke etwas außerhalb der Innenstadt ein eigenes großes Festspielhaus erbaut wurde. Richtig sehenswert ist allerdings das in der Altstadt nahe der Touristeninformation gelegene Markgräfliche Opernhaus, das 2018 wiedereröffnet wurde. Das Barocktheater ist seit 2012 UNESCO Weltkulturerbe, von außen ein

**ROUTE 5**

**START- UND ENDPUNKT**
Bayreuth und Wertheim am Main

**STRECKENLÄNGE**
250 Kilometer

**FAHRZEIT**
7 Tage

Erstrahlt in altem Glanz: Markgräfliches Opernhaus Bayreuth

Links: Richard Wagner ist überall präsent in Bayreuth.

Bamberger Dom und die Alte Hofhaltung. Sie diente früher als Wohnstätte der Bischöfe und beherbergt heute das Historische Museum und die Katharinenkapelle.

eher unscheinbarer Backsteinbau, von innen jedoch einfach nur atemberaubend. 90 Prozent der Originalfarben sind nun wieder sichtbar, allein 93 000 Stunden arbeiteten Restauratoren in fünf Jahren an den Holzkonstruktionen. Das Markgräfliche Opernhaus (1748 fertiggestellt) ist ein sehenswertes Schmuckstück der besonderen Art, das stündlich inklusive Multivisionsshow besichtigt werden kann. Ein hübscher Spaziergang führt von hier aus zum Richard-Wagner-Museum und dann durch den Hofgarten mit Sonnentempel weiter zum Neuen Schloss. Erbaut ab 1753 trägt es ebenfalls die Handschrift von Markgräfin Wilhelmine.

Als Einstieg in diese Tour und für die erste Übernachtung bietet sich der ruhige Wohnmobilstellplatz an der Lohengrin-Therme (Heilquellenkurbetrieb) an; bequem dabei ist die direkte Busverbindung in die Innenstadt.

## DAS WANDERPARADIES LÄDT EIN

Für alle, die zwischen all dem Städtetourismus die Nähe zur Natur suchen, ist das Wander- und Fahrradgebiet der **Fränkischen Schweiz** genau das Richtige. Einige Fernwanderwege durchqueren den Landstrich, der Fränkische Gebirgsweg führt 425 Kilometer von Nord nach Süd durchs Frankenland. Und so steht die erste Etappe des nächsten Tages voll im Zeichen wunderbarer Landschaften. In Hollfeld wird der Gebirgswanderweg gekreuzt und ab hier geht es auf schmaleren Straßen weiter. Vor Aufseß trifft die Route auf den Brauereienweg, dann folgt die Burgenstraße. Schöne Felsformationen stehen Spalier, der Bach schlängelt sich durch saftige Wiesen. Schlossfans tauchen in den Sommermonaten ein in die Besichtigung von 1000 Jahren Geschichte auf Schloss Greifenstein bei Heiligenstadt. Alle

Wunderschön: das Alte Rathaus, gebaut in der Regnitz in Bamberg

Start
**Bayreuth** – *Opernhaus, Festspielhaus* – B22
17 km
**Hollfeld** – *Gebirgswanderweg*
9 km
**Aufseß** – *Brauereienweg, Schloss Greifenstein*
*Teuschatz*
31 km
**Bamberg** – *Dom, Bamberger Reiter, Residenz,*
*Burgebrach,* B22
*Klosterkirche Ebrach, Baumwipfelpfad Steigerwald*
*Schwarzach am Main*

anderen beobachten auf der Weiterfahrt vielleicht den Fischreiher auf seiner Suche nach Beute. Die Sonne bricht sich hoffentlich durch Zweige und Äste des Waldes Richtung Bamberg, zwischendrin allerdings auch mal bei 18 Prozent Gefälle.

## DIE STADT AUF SIEBEN HÜGELN

Der stark nachgefragte Bamberger Stellplatz am südlichen Heinrichsdamm ist zentral gelegen und somit erste Anlaufstation. Denn die Ausgangslage ist ideal, um zu Fuß immer am Kanal entlang und dann links haltend am Alten Rathaus vorbei zur Altstadt zu spazieren. **Bamberg**, die Stadt an der Regnitz, einem Nebenfluss des Mains, blickt auf 1000 Jahre Geschichte und seit 1993 auf den Status als Weltkulturerbe zurück. Genug Stoff, um gleich mehrere Tage sinnvoll zu füllen. Vergleiche mit Rom dürfen übrigens gezogen werden, sind doch beide Städte auf sieben Hügeln erbaut. Beeindruckend ist das über der Stadt thronende Ensemble, bestehend aus dem Bamberger Dom mit dem

SPECIAL

### FRÄNKISCH KULINARISCH

Fränkische Spezialitäten wie die Bratwurst sind Kult und es lohnt sich, mal hier und da zu probieren: etwa die Blauen (saure) Zipfel in Sud mit Zwiebeln, »Drei im Weggla«, drei Bratwürste im Brötchen, oder die Rostbratwurst mit Sauerkraut. Eine einzigartige Besonderheit hält Bamberg für Biertrinker bereit. Das Schlenkerla Rauchbier, gebraut seit 1405, schmeckt im schattigen Biergarten nach einer ausgiebigen Fahrradtour oder einem Stadtspaziergang besonders würzig. Die beliebten Frankenweine wachsen sonnenverwöhnt auf 6000 Hektar Rebfläche zwischen Bamberg und Aschaffenburg. In den geschützten Lagen entlang des Mains entstehen unterschiedlich klassifizierte Weinsorten bis hin zum großen Gewächs. Charmant, gesellig und heimatverbunden präsentieren sich die Weinschönheiten in zahlreichen Heckenwirtschaften, Winzerbetrieben und auf Weinfesten.

einzigartigen Bamberger Reiter im Inneren, der Alten und der Neuen Hofhaltung, auch Residenz genannt.

Hinter der Residenz zur Regnitz hinunterzulaufen öffnet den Blick auf die ehemaligen Fischerhütten »Klein Venedig«. Der Straßenname Leintritt zeugt noch von der früheren Nutzung des Flusses, als Pferde mit langen Leinen versehen die Lastkähne flussaufwärts zogen. Heute paddeln hier Freizeitkapitäne und blicken vom Wasser aus auf das mit wunderschönen Fresken verzierte Alte Rathaus. Erbaut im Fluss und eingerahmt von zwei Brücken – was den Romantikfaktor der Stadt zusätzlich erhöht –, beherbergt es die Sammlung Ludwig. Die Berufsschifffahrt hingegen nutzt den Rhein-Main-Donau-Kanal.

**In Windungen stets gut informiert nach oben: Baumwipfelpfad Steigerwald bei Ebrach**

## KLOSTER UND BAUMWIPFELPFAD

Im gewohnten Wechsel von Stadt und Land folgt nun wieder Natur pur mit dem **Steigerwald**. Kirchen- und Buntglas-Fans sollten in der sehenswerten und prunkvoll ausgestatteten Klosterkirche des Zisterzienserklosters Ebrach die beeindruckende Glasfenster-Rosette anschauen, zugänglich zwischen 10 und 12 Uhr.

Nur zwei Kilometer vom Kloster entfernt ist der Abzweig auf den großzügigen Parkplatz zum Baumwipfelpfad im Steigerwald. Von hier führt ein Waldspazierweg zum Eingang und schon geht es auf einem Holzsteg gekonnt nach oben in und durch den Wald. Schautafeln erläutern die Zusammenhänge im Ökosystem Wald, den Blick nach oben oder unten gerichtet, vervollständigt die Natur die Informationen. Den Lebensraum Wald besser verstehen, dafür steht der Baumwipfelpfad, der auf 1150 Metern Erholung und Erlebnis zugleich bietet. Oben angekommen, belohnt der sensationelle 360-Grad-Rundumblick für die Mühe. Am Ausgang schließen sich ein Streichelzoo und ein 40-minütiger Spazierweg zum Steigerwaldzentrum an.

## DER MAIN: RADLER- UND WOHNMOBILPARADIES

Nach dem sensationellen Blick von oben und dem Kraft gebenden Waldspaziergang wird nach Schwarzach nun endlich auch der entspannt dahinfließende Main vorrangig wegweisender Teil der Tour. Denn nachdem der Weiße und Rote Main unspektakulär zusammengeflossen sind, schlängelt sich der durch zahlreiche Schleusen für die Schifffahrt befahrbare Fluss nun wunderbar durch entzückende Landschaften. Mit der Mündung in den Rhein gegenüber der rheinland-pfälzischen Landeshauptstadt Mainz beendet er dann nach über 500 Kilometern sein Dasein als »Nebenfluss«.

An seinen jetzt vielfach rebengesäumten Ufern siedelten sich Burgen, Städte und Dörfer an, die noch heute Ausflügler jeder Art anlocken. Sie folgen den klangvollen Namen wie Dettelbach, Würzburg, Wertheim oder Aschaffenburg und kommen mit dem Wohnmobil, auf Fährrädern oder in Wanderschuhen. Und dann genießen sie einfach. Kaum verwunderlich, dass ein touristisches Highlight der MainRadweg ist, eine Qualitätsradroute mit der Höchstnote von fünf ADFC-Sternen, die von den Quellen in Franken bis nach Hessen führt.

## MUSKATZINEN, WALLFAHRT UND MODERNE

Die historische Altstadt von **Dettelbach** ist lieblich und geschichtsträchtig zugleich. Als Inbegriff des mainfränkischen Winzerstädtchens, gehört deshalb ein Besuch bei einer Maintour auf jeden Fall dazu. Vom Wohnmobilstellplatz an der Mainfähre ist die hübsche, gut erhaltene Innenstadt zu Fuß erreichbar. Romantische Fotomotive bieten die zahlreichen Türme und engen Gassen, das Kopfsteinpflaster und die Fachwerkhäuser ebenso wie die Stadtmauer. Imposant ist das Gebäudeensemble rund um den Marktplatz mit dem Rathaus im spätgotischen Stil aus den Jahren 1484–1512 sowie dem ältesten Bürgerhaus der Stadt aus 1478, dem Baumannhaus.

Den Spagat zu schaffen, Altes mit Neuem gekonnt zu verbinden und dabei trotzdem die Einzigartigkeit zu erhalten, war die

**Bamberg**
*Dom,*
*Bamberger Reiter,*
*Residenz,*
*Burgebrach,* B22
*Klosterkirche Ebrach,*
*Baumwipfelpfad*
*Steigerwald*
*Schwarzach am Main*
61 km
**Dettelbach**
*Mainstockheim,*
*Kitzingen,*
*Marktbreit*

**Abendstimmung am Main – Zeit für eine Pause**

Herausforderung beim Bau des Kultur- und Kommunikationszentrums KuK, das ebenfalls einen Besuch wert ist. Die vor 500 Jahren begonnene Wallfahrt zum wundertätigen Marienbild brachte übrigens eine weitere Besonderheit in Dettelbach hervor, deren Rezeptur noch heute streng geheim gehalten wird: das Gewürzgebäck Dettelbacher Muskatzinen.

Ob nun rechts oder links am Ufer entlang, neue Perspektiven und Ortschaften wie Mainstockheim oder Kitzingen säumen den Weg bis nach Ochsenfurt, eine der ältesten Städte am Main.

## NARRENHÄUSCHEN UND LANZENTÜRMCHEN

Die Altstadt von **Ochsenfurt** mit den beiden von Weitem sichtbaren Türmen Taubenturm und Klingentorturm schmiegt sich an das Mainufer und ist ideal für einen Bummel durch die Zeiten. Das Neue Rathaus (1497–1513) wartet mit dem Narrenhäuschen unterhalb der Rathaustreppe sowie dem Lanzentürmchen auf, dessen astronomische Uhr stündlich ein kurzes Glockenspiel mit

dem Tod, dargestellt als Gerippe, den Ratsherren sowie der Jungfrau zeigt. Das Alte Rathaus aus der 2. Hälfte des 15. Jahrhunderts hingegen steht eher unscheinbar an der Straßenecke und beherbergt heute die Stadtbibliothek. Bewunderer von Tilman Riemenschneider sind in der Pfarrkirche St. Andreas richtig, denn hier befindet sich eine von ihm gestaltete Nikolausfigur.

Der Parkplatz am Main ist ideal als Ausgangspunkt für die Stadtbesichtigung, er liegt zudem an der Alten Mainbrücke, die über Bausubstanz aus dem Mittelalter verfügt.

## STRAHLENDE BAROCKRESIDENZ

Den Main einmal salopp rechts liegen lassend, geht es nun an der Uferstraße entlang in die Residenzstadt **Würzburg**. Nahe der Friedensbrücke liegt der Wohnmobilstellplatz, von hier aus ist die Stadterkundung wunderbar zu meistern. Am Mainufer bieten die Alte Mainbrücke und die Festung Marienberg bereits sensationelle Fotomotive. Für einen Rundgang bietet es sich an, über die Brücke hinweg zum Würzburger Dom zu laufen. Der Sprung ins 18. Jahrhundert gelingt in der Würzburger Residenz, 1781 fertiggestellt und entstanden unter Balthasar Neumann. Kunst- und kulturbegeisterten Wohnmobilisten stockt sicherlich kurz der Atem beim Anblick des imposanten Treppenaufgangs und beim Betrachten des größten zusammenhängenden Deckenfreskos der Welt von Giovanni Battista Tiepolo aus Venedig.

Wie wäre es mit einer Besteigung des Burgbergs? Bei schönem Wetter begeistert der Rundumblick auf die Stadt, den Main und die umliegenden Weinberge von den wiederhergestellten Fürstengärten der Festung Marienberg. Burgführungen und die Besichtigung des gewaltigen, viergeschossigen Maschikuliturms sowie der Kasematte sind zu festen Zeiten möglich. Ein Tipp: Schloss- und Hofgartenfans interessieren sich sicherlich auch für einen Ausflug zum acht Kilometer entfernten Veitshöchheim.

## WANDERLUST IM SPESSART

Nach so viel Kultur und 1000-jähriger Geschichte wartet die Natur auf wanderfreudige Ausflügler. Bis Zellingen geht es am Main entlang, ab da sind Wald und Felder Garanten für eine beruhigende Fahrt. Kurz vor dem beschaulichen **Lohr am Main**, für die Lohrer gesichert die Heimatstadt Schneewittchens und mit viel Fachwerk unbedingt einen Stadtbummel wert, bietet der Parkplatz am Sportplatz Sendelbach den perfekten Einstieg in die ausgeschilderten Spessart-Wanderwege.

Für die letzte Übernachtung dieser kurzen, aber beeindruckenden Franken-Main-Tour ist der direkt am Main angelegte Wohnmobilstellplatz in **Kreuzwertheim** zu empfehlen. An der sonnigen Lage und der unverbauten Sicht auf die Burg Wertheim können sich Genießer entspannt im Liegestuhl erfreuen. Die Entdeckung der Wertheimer Altstadtgassen bis hin zum Zusammenfluss von Tauber und Main ist einfach mit der Überquerung der hinter dem Platz verlaufenden Brücke für den Abendspaziergang und Ausklang dieser Tour reserviert.

**Linke Seite oben: Zeugnis vergangener Tage: Stadtmauer in Dettelbach; unten: Neues Rathaus in Ochsenfurt**

**Die Festung Marienberg gegenüber der Würzburger Altstadt kann besichtigt werden.**

# PRAKTISCHE HINWEISE

## TOURISTENINFORMATIONEN

**Tourist-Information Bayreuth**
Opernstr. 22, 95444 Bayreuth,
Tel. +49 921 88588,
www.bayreuth-tourismus.de

**Tourist Information Bamberg**
Geyerswörthstr. 5, 96047 Bamberg,
Tel. +49 951 2976200, www.bamberg.info

**Tourist Information KuK Dettelbach**
Rathausplatz 6 (Kultur- & Kommunikationszentrum), 97337 Dettelbach,
Tel. +49 9324 3560, www.dettelbach.de

**Tourist Information Ochsenfurt**
Hauptstr. 39, 97199 Ochsenfurt,
Tel. +49 9331 5855, www.ochsenfurt.de

**Tourist Information Würzburg**
Marktplatz 9 (Falkenhaus),
97070 Würzburg, Tel. +49 931 372398,
www.wuerzburg.de

**Tourist Information Wertheim**
Gerbergasse 16, 97877 Wertheim,
Tel. +49 9342 935090,
www.tourismus-wertheim.de

## STELLPLÄTZE

S 5.1 **Reisemobilstellplatz an der Lohengrin-Therme** (S. 281/H4)
Thermenallee, 95448 Bayreuth,
Tel. +49 921 792400,
www.lohengrin-therme.de
GPS-Daten: 49.941667, 11.634722
Gebührenpflichtiger, ganzjährig nutzbarer Stellplatz für 18 Wohnmobile auf einem separaten Parkplatzbereich an der Therme; V/E, Strom; Duschen in der Therme während der Öffnungszeiten möglich; Nordic-Walking-Parcours und Stadtbusanbindung

**Wohnmobilstellplatz Dettelbach, direkt am Main**

direkt am Stellplatz; in fußläufiger Lage zur Eremitage-Parkanlage.

S 5.2 **Reisemobilstellplatz Heinrichsdamm** (S. 281/F4)
Rhein-Main-Donau-Damm,
96047 Bamberg, Tel. +49 951 774977,
www.stadtwerke-bamberg.de
GPS-Daten: 49.885833, 10.902778
Gebührenpflichtiger, ganzjährig geöffneter Stellplatz für 25 Wohnmobile auf einem P+R-Parkplatzgelände am südlichen Heinrichsdamm; V/E, Strom, freies WLAN; Innenstadt fußläufig, Stadtbusanbindung direkt am Stellplatz; trotz Lärmbeeinträchtigungen sehr nachgefragter Stadtstellplatz, deshalb frühes Anfahren empfehlenswert.

S 5.3 **Wohnmobilstellplatz Dettelbach** (S. 281/E5) An der Mainlände,
97337 Dettelbach, Tel. +49 9324 3560,
www.dettelbach.de
GPS-Daten: 49.801667, 10.166111
Gebührenpflichtiger, ganzjährig geöffneter Stellplatz (außer bei Hochwasser) für ca. 60 Wohnmobile auf Schotteruntergrund/Wiese; V/E, Strom (im Winter Einschränkungen möglich); am Mainufer an der kleinen Fährverbindung nach Mainsondheim gelegen, Ortskern Dettelbach fußläufig.

S 5.4 **Wohnmobilstellplatz am Fähranleger** (S. 281/E5)
Albertshöfer Str., 97320 Mainstockheim,
Tel. +49 9321 91660,
www.mainstockheim.de
GPS-Daten: 49.772222, 10.155556
Gebührenpflichtiger, ganzjährig geöffneter Stellplatz für ca. 50 Wohnmobile auf Schotteruntergrund/Wiese; V/E, Strom, WLAN; beim Fähranleger nach Albertshofen gelegen.

S 5.5 **Wohnmobilstellplatz an der Friedensbrücke** (S. 280/D5)
Dreikronenstr. (an der Friedensbrücke),
97070 Würzburg, Tel. +49 931 361908,
www.wvv-parken.de, www.wuerzburg.de
GPS-Daten: 49.796944, 9.922778
Gebührenpflichtiger, ganzjährig geöffneter Stellplatz (Einschränkungen bei großen Events möglich) für 30 Wohnmobile auf Asphalt; V/E, Strom; linksmainisch gegenüber der historischen Altstadt und auf einem größeren Parkareal für Pkw und Busse gelegen; ideal für Stadtbesichtigung, zu Fuß über die Alte Mainbrücke in die Stadt; Straßenbahnhaltestelle in 200 Meter Entfernung.

**Stellplatz Kreuzwertheim mit Blick auf die Burg Wertheim**

S 5.6 **Wohnmobilstellplatz Kreuzwertheim** (S. 280/D5)
Fahrgasse, 97892 Kreuzwertheim,
Tel. +49 9342 92620,
www.kreuzwertheim.de
GPS-Daten: 49.762778, 9.517778
Gebührenpflichtiger, ganzjährig geöffneter Stellplatz für ca. 20 Wohnmobile auf Schotter; V/E, WC; am Mainufer gegenüber von Wertheim gelegen (Burgblick); beliebter Biergarten nebenan.

# 6 SCHWARZWALD NEU ENTDECKEN

## Aktiv, traditionell und erholsam

Abwechslung finden, sportlich sein oder einfach eine beruhigende Auszeit in Wald und Natur erleben: Das ist der neue Schwarzwald, den Aktiv- und Genuss-Reisemobilisten für sich entdecken. Natürlich kann man noch klassisch wandern, Kuckucksuhren kaufen sowie die legendäre Kirschtorte und den herzhaften Schinken essen. Doch die Freizeitangebote der Region sind wahrlich vielfältiger. Kurze Anreisewege und die gelebte wie auch zertifizierte Nachhaltigkeit im Tourismus in den Bereichen Ökonomie, Soziales und Umwelt überzeugen die Besucher zusätzlich.

### ROUTE 6

**START- UND ENDPUNKT**
Höfen und Todtnau

**STRECKENLÄNGE**
318 Kilometer

**FAHRZEIT**
10 bis 14 Tage

Rechte Seite: Ein Erlebnis: Mitfahren im Unimog

Die Kraft des Waldes spüren

Diese Tour führt jedoch auch »back to the roots«, zu Kindheit und Jugend, zur Sauschwänzlebahn mit Eisenbahn-Romantik, zur lebenden Legende des Unimog und nach Schramberg zu motorisierten Unikaten. Die Flößerstadt Schiltach begeistert mit Fachwerkhäusern und dem Hansgrohe-Museum, Donaueschingen ist mit der Donauquelle für viele der Startpunkt einer ganz anderen, aber wunderschönen Reise entlang des 2840 Kilometer langen Flusses. Der Schluchsee und die Weite des Feldbergs bilden dann noch einmal eine einzigartige Kulisse für

Wanderungen, Erholung und zum Krafttanken. Wie gelebte Nachhaltigkeit in die Tourismusregion Schwarzwald einzieht und bei immer mehr Campern punktet, ist auf dem Campingplatz Quellgrund in **Höfen** deutlich sichtbar. Vom Yoga-Angebot bis zum selbst gebackenen Brot, hier fühlen sich Naturverbundene und Auszeit-Suchende wohl. Daher ist er bewusst auch der Ausgangspunkt dieser belebenden Schwarzwald-Route, um erst einmal in Ruhe im energiespendenden Ferienparadies anzukommen.

## UNIMOG, ALTSTADT UND HOCHMOOR

Vom Wohnmobilstellplatz Murginsel in **Gernsbach** gibt es gleich mehrere lohnenswerte Ziele. Die historische Altstadt von Gernsbach ist geprägt von 800 Jahren Ge-

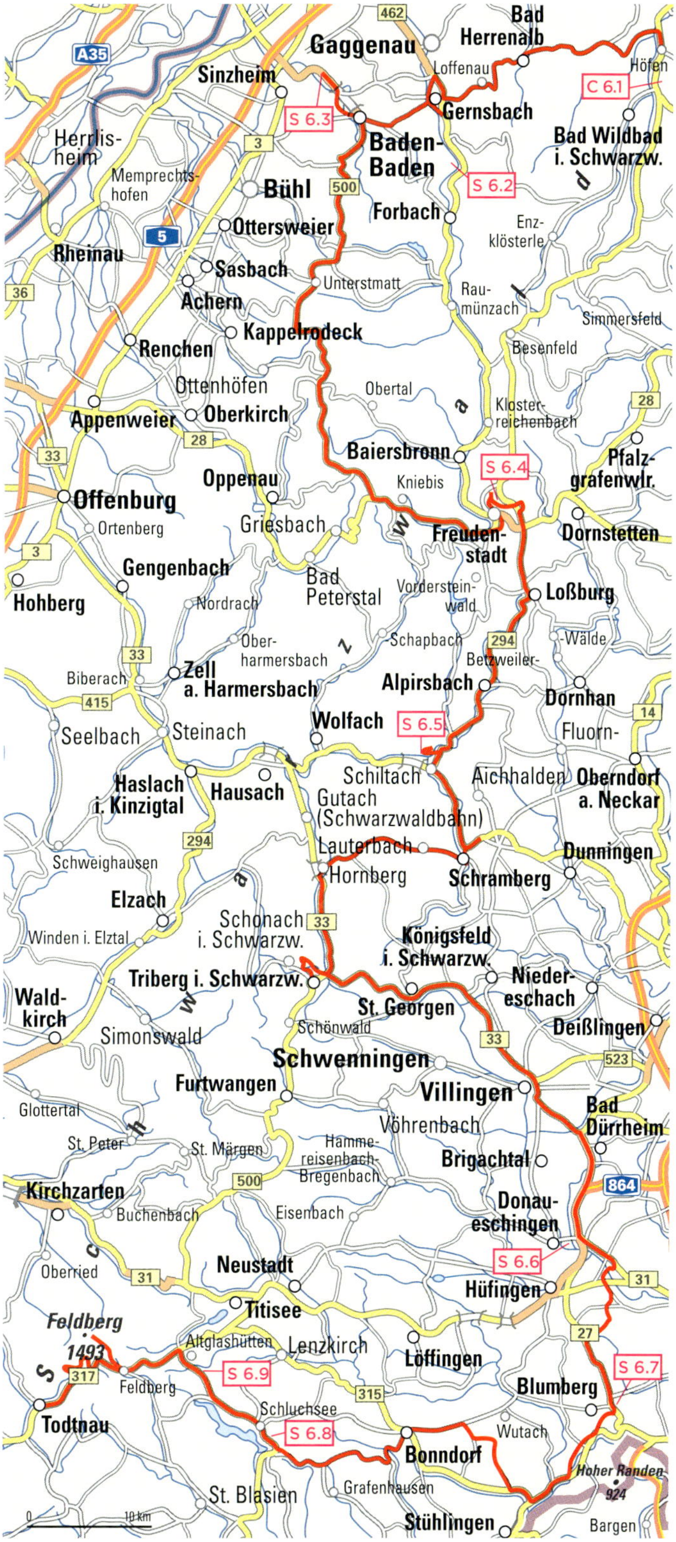

Die Schwarzwaldhochstraße bietet schöne Ausblicke.

schichte und zeigt stolz das Alte Rathaus, die Zehntscheune und den Storchenturm. Das naturbelassene Hochmoor Kaltenbronn mit Infozentrum liegt auf rund 900 Meter Höhe und steht seit 60 Jahren unter Naturschutz. Kultstatus zum Anfassen gibt es im Unimog-Museum in Gaggenau. Von Dienstag bis Sonntag zieht das Museum mit wechselnden Ausstellungen Fans des Universal-Motor-Geräts, kurz Unimog, magisch an. Sogar mitfahren und live erleben ist möglich. Viel zu sehen und zu erzählen gibt es beim jährlichen Weltenbummlertreffen Ende Juli.

Die Stadtkirche in Freudenstadt

## SCHWARZWALD MIT AUSSICHT

Am nächsten Tag locken die attraktive Kurstadt **Baden-Baden** mit Altstadt, Kurhaus, Trinkhalle und Casino sowie die Schwarzwaldhochstraße. Fotomotive satt, Ausflugsziele am laufenden Band, die Schwarzwaldhochstraße hat es in sich. So schlängelt sich, einfach der B 500 folgend, die älteste Ferienstraße von Baden-Baden bis nach Freudenstadt. Zuerst kurvenreich hinauf zur Bühlerhöhe, um dann auf 800 bis 1000 Meter Höhe immer wieder wunderschöne Ausblicke preiszugeben. Schönstes Wetter vorausgesetzt, sind Rheinebene und Vogesen zu sehen. Wer Lust hat, macht Rast am **Mummelsee** oder lässt sich einfach treiben und begeistern. Der Lotharpfad am Schliffkopf ist übrigens ein besonderer Erlebnispfad: Er führt mitten durch eine von Orkan Lothar (1999) zerstörte Waldfläche.

## FREUDENSTADT UND SCHILTACH

Einer der größten Marktplätze Deutschlands wartet in **Freudenstadt** auf Bewunderer. Die

Start
**Höfen an der Enz**
*Dobel, Bad Herrenalb* L340
29 km
**Gernsbach**
*Altstadt, UNIMOG-Museum* L78
*Gaggenau, Badener Straße, Lichtental* B500
16 km
**Baden-Baden**
*Kurhaus, Casino, Lichtental, Geroldsau, Mummelsee* B500
32 km
**Seebach**
*Kniebis* B500
33 km B28
**Freudenstadt**
*Marktplatz, Loßburg, Alpirsbach* B294

Uraltes Fachwerk begeistert in Schiltach.

Immer wieder hübsch anzuschauen: echte Schmuckstücke.

Rechte Seite: Besuchermagnet – Triberger Wasserfälle

**Freudenstadt**
*Marktplatz, Loßburg, Alpirsbach* B294
28 km
**Schiltach**
*Museen* B462
28 km
**Schramberg**
*Auto- und Uhrenwelt,* L108
*Lauterbach,* B33
*Hornberg* B500
27 km
**Triberg**
*Wasserfälle,* B33
*Bad Dürrheim* B27

Arkadengänge beherbergen Geschäfte des heutigen Kneippkurortes und die winkelförmige Stadtkirche zieht die Blicke auf sich. Zum Übernachten ist der Stellplatz am Panoramabad geeignet.

Die Flößerstadt **Schiltach** begeistert mit Fachwerkhäusern, dem Zusammenfluss von Kinzig und Schiltach und einem unter Ensembleschutz stehenden Marktplatz. Gleich mehrere Museen im Ort lohnen einen Besuch, u. a. hat der Armaturenhersteller Hansgrohe sein Museum am Standort Schiltach mit viel Liebe zum Detail ausgestattet. Badezimmer gestern und heute – der Eintritt ist frei.

## UNIKATE ZUM DAHINSCHMELZEN

Nur elf Kilometer von Schiltach entfernt, ist die Auto- und Uhrenwelt **Schramberg** ein wahrer Schatz mit echten Schätzchen. Auf fünf Ebenen gibt es sehenswerte Einblicke in die Zeitgeschichte, die Alltagswelt und das Alltagsleben – vom Kriegsende bis in die 1970er-Jahre. Die Fahrzeuge faszinieren, die liebevollen Details informieren. Die oberste Etage beherbergt, im Zeitraffer dargestellt, die Geschichte der Uhren im Schwarzwald. Das Museum ist im Gewerbepark H.A.U., zudem sind das Eisenbahnmuseum mit der Spur 2, das Dieselmuseum und die private Autosammlung Steim ebenfalls hier angesiedelt.

## WASSERFÄLLE UND DONAUQUELLE

Echte Klassiker des Schwarzwalds sind die weltweit bekannten Wasserfälle von **Triberg**. Entsprechend ist der Ort stark touristisch geprägt, auf dem Weg zu Deutschlands höchsten Wasserfällen säumen die obligatorischen Uhrenläden und Restaurants den Weg bis zum Eingang. Beeindruckend und gerade im heißen Sommer eine kühle Erfrischung ist der Spaziergang am Wasser entlang. Kaska-

Donauquelle in Donaueschingen

de für Kaskade nach oben geht es dem stets sprudelnden Nass entgegen, das Sonnenlicht bricht sich in den Wassertropfen und die Fotomotive begeistern immer wieder aufs Neue.

In **Donaueschingen** tritt dann die noch schmale und ruhige Donau ihre 2840 Kilometer lange Reise in Richtung Schwarzes Meer an. Ob Donauradweg, Wanderwege oder in der Stadt auf den Spuren der Fürsten zu Fürstenberge wandeln, in Donaueschingen kann man einige Tage relaxen und sportlich aktiv sein. Der in fußläufiger Nähe zur Stadt gelegene Wohnmobilstellplatz bei den Sportanlagen erfreut sich großer Beliebtheit.

KULTUR

### SANKT BLASIEN

Imposant stechen die Kuppelkirche und die angrenzenden Gebäude der ehemaligen Benediktinerabtei hervor. Im beschaulichen Albtal wurde 1783 die Abteikirche mit der damals drittgrößten Kirchenkuppel in Europa eingeweiht. Innen wie außen beeindruckt der Dom St. Blasien noch heute seine Gottesdienst- und Konzertbesucher. Die Kuppel des Gotteshauses misst 63 Meter in der Höhe, 36 Meter in der Breite und wird von 20 korinthischen Säulen getragen. Der weite Innenraum besticht durch sein reduziertes Weiß und ist herrlich lichtdurchflutet, die weißen Bankreihen unterstreichen den harmonischen Gesamteindruck.

## DAMPFZUG FÜR LIEBHABER

Mit dem Sommerfahrplan der **Sauschwänzlebahn**, die zwischen Blumberg und Weizen verkehrt, hält nun die Eisenbahn-Romantik Einzug in diese abwechslungsreiche Wohnmobiltour. Der Heizer schaufelt die Kohlen, die Dampfloks der Museumszüge nehmen an Fahrt auf, die Mitreisenden sind begeistert. Rußpartikel landen durchs geöffnete Fenster auf dem weißen Shirt – egal, es macht einfach Spaß. Traumhaft dampfend geht es durch den Schwarzwald, durch Tunnel, über Brücken und die Wutach. Praktisch ist der gleich hinter dem Bahnhofsgebäude und dem Museum gelegene Wohnmobilstellplatz.

## HOCH HINAUS AUF DEN FELDBERG

Wer hätte es gewusst, der **Schluchsee** ist ein Stausee in der gleichnamigen Gemeinde, aber zudem ist er der größte See des Schwarzwalds. Und See kombiniert mit Wald – das übt nun mal immer eine gewisse Faszination aus. Ob nun Wander- oder Fahrradfreund, interessant ist die Lage auch als Ausgangspunkt, um zur imposanten Wutachschlucht zu kommen. Vom Tal geht es dann zum Finale der Schwarzwaldtour hoch hinauf. Mit 1493 Metern ist der **Feldberg** die höchste Erhebung im Schwarzwald, leicht zu erklimmen mit der Feldbergbahn, deren Bergstation auf 1450 Metern liegt. Der Panoramablick ist umwerfend, und ein ruhiges Fleckchen, um die Kraft von Weitsicht und Wald zu spüren und aufzunehmen, findet sich auf jeden Fall.

Geübte Wanderer lassen die Bergbahn alleine fahren und erarbeiten sich den Weg zur Bergstation über den ausgeschilderten Feldbergsteig mit insgesamt zwölf Kilometern Länge. Der Premiumwanderweg mit Einstieg am Haus der Natur in Feldberg/Seebuck verspricht herrliche Ausblicke und idyllische, schmale Pfade inmitten geschützter Natur.

Nach so vielen wunderbaren Erlebnissen kommt der Wohnmobilstellplatz Feldberg gerade recht. Allen Fans von Sommerrodelbahnen sei der Abstecher nach **Todtnau** geraten. Bikepark-Enthusiasten finden dort ebenfalls geeignete Downhillstrecken.

Sommerrodelbahn in Todtnau; links: Kohle schippen für den Dampf: Sauschwänzlebahn; unten links: Immer wieder lecker – Original Schwarzwälder Kirschtorte

SPECIAL

### FEINSTE KONFITÜREN

Die Manufaktur besuchen oder nach Lust und Laune im Verkaufsladen stöbern kann man in der Konfitüren-Manufaktur Faller in Utzenfeld. Die Vielfalt der im Kupferkessel nach alten Rezepten gekochten Marmeladen verführt zum Naschen und ist ideal, um ein Stückchen leckeren Schwarzwald mit nach Hause zu nehmen. Wer will, probiert die Köstlichkeiten gleich im angeschlossenen Café. Mittags gibt es auch einige herzhafte Gerichte

# PRAKTISCHE HINWEISE

## TOURISTENINFORMATIONEN

**Touristinfo Gernsbach**
Igelbachstr. 11, 76593 Gernsbach,
Tel. +49 7224 64444, www.gernsbach.de

**Tourist-Information Baden-Baden**
Kaiserallee 1 (in den Kurhaus-Kolonnaden), 76530 Baden-Baden
Schwarzwaldstr. 52 (an der B 500), 76532 Baden-Baden
beide: Tel. +49 7221 275-200,
www.baden-baden.de

**Tourist Information Freudenstadt**
Marktplatz 64, 72250 Freudenstadt,
Tel. +49 7441 864730,
www.ferien-in-freudenstadt.de

**Touristinfo Schiltach**
Marktplatz 6, 77761 Schiltach,
Tel. +49 7836 5850, www.schiltach.de

**Tourist-Information Donaueschingen**
Karlstr. 58, 78166 Donaueschingen,
Tel. +49 771 857221,
www.donaueschingen.de

**Tourist-Information Schluchsee**
Fischerbacher Str. 7, 79859 Schluchsee,
Tel. +49 7652 12060, www.hochschwarzwald.de

**Tourist-Information Feldberg**
Dr.-Pilet-Spur 4, 79868 Feldberg
Kirchgasse 1, 79868 Feldberg-Altglashütten

**Stellplatz Lehwiese Schiltach**

Talblick im Schwarzwald

beide: Tel. +49 7652 12060, www.hochschwarzwald.de

**Hochschwarzwald Tourismus GmbH**
Freiburger Str. 1, 79856 Hinterzarten, Tel. +49 7652 12060, www.hochschwarzwald.de

## STELLPLÄTZE UND CAMPINGPLÄTZE

C 6.1 **Campingplatz Quellgrund** (S. 284/A2) Sägmühleweg 10/1, 75339 Höfen, Tel. +49 7081 6984, www.campingplatz-quellgrund.de
GPS-Daten: 48.807500, 8.582778
Gebührenpflichtiger, ganzjährig geöffneter Campingplatz mit insgesamt 200 Standplätzen auf Wiese, davon 50 separierte Touristen-Plätze im vorderen Bereich; komplette Infrastruktur; im Tal direkt an der Enz, zwischen B 294 und Bahnlinie gelegen; ÖPNV-Anbindung (Höfen-Nord); Platz wirbt mit der Kombination von Camping und Wellness (u. a. Yoga, Pilates, Massage) in Verbindung mit gesunder Ernährung.

S 6.2 **Wohnmobilstellplatz Murginsel** (S. 284/A2) Schloss-/Klingelstr. (Abzweigung Schloss Eberstein), 76593 Gernsbach, Tel. +49 7224 64444, www.gernsbach.de
GPS-Daten: 48.759167, 8.339167
Gebührenpflichtiger, ganzjährig geöffneter Stellplatz für acht Wohnmobile auf Asphalt; V/E, Strom, öffentliche WC-Anlage; am Ortsrand von Gernsbach, direkt an der Murginsel und nahe des Kurparks gelegen; Altstadt fußläufig (ca. 400 m).

S 6.3 **Wohnmobilstellplatz Baden-Baden** (S. 284/A2) Hubertusstr. 2, 76532 Baden-Baden, Tel. +49 7221 2770, www.stadtwerke-baden-baden.de
GPS-Daten: 48.782222, 8.204167
Gebührenpflichtiger, ganzjährig geöffneter und videoüberwachter Stellplatz für 28 Wohnmobile auf Kies; V/E, Strom; direkt an der B 500, an ein Gewerbe- und Wohngebiet angrenzend gelegen, dadurch Beeinträchtigungen möglich; guter Standort für

Stadtbesichtigung, ÖPNV-Anschluss (Bus), 15 Fahrradminuten zur Innenstadt (3 km).

S 6.4 **Wohnmobilstellplatz am Panorama-Bad** (S. 284/A3)
Eugen-Nägele-Str./Dobelweg,
72250 Freudenstadt, Tel. +49 7441 864730,
www.schwarzwald-tourismus.de
GPS-Daten: 48.471389, 8.416111
Gebührenfreier, ganzjährig nutzbarer Stellplatz für fünf Wohnmobile auf Pflaster; V/E; auf separiertem Bereich des Schwimmbad-Parkplatzes gelegen, dadurch Beeinträchtigungen möglich; 15 Gehminuten vom Marktplatz entfernt; Alternative für Tagesbesucher: kostenfreier Parkplatz beim Landratsamt an der Turnhallestraße.

S 6.5 **Wohnmobilstellplatz Lehwiese** (S. 284/A3) Häberlesbrücke/Lehwiese P1, 77761 Schiltach, Tel. +49 7836 5850,
www.schiltach.de
GPS-Daten: 48.291111, 8.342222
Gebührenfreier, ganzjährig nutzbarer Stellplatz für offiziell sechs Wohnmobile auf Schotteruntergrund; Frischwasser (April–November) und Strom auf Spendenbasis; auf einem Parkplatz zwischen Kinzig und Bahnlinie gelegen; tagsüber Beeinträchtigungen durch zuparkende Pkw möglich, Zufahrt nur für Wohnmobile bis max. sieben Meter Länge ratsam; kurze Fußwege in das Ortszentrum.

S 6.6 **Wohnmobilstellplatz am Schlosspark** (S. 284/A5)
Prinz-Fritzi-Allee, 78166 Donaueschingen,
Tel. +49 771 857221,
www.donaueschingen.de
GPS-Daten: 47.947664, 8.511953
Gebührenfreier (jedoch kurtaxepflichtiger), ganzjährig nutzbarer Stellplatz für 20 Wohnmobile auf naturbelassenem Untergrund; V/E (ca. 1 km entfernt), Strom; ruhige Ortsrandlage an einer Sport-/Freibadanlage mit Blick auf die Breg; in wenigen Gehminuten zum Schlosspark, Donauquelle und Ortszentrum ebenfalls fußläufig; direkte Anbindung an den Donau-Radwanderweg.

S 6.7 **Wohnmobilstellplatz Bahnhof Blumberg-Zollhaus** (S. 284/A5)
Bahnhofstr. 1, 78176 Blumberg-Zollhaus,
Tel. +49 7702 510, www.stadt-blumberg.de
GPS-Daten: 47.837222, 8.558056

**Wohnmobilstellplatz Schluchsee**

Perspektiven wechseln und Natur genießen

Gebührenfreier, ganzjährig nutzbarer Stellplatz für ca. fünf Wohnmobile auf Schotter; keine Infrastruktur; auf einem Bahnhofsparkplatz gelegen; idealer Standort für die Nutzung der Sauschwänzlebahn; Eisenbahnmuseum und Gastronomie im Bahnhofsgebäude; weitere Stellplätze mit V/E in Blumberg (Oberes Ried) und im Ortsteil Achdorf (Uferweg).

S 6.8 **Wohnmobilstellplatz Schluchsee** (S. 284/A5) Faulenfürststr. 18, 79859 Schluchsee, Tel. +49 7656 7731, www.gemeinde-schluchsee.de
GPS-Daten: 47.815833, 8.180833
Gebührenpflichtiger, ganzjährig geöffneter Stellplatz für 22 Wohnmobile auf Asphalt; V/E, Strom; auf Pkw-Parkplatzareal in separatem Bereich gelegen; Ortsrandlage, kurze Fußwege zum See und ins Ortszentrum.

S 6.9 **Wohnmobilstellplatz Feldberg (Schwarzwald)** (S. 283/G4)
Dreiseenbahnweg, 79868 Feldberg-Altglashütten, Tel. +49 7655 8010, www.hochschwarzwald.de
GPS-Daten: 47.860278, 8.114722
Gebührenpflichtiger, ganzjährig geöffneter Stellplatz für 16 Wohnmobile auf Schotter; V/E, Strom (Stromnutzung mit Verwechslungsrisiko!); direkt an ÖPNV-Anschluss (Bahn) gelegen; Gastronomie um die Ecke; guter Ausgangspunkt für Wander- und Radtouren.

# 7 DREAMTEAM WINTER UND WOHNMOBIL

## Allgäu von Scheidegg bis Füssen

Glitzernder Schnee knirscht beim Spaziergang unter den Füßen, Sonne und stahlblauer Himmel verwandeln die schneebedeckte Landschaft in eine Postkartenidylle. Das Paar im Nachbarwohnmobil schultert entspannt die Ski und nimmt entschlossen Kurs auf den Lift. Der Abend klingt in geselliger Runde an der illuminierten Schneebar aus. Wintercamping ist eine Verlängerung der Wohnmobil-Saison und gleichzeitig eine wunderbare Art des Reisens. Wintersportarten ausleben, Weihnachtsmärkte besuchen, dem Fastnachtstrubel entfliehen, Ruhe und Natur genießen – mit dem Wohnmobil ist alles möglich, auch im Winter.

Winterzauber im Luftkurort Nesselwang, im Hintergrund die grandiose Voralpenlandschaft

Besonders Bergregionen wie das Allgäu sind für Wanderer, Langlaufliebhaber und Skifahrer interessant, gerne wird dafür das Wohnmobil gepackt und losgefahren. Außerhalb der Hochsaisonzeiten wie Weihnachten und Silvester ist es möglich, Platzhopping zu betreiben und sich, am besten mit vormittäglicher Anreise, von einem zum nächsten Stellplatz treiben zu lassen. Speziell zu Weihnachten, Silvester und Fasnacht allerdings sind beliebte und im Voraus buchbare Camping- und Stellplätze bereits recht früh ausgebucht, vor allem, wenn sie direkt an der Skipiste liegen, ein eigenes Feiertagsprogramm auf die Beine stellen oder attraktive Wellnesslandschaften anbieten. Daher lohnt es sich, diese rechtzeitig fest zu reservieren. Bei allen anderen Plätzen ist es ratsam, in Hochsaisonzeiten frühzeitig, sofern möglich also ein paar Tage vorher, anzureisen.

Das Reisen durch das Allgäu verspricht puren Genuss und oft atemberaubende Panoramablicke. Wintersportfreunde erfreuen sich an schneebedeckten Bergwelten, weit verzweigten Loipennetzen und bestens präparierten Pisten. Kulturinteressierten,

## ROUTE 7

**START- UND ENDPUNKT**
Scheidegg und Füssen

**STRECKENLÄNGE**
155 Kilometer

**FAHRZEIT**
9 bis 12 Tage

**Winteridylle: macht Lust auf Wintercamping und Wanderungen**

»Skywalk Allgäu« in Scheidegg, ein Naturerlebnis in luftiger Höhe und mit wunderbarem Weitblick; rechts: Winter in Scheidegg

Entspannungssuchenden und Liebhabern traditioneller Küche bietet das Allgäu dazu noch unverwechselbare Erlebnisse für Auge, Seele und Gaumen.

## SONNENURLAUB IN DEN WIPFELN

Fakt ist, wer von einer Bilderbuchlandschaft in Deutschland träumt, wird sich sehr schnell im Allgäu wiederfinden. Reizvoll auf einem Hochplateau über dem Bodensee gelegen, wurde **Scheidegg** wiederholt zu einem der sonnenreichsten Urlaubsziele gekürt. Ein Füllhorn verschiedenster Freizeitaktivitäten und obendrein ein Heilklima der Premium-Klasse sprechen für sich. Hier entspannt vom Wohnmobil direkt in die Loipe einzusteigen fällt leicht, der Stellplatz am Kurhaus ist dabei die ideale Basis. Außerdem befindet sich die platt gewalzte Rodelfläche ganz in der Nähe, somit ist der Schlittenfahrspaß für Jung und Alt garantiert. Alle, die schon mal Schneeschuhwandern ausprobieren wollten, sind hier ebenso richtig.

Scheidegg ist staatlich anerkannter Kneipp- und heilklimatischer Kurort und gilt seit 2005 zudem als einzigartige Adresse für einen sorgenfreien, weil glutenfreien Urlaub. Ob Bäcker; Metzger oder Gastronom, zahlreiche lokale Einzelhändler bieten ein bewusst sortiertes, einzigartiges Angebot für eine diesbezüglich unbeschwerte Erholung zur Freude der Gäste.

AUSFLUG

### ZU DEN WOLKEN GREIFEN

In jeder Jahreszeit ist ein Ausflug zum »Skywalk Allgäu« bei Scheidegg eine hervorragende Gelegenheit zur exzellenten Weitsicht. Der Baumwipfelpfad gewährt wissenswerte Einsichten in die Natur und von der Aussichtsplattform einen grandiosen Fernblick bis zu den Alpen und zum Bodensee. Im Winter wird der Weg täglich geräumt und er ist zudem barrierefrei.

Start
**Scheidegg**
*Heilklima, Skywalk Allgäu,* Weiler-Simmerberg
18 km
**Oberstaufen**
*Hochgrat, Allgäuer Käsestraße,* Stiefenhofen, Seltmans
B12 B19
41 km
**Kempten**
*Rathausplatz, Museen*
B309

## VIER SKIGEBIETE IM ANGEBOT

Mit gleich vier Skigebieten und insgesamt 28 Liften und Bergbahnen punktet **Oberstaufen** bei Anfängern und Profis. Steil ins Tal geht es beim Hochgrat, daher gilt er als Eldorado für Skitourengeher, Freerider und Speedflyer. Der Wohnmobilstellplatz liegt im Bergdorf Steibis mit sehr schöner Sicht auf Oberstaufen und den Hochgrat (1833 m). Die Bushaltestelle ist direkt an der Platzeinfahrt. Ob Chipkarte als Skipass oder als ÖPNV-Urlaubskarte für Bus und Bahn, mit der Gästekarte Allgäu-Walser-Card sind viele interessante Vorteile nutzbar.

Oberstaufen ist zudem Teil der Genussregion Allgäuer Käsestraße. Traditionell arbeitende Sennereien, wo Handarbeit noch eine wichtige Rolle spielt, Direktvermarkter und Hofläden bieten entlang der Strecke Käsespezialitäten wie Allgäuer Emmentaler, Bergkäse, Schnitt- oder Weichkäse an.

## IN DER RÖMERSTADT

Aktiv zu sein in der Natur und das Skifahren oder Schneeschuhwandern zu genießen ist Urlaubsvergnügen pur. Doch zwischendurch mal Bummeln gehen oder ein

**Tourismus-Informationen geben ganzjährig Auskunft; unten: Herzhafter Bergkäse mit frischem Kümmelbrot, mhm, lecker!**

SPECIAL

**DEUTSCHER ALPENVEREIN**

In den Monaten Oktober bis März hat in den Bergen der Winter das Sagen. Wenn es dann ein bisschen mehr sein darf, als den Hang auf Skiern runterzufahren, sind die Angebote des Deutschen Alpenvereins interessant. Die DAV-Kletterschule bietet für Kinder und Familien, Einsteiger und Profis unterschiedliche Kurse an. Verantwortungsvolle Bergsportler lernen zudem, bei winterlichen Gemeinschaftstouren abhängig von Wetterlage und Tageslicht die Ziele klug zu wählen und über die Lawinenlage und die Belange der Tiere Bescheid zu wissen. Mehr Informationen gibt es beim DAV, Sektion Allgäu/Kempten.

Museum besuchen sind willkommene Abwechslungen. Bestens geeignet ist dafür die Stadt **Kempten** mit einer 2000 Jahre alten Geschichte, mithin eine der ältesten Siedlungen Deutschlands. Das mittelalterliche, denkmalgeschützte Rathaus fällt durch seine beeindruckende Fassade auf; der Rathausplatz verwandelt sich im Dezember in ein Weihnachtsland mit attraktivem Weihnachtsmarkt. Wenn eine Stadt Zeitzeuge einer derart abwechslungsreichen Stadtgeschichte ist, dann hat sie etwas zu erzählen: Mit AllgäuMuseum, AlpinMuseum, Residenz, Kunsthalle, Allgäuer Burgenmuseum sowie dem Archäologischen Park Cambodunum und dem Schauraum Erasmuskapelle stehen sieben Kulturstationen innerhalb der Stadt mit interessanten Informationen parat.

Unten: Rathaus Kempten; rechts: Präparierte Loipen und Wanderwege erfreuen die Winterurlauber.

## DEN LIFT DIREKT VOR DER TÜR

**Nesselwang** begrüßt seine Besucher bereits bei der Anfahrt mit einem ersten Ausblick auf eine wahre Bilderbuchumgebung. Alpspitze und Edelsberg lassen schon aus der Distanz erahnen, wie dort die Augen mit weiteren Fernblicken verwöhnt werden. Die Alpspitzbahn und die Skischule liegen direkt oberhalb des beliebten Reisemobilstellplatzes. Ein wahrer Pluspunkt, der gerne genutzt wird. Mal eben schnell raus aus der Wohnmobiltür und rauf auf die Piste, egal ob morgens, nachmittags oder zum Flutlichtlaufen am Abend.

Und wie wäre es mit Hüttenzauber und Pistengaudi nach Anbruch der Dunkelheit? Der Ortskern mit Bäckerei, Cafés, Restaurants und Läden ist fußläufig, die Bahnstation ebenso, um kostenlos mit der Nesselwang-Gästekarte Richtung Kempten, Pfronten oder Füssen zu fahren. Geräumte Spazierwege lassen den Wanderfreunden viel Raum, die herrliche Landschaft zu genießen. Mancher wandert auch auf der gegenüber der Alpspitzbahn liegenden Seite am Alpspitzbad vorbei hoch zur Wallfahrtskirche Heiligkreuz.

## BERGBAHN UND JODLER

Kabinenbergbahnen üben insbesondere im Winter einen besonderen Reiz aus. Schnell und trocken geht es den Berg hoch, der Panoramablick ist überwältigend und oben wartet meistens eine Hütte mit leckeren

Wallfahrtskirche Heiligkreuz nahe Nesselwang

Sonnenterrasse des Berghauses auf dem Breitenberg bei Pfronten; unten: Gespurte Loipen durch Wald und Wiese

Schmankerln und einer exponierten Sonnenterrasse. Muss man da eigentlich noch Skifahren? Die einen sagen so, die anderen so. Auf jeden Fall hat die Breitenbergbahn in **Pfronten** für jeden Winterfreund das passende Angebot. Während Snowboarder

und Skifahrer natürlich zuerst den Hang und dann die Einkehr wählen, nutzen Ausflügler den direkten Weg zu Kaffee, Kuchen oder Allgäuer Spezialitäten.

Im Tal verfügt der Stellplatz im Ortsteil Weißbach über 44 Plätze, von hier ist ein direkter Einstieg in die Loipe möglich. Der Traum vom Jodelnlernen ist in Pfronten übrigens erfüllbar. Und einmal Badegenuss mit sensationellem Bergblick ist im Alpenbad Pfronten geradezu ein Muss.

## HOPFEN AM SEE

Der Weg ist das Ziel, so könnte die beliebte Uferpromenade am Hopfensee beschrieben werden. Wer es idyllischer mag und dabei atemberaubende Bergblicke sucht, ist auf der knapp sechs Kilometer langen Winterwanderung Hopfen-Faulensee-Runde genau richtig. Zurück an der Uferpromenade ist dann zum Aufwärmen sicherlich sehr bald das richtige Café oder Restaurant zur Einkehr gefunden.

Die Symbiose von Bergen, See und Schnee lässt jeden Winter zahlreiche Urlauber und Campingfans zum direkt am See gelegenen Campingplatz pilgern. Die Sportbegeisterten freuen sich auf die Loipe und die Kunsteisbahn, wo man eislaufen und Eisstock schießen kann, direkt am Platz. Denn Geselligkeit, gemeinsame Aktivitäten und Spaß wird bei Wintercampern großgeschrieben.

## FLÖSSERDORF LECHBRUCK

Die Geschichte von **Lechbruck** ist eng mit dem Floßgewerbe verbunden, das heimatgeschichtliche Flößermuseum im Ort lässt die jahrhundertealte Flößertradition wieder lebendig werden. Aufgrund des flacheren Landschaftsbildes ist das Wintersportangebot vor allem auf Loipen für Skilanglauf und Skating ausgerichtet. Winterwanderer sind hier aber ebenso gerne unterwegs, nicht zuletzt wegen der schönen Weitsicht auf das breite Bergpanorama. Der Wohnmobilstellplatz hat ab 2019 nur noch von Frühjahr bis Herbst geöffnet, der Campingplatz Via Claudia Camping hingegen ist ganzjährig offen und bietet zudem See- und Bergblick.

## KÖNIGSWINKEL: BADEWANNE FORGGENSEE

Mal voll, mal leer – die Überraschung ist dem unvorbereiteten Besucher ins Gesicht geschrieben, wenn er den Stausee bei **Schwan-**

**Pfronten**
*Breitenbergbahn,* Kreuzegg, Zell, Schraden B309
16 km
**Hopfen am See**
*Uferpromenade,* Rieden am Forggensee, Roßhaupten B16
21 km
**Lechbruck am See**
*Flößermuseum,* Prem, Halblech B17

**Unten: Schloss Neuschwanstein im Winter**

SPECIAL

### WEIHNACHTEN / SILVESTER / FASNACHT

Bereits recht früh sind beliebte und im Voraus buchbare Camping- und Stellplätze ausgebucht, die direkt an der Skipiste liegen, ein eigenes Feiertagsprogramm auf die Beine stellen oder attraktive Wellnesslandschaften anbieten. Daher lohnt es sich, diese rechtzeitig fest zu reservieren. Bei allen anderen Plätzen ist es ratsam, in Hochsaisonzeiten frühzeitig, sofern möglich also ein paar Tage vorher anzureisen.

**Füssens Altstadt romantisch: Vorweihnachtlicher Winterzauber zu Füßen des Hohen Schlosses**

**Linke Seite: Forggensee mit Eisschollen und beeindruckender Bergkulisse**

**gau** zu unterschiedlichen Jahreszeiten sieht. Im Sommer als Revier für Segelbootfahrer stark nachgefragt, reizt im Winter die Option, auf dem abgestauten Seegrund den Spuren römischer Wege zu folgen. An exponierter Uferlage lädt das Festspielhaus zum Musicalevent mit Blick auf Neuschwanstein ein. Auf der anderen Seeseite überzeugt der Campingplatz Brunnen mit herrlichen Aussichten auf die Berge.

## LOGENPLATZ AM LECH

**Füssen** liegt genau dort, wo die Romantische Straße, die Römerstraße Via Claudia Augusta und die Deutsche Alpenstraße aufeinandertreffen. Das pusht die Erwartungshaltung und sie wird umgehend mit malerischen Eindrücken belohnt. Der Weg vom Stellplatz am Stadtrand leitet direkt zur Fußgängerzone. Ein Bummel durch die verwinkelten Altstadtgassen führt zu historischen Orten wie Schrannenplatz und Lautenmacherbrunnen, zu sehenswerten Kirchen und zum Benediktinerkloster St. Mang, dessen Geschichte bis ins 8. Jahrhundert zurückreicht.
Über allem ragt bedeutend das Hohe Schloss aus dem 15. Jahrhundert, unten umfließt der gezähmte Lech die Stadt. Der romantische Adventsmarkt mit schneebedeckten Buden zieht sich durch die Gassen der Altstadt und versprüht am frühen Abend ein besonderes Flair. Handgearbeitete Krippen und wunderschöne Unikate sind beim Krippenwanderweg ab dem ersten Adventswochenende zu entdecken.

## UNVOLLENDETES MÄRCHENSCHLOSS

Eine der Hauptattraktionen im Sommer wie im Winter ist natürlich das **Schloss Neuschwanstein**, mit dessen unvollendetem Bau sich König Ludwig II. selbst ein Denkmal setzte. Als bewundernswertes Märchenschloss in aller Welt bekannt, ist eine Besichtigung nur mit Führung möglich und rundet jeden ersten Allgäu-Besuch auf jeden Fall bezaubernd ab.

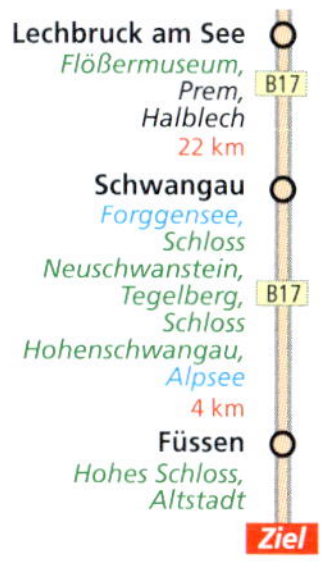

# PRAKTISCHE HINWEISE

## TOURISTENINFORMATIONEN

**Tourist-Information Scheidegg**
Rathausplatz 8, 88175 Scheidegg,
Tel. +49 8381 89555,
www.scheidegg.de

**Tourist-Information Oberstaufen**
Hugo-von-Königsegg-Str. 8,
87534 Oberstaufen,
Tel. +49 8386 93000,
www.oberstaufen.de

**Tourist Information Kempten**
Rathausplatz 24, 87435 Kempten,
Tel. +49 831 9609550,
www.kempten-tourismus.de

**Tourist Information Bad Hindelang**
Unterer Buigenweg 2,
87541 Bad Hindelang, Tel. +49 8324 8920,
www.badhindelang.de

**Tourist-Information Nesselwang**
Hauptstr. 20, 87484 Nesselwang,
Tel. +49 8361 923040, www.nesselwang.de

**Tourist Information Pfronten**
Vilstalstr. 2, 87459 Pfronten,
Tel. +49 8363 69888, www.pfronten.de

**Tourist Information Hopfen am See**
Uferstr. 21, 87629 Füssen,
Tel. +49 8362 7458, www.fuessen-hopfen.de

**Wenn das Wohnmobil stehen bleibt, ist die Bahn gerne zur Stelle.**

**Tourist Information Schwangau**
Münchener Str. 2, 87645 Schwangau,
Tel. +49 8362 81980, www.schwangau.de

**Füssen**
Kaiser-Maximilian-Platz 1, 87629 Füssen,
Tel. +49 8362 93850, www.fuessen.de

## STELLPLÄTZE UND CAMPINGPLÄTZE

S 7.1 **Wohnmobilstellplatz am Kurhaus** (S. 284/D6) Am Hammerweiher 1, 88175 Scheidegg, Tel. +49 8381 89555, www.scheidegg.de
GPS-Daten: 47.573611, 9.845833
Gebührenpflichtiger, ganzjährig geöffneter Stellplatz für 22 Wohnmobile auf Rasengitter; V/E, Strom; Dusche/WC im angrenzenden Kurhaus möglich; ruhig auf einem separaten Bereich des Kurhaus-Parkplatzes am Ortsrand Richtung Scheffau gelegen; direkter Einstieg in das Loipennetz möglich; ÖPNV-Anschluss am Platz, zu Fuß einen Kilometer in den Ortskern.

S 7.2 **Wohnmobilstellplatz Hochgratblick** (S. 284/D6)
Am Hössl 10, 87534 Oberstaufen,
Tel. +49 8386 8180,
www.womo-hochgratblick.de
GPS-Daten: 47.526944, 10.027222
Gebührenpflichtiger, ganzjährig geöffneter Stellplatz für 32 Wohnmobile auf Asphalt; Strom, WLAN; V/E, WC und Anmeldung beim Betreiber in 150 Meter Entfernung; im Bergdorf Steibis mit sehr schöner Sicht auf Oberstaufen und den Hochgrat (1833 m) gelegen; ÖPNV-Anschluss, ca. sechs Kilometer Fahrtweg nach Oberstaufen; kurze Wege für Einstieg in sportliche Aktivitäten (Wandern, Radfahren, Ski-Langlauf, Alpin).

S 7.3 **Wohnmobilpark Wiesengrund** (S. 285/E6) Ostrachstr. 23, 87541 Bad Hindelang, Tel. +49 8324 2219, www.wiesengrund.com
GPS-Daten: 47.499444, 10.372222
Gebührenpflichtiger, ganzjährig geöffneter, kompakter Stellplatz für 30 Wohnmobile auf Schotteruntergrund; komplette Infrastruktur mit Freibad, eingebunden in das Dienstleistungsangebot inklusive Gastronomie des angrenzenden Hotelkomplexes; ruhig an zwei Bergbächen gelegen, 15 Minuten Gehweg ins Ortszentrum; Wanderwege und Loipen direkt vom Stellplatz ausgehend, Skibus-Angebot auf das Oberjoch.

**Dieser Weitblick ist Balsam für die Seele.**

S 7.4 **Wohnmobilstellplatz Nesselwang** (S. 285/E6) An der Riese, 87484 Nesselwang, Tel. +49 8361 923040, www.nesselwang.de
GPS-Daten: 47.620000, 10.497500
Gebührenpflichtiger, ganzjährig geöffneter und nachgefragter Stellplatz für 60 bis 70 Wohnmobile auf Schotter-/Kiesuntergrund; bessere Untergrundbefestigung und Parzellierung im Innenbereich bereits realisiert; V/E, Strom, WLAN; direkt unterhalb der beliebten Alpspitzbahn gelegen mit schönem Blick auf die Piste (im Winter täglich von 18 bis 21 Uhr unter Flutlicht); kurzer Fußweg in den Ortskern; idealer Ausgangspunkt für Wellness, Wanderungen und Skivergnügen; freies ÖPNV-Angebot im Ostallgäu mit der NesselwangCard ab drei Übernachtungen.

S 7.5 **Wohnmobilstellplatz Pfronten-Weißbach** (S. 285/F5)
Am Wiesele 7, 87459 Pfronten, Tel. +49 8363 6437, www.wohnmobilstellplatz-pfronten.de
GPS-Daten: 47.597222, 10.551667
Gebührenpflichtiger, ganzjährig geöffneter Stellplatz für 44 Wohnmobile auf Schotter-/Kiesuntergrund; komplette Infrastruktur mit kleinem Wirtshaus; am Ortsrand des Ortsteils Pfronten-Weißbach in einem kleinen Gewerbegebiet gelegen, ÖPNV-Anschluss am Platz, ca. vier Kilometer nach Pfronten; Einstieg in das Rad-, Wander- und Loipennetz in unmittelbarer Nähe.

C 7.6 **Campingplatz Hopfensee** (S. 285/F6) Fischerbichl 7, 87629 Füssen, Tel. +49 8362 917710, www.camping-hopfensee.de
GPS-Daten: 47.602778, 10.683889
Gebührenpflichtiger Groß-Campingplatz mit über 400 Standplätzen; komplette Infrastruktur mit zahlreichen Sport- und Freizeit-, Wellness- und Gastronomieangeboten; am Ortsrand von Hopfen, direkt am See gelegen; Skilift für Anfänger und Loipe sowie Kunsteisbahn für Eislaufen und Eisstockschießen direkt am Platz.

S/C 7.7 **Wohnmobilstellplatz Via Claudia Camping** (S. 285/F5)
Via Claudia 6, 86983 Lechbruck am See, Tel. +49 8862 8426, www.via-claudia-camping.de
GPS-Daten: 47.715556, 10.821667
Gebührenpflichtiger Stellplatz für 49 Wohnmobile auf Schotter; komplette Infrastruktur via Campingplatz; geöffnet von Anfang April bis Anfang Oktober; außerhalb von Lechbruck vor dem angrenzenden Campingplatz in einem separaten Bereich gelegen; Liebhaber von See- und Bergblick wählen direkt den ganzjährig geöffneten Campingplatz; ÖPNV-Anschluss in der Nähe, drei Kilometer bis Lechbruck.

S/C 7.8 **Wohnmobilpark Camping Bannwaldsee** (S. 285/F6)
Münchener Str. 151, 87645 Schwangau, Tel. +49 8362 93000, www.camping-bannwaldsee.de
GPS-Daten: 47.591667, 10.773056
Gebührenpflichtiger, ganzjährig geöffneter Stellplatz für 24 Wohnmobile auf befestigtem Untergrund; komplette Infrastruktur, teilweise via Campingplatz; Stellplatz liegt vor dem Campingplatz direkt an der B 17; freier Zugang zum Campingplatz und

**Wohnmobilstellplatz am Kurhaus Scheidegg**

Badestrand des Bannwaldsees; Gastronomieangebot und Busanbindung am Platz.

C 7.9 **Camping Brunnen am Forggensee** (S. 285/F6)
Seestr. 81, 87645 Schwangau-Brunnen,
Tel. +49 8362 8273,
www.camping-brunnen.de
GPS-Daten: 47.596389, 10.738889
Gebührenpflichtiger, ganzjährig geöffneter und nachgefragter Campingplatz mit 300 Stellplätzen (in vier verschiedenen Kategorien) auf Schotterrasen; komplette Infrastruktur mit Wellnessanlage; idyllisch auf einer Halbinsel am Forggensee gelegen (voll aufgestaut Juni bis Oktober), mit schönem Blick auf Schloss Neuschwanstein, Tegelberg und Säuling; gute Ausgangslage für sämtliche Besichtigungen im Königswinkel.

S 7.10 **Wohnmobilplatz Camper's Stop Füssen** (S. 285/F6)
Abt-Hafner-Str. 9, 87629 Füssen,
Tel. +49 8362 940104,
www.wohnmobilplatz-fuessen.de
GPS-Daten: 47.582222, 10.700833
Gebührenpflichtiger, ganzjährig geöffneter und kompakter Stellplatz für 91 Wohnmobile auf Schotter; komplette Infrastruktur; am Ortsrand Füssens in einem Gewerbegebiet mit Supermärkten und nahe an der Umgehungsstraße B 310 gelegen; ÖPNV-Anschluss, ca. 30 Gehminuten bis ins Stadtzentrum und zum Hohen Schloss. Alternative: Wohnmobilstellplatz Sportstudio Füssen, Abt-Hafner-Str. 2 (ca. 200 m Richtung Stadt entfernt), Stellplatz für 33 Wohnmobile, Anmeldung und Bezahlung im Sportstudio, www.wohnmobilstellplatz-fuessen.de.

**Stellplatz Via Claudia; ganz oben: Wohnmobilstellplatz Nesselwang, direkt am Einstieg in die Zugspitzbahn**

# 8 VOM KÖNIGSSEE ZUM KÖNIGSSCHLOSS

## Alpenvorland für Liebhaber

Unten: Traumhafte Lage – Wallfahrtskirche Sankt Bartholomä am Königssee; rechte Seite: das Berchtesgadener Land

Gurgelnd begleitet das glasklare Wasser der Bischofswiesener Ache die Anreise zum Königssee. Der Rundumblick dort auf saftige Wiesen und majestätische Berge macht Lust auf mehr und ist ein herrlicher Vorgeschmack auf all die Naturschönheiten, die diese wunderbare Reise durch das Alpenvorland bereithält. Die bayerischen Seen mit Königssee, Chiemsee, Schliersee, Tegernsee, Walchen-, Kochel- und Forggensee sind die Hauptakteure auf dieser Route. Die Alpen und die Zugspitze als Statisten zu bezeichnen klingt vielleicht unpopulär und doch: Gute Drehbücher leben von einer lebendigen Gesamtinszenierung. Ihren Höhepunkt findet die Dramaturgie am beliebten Schloss Neuschwanstein.

Im äußersten Zipfel Deutschlands beginnt diese Reise, bei der das Wohnmobil am Parkplatz in der Seestraße wartet, während die Reisemobilbesatzung bequem per Schiff über den traumhaften **Königssee** bis zur Wallfahrtskirche Sankt Bartholomä fährt. Mit Glück spielt der Schiffsbegleiter Trompete und das berühmte Echo vom Königssee erklingt. Kitschig? Mag sein, aber so schön! Ein Spaziergang oder eine kleine Wanderung weckt, je nach Länge der Anreise, die etwas müden Glieder. Die klare Bergluft tut gut, bevor es vom Anleger wieder zurück nach Schönau geht. Mit einem unvergleichlichen Panoramablick in den **Nationalpark Berchtesgaden** lockt zudem die ab Juni 2019 fahrende Jennerbahn, die dann neben der Mittelstation auf 1200 Metern auch wieder die Bergstation (1800 m) des Jenner anfährt.

Nach so vielen Eindrücken passt der Reisemobilstellplatz der Familie Rasp in Oberau perfekt ins Programm. Mit einem tollen Blick ins Tal heißt es dann irgendwann gute Nacht.

## WOW-EFFEKT INKLUSIVE

Ausgeschlafen und gestärkt steht das Befahren der mautpflichtigen **Rossfeld Panorama-**

## ROUTE 8

**START- UND ENDPUNKT**
Schönau und Schwangau

**STRECKENLÄNGE**
389 Kilometer

**FAHRZEIT**
12 bis 14 Tage

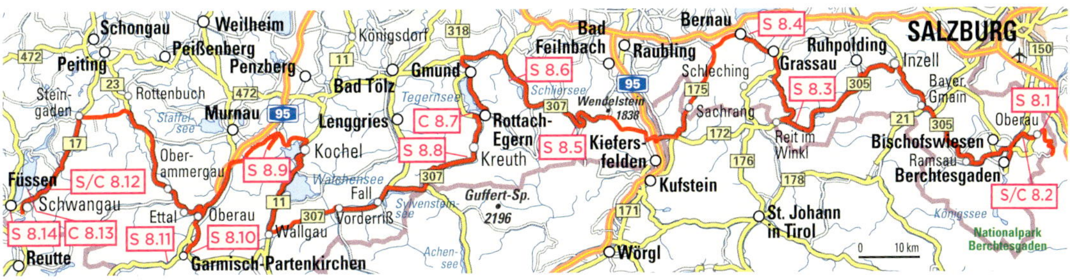

Sensationeller Weitblick ins Tal von der Rossfeld Panoramastraße

**straße** auf dem Tagesprogramm. Empfehlenswert ist die Anfahrt über Oberau und die Mautstelle auf 1180 Meter Höhe. Wohnwagen und Anhänger sind nicht erlaubt, zudem gibt es eine Höhenbeschränkung (3,8 m). Die höchstgelegene Panoramastraße Deutschlands begeistert mit spektakulären Ausblicken auf die hochalpine Bergwelt und das gewaltige Bergmassiv des Berchtesgadener Landes.

SPECIAL

### GESCHICHTEN DES BERGES

Im Salzbergwerk Berchtesgaden geht es nicht auf, sondern tief in den Berg. Nach der Übernahme der Schutzkleidung und der Fahrt mit der Grubenbahn ist Eintauchen in die faszinierende Schönheit der Salzkathedrale angesagt. Beeindruckend präsentieren sich die Salzkristallstrukturen in der Lichtinszenierung. Der Rundgang durchs Bergwerk informiert über den Salzabbau seit 1517. Noch heute wird reine Alpensole gewonnen, die in Bad Reichenhall zu Alpensalz weiterverarbeitet wird. Über die historischen Ereignisse der jüngeren Geschichte informiert die Dauerausstellung des Lern- und Erinnerungsorts »Dokumentation Obersalzberg«. Der Obersalzberg war in der Zeit des Nationalsozialismus neben Berlin die zweite Schaltstelle der NS-Diktatur. Nähere Infos unter www.salzbergwerk.de und www.obersalzberg.de.

Der Einstieg in den 700 Meter langen Panorama-Fußweg erfolgt vom Parkplatz P6. Bei bester Fernsicht bietet sich ein grandioser Rundblick auf den Hohen Göll, den Kehlstein, das Tennen- und Dachsteingebirge und den Untersberg. Wanderfreunde lieben die Panoramastraße als Startpunkt und steigen von hier in Bergwanderwege mit unterschiedlichen Schwierigkeitsgraden ein. Die Ausfahrt über die Mautstelle Süd erfolgt in Serpentinen, teilweise mit 24 Prozent Gefälle. Umgehen lässt sich dieser Fahrtest für Mensch und Material mit der gefälletechnisch gemäßigten Rückfahrt über die Mautstelle Nord.

Die einzigartigen Erlebnisse können am Abend mit wunderbarem Weitblick ausklingen, entweder nochmals auf dem Stellplatz in Oberau oder alternativ im Camping-Resort Allweglehen.

## STATIONEN MIT CHARME

Auf der B 305 geht es zu einem Besuch in **Reit im Winkl**, ein touristisch voll erschlossener Urlaubsort. Die Bundesstraße führt weiter bis nach **Bernau am Chiemsee**, wo der Wohnmobilpark am Ortseingang rechts die

Berge wohin das Auge blickt: Rossfeld Panoramastraße; unten: Einen Besuch wert – Schloss Herrenchiemsee auf der gleichnamigen Insel

erste Wahl für eine Übernachtung ist – gerne diesmal auch für zwei. Mit der Kurkarte ist das Busfahren kostenlos, mit dem Fahrrad oder auch auf einem längeren Spaziergang am Bach entlang ist der See mit Strandbad gut erreichbar.

Der nächste Tag steht ganz im Zeichen einer Chiemsee-Schifffahrt von Bernau oder Prien zu den Inseln **Fraueninsel** und **Herrenchiemsee**. König Ludwig II. hat auf der zweitgenannten sein persönliches Versailles mit großem Prunktreppenhaus und Spiegelsaal nachbauen lassen. Heutzutage erfreuen sich die Touristen an seinem Schloss, den Parkanlagen und an der idyllischen Lage auf der Insel. Auf der Fraueninsel hingegen wurde bereits im 8. Jahrhundert das Benediktinerinnenkloster Frauenwörth gegründet, das noch heute von Nonnen bewohnt, aber auch als Seminarhaus genutzt wird.

## STAUNEN, GENIESSEN, BERGSTEIGEN

Auf der Weiterfahrt heißt es in Aschau am Kreisel vor der Kirche dem Priental folgen und Richtung **Sachrang** abbiegen. Während nun bald rechts die Burg Hohenaschau mit Falknerei zum Besuch einlädt, lockt links die Talstation der Kampenwandbahn zu einer Seilbahnfahrt mit anschließender Wanderung. Und es geht so verführerisch weiter. Sachrang heißt bewusst »Das Bergsteigerdorf« und so sieht es auch aus: rundherum verwöhnt von der Natur mit Geigelstein und Spitzstein sowie einem sensationellen Blick auf den Zahmen Kaiser in Tirol.

Gutes Stichwort, denn hier passiert die Routenführung, zugelassen für Kraftfahrzeuge bis zu einem Gesamtgewicht von 7,49 Tonnen und einer in Oberaudorf folgenden Höhenbeschränkung von 3,60 Metern, für die

nächsten zehn Kilometer Österreich. Aber diese traumhaften Ausblicke sind es einfach wert. Wer etwas mehr Wohnmobil-Kilos auf die Waage bringt, fährt von Sachrang zurück nach Aschau und folgt der offiziellen Deutschen Alpenstraße bis Niederaudorf.

## WIE IM BILDERBUCH

Von Niederaudorf Richtung Bayrischzell wird die Strecke wildromantisch und die recht schmale Straße windet sich vorbei an grasenden Kühen und scheinbar vergessenen Milchkannen. Nach Tatzelwurm geht es links ab und auf der B 307 zur Passhöhe Sudelfeld. Hier gilt es, sich Zeit zu nehmen und die Aussicht zu genießen, bevor es wieder bergab geht.

Wanderfreunde nutzen die Gelegenheit, am Stellplatz in Bayrischzell eine Pause einzulegen, alle anderen nehmen nun den malerischen **Schliersee** ins Visier. Kurz davor reizen gleich zwei interessante Abzweige: entweder zum Wander- und Wintersport-

Linke Seite oben: Wildromantisch unterwegs; unten: mit den grasenden Kühen auf Du und Du; Mitte: Ruhe genießen am Tegernsee

So lädt der Seerundweg mit einer Länge von 21 Kilometern die Pedalritter unter den Wohnmobilisten mit nur 70 Höhenmetern ein, gleichzeitig führt der Radweg München-Venezia am Tegernsee entlang und weiter nach Kreuth. Mountainbiker finden zahlreiche mittelschwere und anspruchsvolle Touren oder freuen sich auf den Mountainbike-Trail BaySF Bike Trail Langenau mit engen Kurven und schmalen Brücken. E-Bike-Fans können in der Alpenregion zahlreiche Ladeparadies Spitzingsee oder zum Markus Wasmeier Freilichtmuseum Schliersee für eine zünftige Einkehr und eine interessante kleine Museumstour. Weniger anstrengend, dafür erholsam ist ein Besuch in der Vitalwelt Schliersee mit Blick direkt auf den See.

An saftigen Wiesen und grasenden Kühen vorbei ist der ebenfalls harmonisch in die Landschaft integrierte, aber deutlich größere **Tegernsee** nun die nächste und für diesen Tag auch letzte Station. Ob Tegernsee, Rottach-Egern oder Bad Wiessee, jede Ortschaft am See hat ihren speziellen Reiz. Im Stadtteil Weißach bei Rottach-Egern befindet sich der Campingplatz Wallberg.

## AKTIV SEIN IN SCHÖNSTER NATUR

Vom Wandern übers Fahrradfahren bis hin zum entspannten Spaziergang an der längsten Promenade des Sees in Bad Wiessee: Der Tegernsee und sein Umland punkten mit einem vielfältigen erlebnisorientierten Aktivprogramm für Anfänger und Profis.

Links: Typisch alpenländisch und lecker: Kässpatzen mit Röstzwiebeln; Mitte: Wandern, eine beliebte Aktivität; unten: Rad- und Wanderwege, Ausschilderung am Wanderparkplatz

**Tegernsee**
*Rottach-Egern* B307
6 km
**Weißach**
*Bad Wiessee, Wildbach Kreuth,* B181
*Wanderparkplatz Klamm, Achenpass, Landesgrenze Österreich, Landesgrenze Deutschland,* B307
*Sylvensteinsee*
38 km
**Vorderriss**
*Mautstraße, Wallgau,* B11
*Walchensee*
36 km
**Kochel am See**

stationen nutzen, das Netz vergrößert sich ständig. Einen barrierefreien vier Kilometer langen Weg entlang der Schönheiten der Stadt hat die Stadt Tegernsee mit dem Seelaub-Rundweg eingerichtet. Zur Förderung von Gesundheit und Wohlbefinden bzw. zur Stärkung von Körper, Geist und Seele sind Kuren und Reha im Heilklima des Tegernsees ebenso möglich.

Die Natur zu entdecken ohne Brotzeit oder Einkehr, das wirkt doch irgendwie fad. Empfehlenswert ist ein Besuch der Naturkäserei Tegernseerland mit Produktion, frischer Käsetheke und einer Speisekarte voller leckerer, typischer Gerichte, die auf der Sonnenterrasse besonders gut schmecken.

Und schon heißt es wieder Abschied nehmen vom Tegernsee und die Fahrt auf der B 307 nach Kreuth fortsetzen. Der Wanderparkplatz mit Nachttariftaste für Wohnmobile an der Klamm ist idealer Ausgangspunkt für den Einstieg ins gut ausgeschilderte Rad- und Wanderwegenetz. Mal ehrlich, gibt es etwas Schöneres, als abends mit den beruhigenden Geräuschen des Waldes und eines Bachlaufs einzuschlafen?

## WALD, WIESE, ISAR

Am nächsten Morgen, vom Zwitschern der Vögel geweckt, nach dem Frühstück vielleicht doch noch mal die Wanderstiefel geschnürt und los. Alternativ rein ins Wohnmobil und durch das lieblich anmutende Tal und das von Wald umringte Weideland bis zum Achenpass. Die Gefällstrecken sind mittlerweile leicht zu bewältigen, nach Hinterriß wartet der links gelegene türkisblaue Sylvensteinsee, ein Stausee. Links ab steht die zweite, nun 13 Kilometer lange Mautstraße bevor, zugelassen für Fahrzeuge bis zu vier Tonnen. Das traumhafte **Obere Isartal** im Naturschutzgebiet Karwendel und Karwendelvorgebirge zwischen Vorderriß und Wallgau begeistert Fans wilder, ursprünglicher Natur. Größere Wohnmobile finden vor der Mautstation einen Parkplatz, Fahrradfahrer sind übrigens von der Maut ausgenommen. Die Mautstation befindet sich hinter der Isarbrücke; wie in allen Naturschutzgebieten besteht auch hier Nachtparkverbot. Das weitläufige Isar-Flussbett, die Kiesbänke und das klare Wasser faszinieren. Zehn Parkbuchten ent-

**Natur pur: das Isartal**

lang der schmalen Straße bieten Gelegenheit zum Schauen und Fotografieren. Nach der Mautstrecken-Ausfahrt nahe Wallgau gibt es für Golfspieler übrigens einen spektakulären Abschlag mit grandiosem Bergblick.

Wohnmobilisten mit schwererem Gefährt sei gesagt: Am Ende des Staudamms führt der Abzweig der B 13 in Richtung Bad Tölz und damit erneut den Originalverlauf der Deutschen Alpenstraße entlang. Bei Kochel am See heißt es dann abbiegen nach Schlehdorf.

## HISTORISCHES FÜR ENTDECKER

Entlang der B 11 folgen nun für die Isartal-Befahrer der geheimnisumwobene **Walchen-** und der deutlich kleinere, aber ebenso idyllische **Kochelsee**. In Schlehdorf wartet der Abzweig zum sehenswerten Freilichtmuseum Glentleiten. Im oberen Teil des Parkplatzes ist das Übernachten für Wohnmobile erlaubt. Beim Abendspaziergang lässt sich wunderbar von der nahe gelegenen Kreuz-Alm der Panoramablick ins Tal und auf den Kochelsee genießen.

Wie war das früher denn so? Wer sich für diese Fragen interessiert, ist im größten Freilichtmuseum Südbayerns gut aufgehoben. Auf dem 38 Hektar großen Gelände konnten 60 historische Gebäude inklusive Originaleinrichtung durch nachhaltigen Wiederaufbau erhalten werden. In täglichen Vorführungen lebt traditionelles Handwerk wieder auf, alte Tierrassen, hübsche Gärten, Führungen und Aktivprogramme runden das Angebot ab.

## BERGLUFT SCHNUPPERN AUF FAST 3000 METERN

Das Zugspitzmassiv im Blick, steht der nächste Tag voll und ganz im Zeichen des höchsten Bergs Deutschlands – der berühmten Zugspitze (2962 m). **Garmisch-Partenkirchen** und das Zugspitzland sind wunderbar vielfältig und abwechslungsreich, und das im Sommer wie im Winter. Für jeden ist etwas geboten: sei es die Wankbahn mit direkt angrenzendem Wohnmobilstellplatz an der Talstation oder die beeindruckende Fahrt mit der neuen Seilbahn der Zugspitzbahn hoch hinauf zum Gipfel.

Eine Spazierrunde um den **Eibsee** beinhaltet das Entdecken der alten Bobbahn und hält die Kraft des Waldes parat. Ja, der im Raum stehende Vorwurf ist berechtigt: Diese Region hätte mindestens eine ganze

**AUSFLUG**

**WINTERTIPP ZUGSPITZREGION**

Wintercamping im Wohnmobil, gekrönt mit Skifahren, sonnenverwöhnten Winterwanderungen und oftmals sogar mit dem direkten Einstieg vom Stellplatz in die gespurten Langlaufloipen, erfreut sich immer größerer Beliebtheit. Die Zugspitze hat noch ein besonderes Schmankerl auf dem Angebotszettel: eine Nacht im Iglu, hoch oben auf dem Zugspitzgletscher. Zwischen Silvester und Ostern steht das Igludorf mit Außen-Whirlpool und Sauna bereit. Dieses geradezu berauschende, einzigartige Erlebnis einer sternenklaren, knackig kalten Nacht auf knapp 3000 Meter Höhe wird zur unvergesslichen Erinnerung, versprochen! Expeditionsschlafsäcke sorgen für Wärme im ein bis vier Grad kühlen bzw. gemessen an der Außentemperatur warmen Iglu-Inneren (www.iglu-dorf.com/de/standorte/zugspitze).

Unten: Gleitschirmflieger am Wank

Klosteranlage Ettal

Rechte Seite links: Schloss Hohenschwangau von oben

Urlaubswoche verdient! Wer also noch Reisezeit übrig hat, sollte diese individuell an einem der vielen herrlichen Fleckchen dieser Umgebung nutzen.

## BAROCKE ARCHITEKTUR, RELIGION UND KOMMERZ

Auf uns wartet die nächste Etappe und wir kehren zurück aus schwindelerregenden Höhen der Zugspitzregion auf den Boden der Tatsachen oder besser: in die Region **Oberammergau** mit ihrem beeindruckenden Benediktinerkloster **Ettal** aus dem Jahr 1330. Hier gehen Religion und bildschöne Architektur, Bildung sowie wirtschaftliches Denken und Handeln Hand in Hand. Zur weltweiten Berühmtheit gelangt, ist die beeindruckende Basilika der großzügigen Klosteranlage lediglich ein Teil im Gesamtkunstwerk, bestehend aus Internat und Gymnasium, Hotellerie, Brauerei, Likörrmanufaktur und Schaukäserei. Entsprechend groß ist die Parkplatzanzahl rund um das Gelände. Führungen werden täglich, außer an kirchlichen Festen, angeboten.

Die B 23 beschert den Reisenden auch weiterhin kurvenreiche Bergstraßen; es folgt der Übergang vom Naturpark Ammertaler Alpen zum Ettaler Sattel und auch der Wegweiser zu Schloss Linderhof (1870–1886). Wer alle vier Ludwigsschlösser dieser Route besuchen möchte, sollte diesen Abzweig nutzen und das kleinste der vier Königsschlösser samt Venusgrotte unbedingt anschauen.

**KULTUR**

### WIESKIRCHE

Zwischen Steingaden und Trauchgau auf der B 17 ist die Anfahrt zur UNESCO Welterbestätte Wieskirche ausgeschildert. Die Wallfahrtskirche »Zum gegeißelten Heiland« gilt als Juwel der Rokokozeit und lockt täglich zahlreiche Besucher aus dem In- und Ausland an, erkennbar auch am großen Parkplatz. Das umliegende Wanderparadies Heilige Landschaft Pfaffenwinkel lädt zum Entdecken ein, hier kreuzen zudem überregionale Wege wie der Jakobsweg und die Via Romea.

## »SIE HABEN IHR ZIEL ERREICHT«

»Vom Königssee zum Königsschloss«, so nannten wir unsere Route – ein paar letzte Kilometer noch von Steingaden auf der

B 17 und im Anschluss in **Schwangau** links ab, dann ist die Mission erfüllt. Gibt es einen Superlativ des Superlativs? Das romantische **Schloss Neuschwanstein** würde ihn verdienen: mystisch und unvollendet, Synonym für Märchenschloss schlechthin, zudem Sehnsuchtsziel von Besuchern aus aller Welt. König Ludwig II. hat sich mit vielen Prachtbauten verewigt, die alle entlang dieser Tour besucht werden konnten. Aber nirgendwo hat der »Kini« (bayerisch für »König«) so viel Eindruck hinterlassen. Fast schon möchte man das benachbarte Königsschloss Hohenschwangau in den Arm nehmen und trösten.

## PÖLLATSCHLUCHT UND MARIENBRÜCKE

Wer sich nicht in das allgemeine Getümmel stürzen mag und einen reizvolleren, ruhigeren Weg sucht, diesen Besuchermagneten, das berühmte Traumschloss, für sich zu entdecken, dem ist der Weg über die Pöllachschlucht empfohlen. Allerdings ist er nur für Wanderer mit guter Kondition geeignet. Der Aufstieg erfolgt durch die wildromantische Schlucht hoch zur Marienbrücke, die eine fantastische Sicht auf das Schloss, den Forggensee und den Wasserfall ermöglicht. Nach der Schlossbesichtigung wandert man weiter zur Bergstation der Tegelbergbahn. Bei der entspannten Talfahrt heißt es dann, sich den besten Fotoplatz zu sichern. Ein Tipp: Vorher nachfragen, ob die Schlucht geöffnet ist, der Einstieg ist bei der Gipsmühle.

## DIE KÖNIGSRUNDE

Und zum Abschluss noch ein ganz besonderer Tipp: Die bequeme Art, den 1881 Meter hohen **Tegelberg** direkt bei den Königsschlössern zu erklimmen, ist die Fahrt mit der gleichnamigen Kabinenbergbahn. Der »Königsrunde« genannte Rundwanderweg bietet genussorientierten Spaziergängern einen leicht begehbaren Panoramahöhenweg, der sich durch traumhafte Ausblicke auszeichnet und am Ende eine Einkehr ins Gipfelrestaurant geradezu herausfordert. Beeindruckend ist hier oben sicherlich auch, den Gleitschirm- und Drachenfliegern beim Start zuzusehen. Oder wie wäre es mit einem Tandemflug? Dann kämen zu einer beeindruckenden Wohnmobiltour noch unbeschreibliche Glücksgefühle hinzu!

**Kochel am See**
9 km
**Glentleiten**
*Freilichtmuseum,*
*Ohlstadt*
31 km
**Garmisch-Partenkirchen**
*Wankbahn,* B2
*Eibsee,* B23
*Zugspitze,*
*Oberau*
15 km
**Ettal**
*Benediktinerabtei,*
*Schloss Linderhof,* B23
*Unterammergau,*
*Ammerschlucht,*
*Steingadener Straße*
30 km
**Steingaden**
*Wieskirche,*
*Trauchgau,* B17
*Bannwaldsee*
40 km
**Schwangau**
*Schloßstraße,*
*Schwangauer Straße,*
*Tegelberg,*
*Hohenschwangau,*
*Schloss Neuschwanstein*
**Ziel**

**Beste Perspektiven auf Neuschwanstein gewährt die Fahrt auf der Colomanstraße Richtung Hohenschwangau.**

# PRAKTISCHE HINWEISE

## TOURISTENINFORMATIONEN

**Tourist-Information Königssee**
Seestr. 3, 83471 Schönau am Königssee,
Tel. +49 8652 655980, www.koenigssee.de

**Tourist Information Reit im Winkl**
Dorfstr. 38, 83242 Reit im Winkl,
Tel. +49 8640 80020,
www.reitimwinkl.de

**Tourist-Info Bernau am Chiemsee**
Aschauer Str. 10, 83233 Bernau
am Chiemsee, Tel. +49 8051 98680,
www.bernau-am-chiemsee.de

**Gäste-Information Schliersee**
Perfallstr. 4, 83727 Schliersee,
Tel. +49 8026 60650, www.schliersee.de

**Tourist-Information Tegernsee**
Hauptstr. 2, 83684 Tegernsee,
Tel. +49 8022 9273860,
www.tegernsee.com

**Tourist Information Garmisch-Partenkirchen**
Richard-Strauss-Platz 2,
82467 Garmisch-Partenkirchen,
Tel. +49 8821 180700, www.gapa.de

**Tourist-Information Ettal** (für Kloster Ettal)
Ammergauer Str. 8, 82488 Ettal,
Tel. +49 8822 923634,
www.ammergauer-alpen.de

**Tourist Information Schwangau**
Münchener Str. 2, 87645 Schwangau,
Tel. +49 8362 81980, www.schwangau.de

**Tourist Information Füssen**
Kaiser-Maximilian-Platz 1, 87629 Füssen,
Tel. +49 8362 93850, www.fuessen.de

Radtankstelle am Chiemsee

### STELLPLÄTZE UND CAMPINGPLÄTZE

S 8.1 **Reisemobilstellplatz Berchtesgaden-Oberau** (S. 286/C6)
Renothenweg 15, 83471 Berchtesgaden-Oberau, Tel. +49 8652 3161, www.reisemobilstellplaetze-berchtesgaden.de
GPS-Daten: 47.651667, 13.070278
Gebührenpflichtiger Stellplatz für ca. 30 Wohnmobile auf Schotter; V/E, Strom, WC; geöffnet von Ostern bis Ende November; in ruhiger Randlage auf einem Plateau oberhalb des Ortsteils Oberau; sehr schöner Panoramablick in erster Reihe auf Berchtesgaden und die Berge; ca. sieben Kilometer vom Zentrum Berchtesgaden entfernt.

S/C 8.2 **Reisemobilstellplatz Camping-Resort Allweglehen** (S. 286/C6) Allweggasse 4, 83471 Berchtesgaden, Tel. +49 8652 2396, www.allweglehen.de
GPS-Daten: 47.648333, 13.039722
Gebührenpflichtiger, ganzjährig geöffneter Platz für 14 Wohnmobile auf geschottertem Untergrund; V/E und Strom am Platz, weitere Einrichtungen des 5-Sterne-Campingplatzes nutzbar; in ruhiger Lage unterhalb des 100 Meter entfernten Campingplatzes gelegen; Liebhaber des freien Blicks auf den Watzmann wählen gleich einen Panoramaplatz auf dem Terrassen-Campingplatz.

S 8.3 **Wohnmobilpark Reit im Winkl** (S. 286/B5) Am Waldbahnhof 7, 83242 Reit im Winkl, Tel. +49 8640 98210, www.wohnmobilpark-reitimwinkl.com
GPS-Daten: 47.670833, 12.483889
Gebührenpflichtiger, natürlicher und stark renovierungsbedürftiger Groß-Stellplatz für ca. 250 Wohnmobile auf Rasen; V/E, Strom; geöffnet Mitte Dezember bis Ende März und Mitte Mai bis Mitte Oktober; im Ortsteil Groissenbach entlang des Bachlaufs der Lofer gelegen, zu Fuß 20 Minuten nach Reit im Winkl; Supermarkt und Shuttle-Busstation zu umliegenden Sommer- und Winterattraktionen in direkter Nähe.

S 8.4 **Wohnmobilstellpark am Tenniszentrum** (S. 286/B5)
Buchenstr. 17, 83233 Bernau am Chiemsee, Tel. +49 8051 8822, www.tenniszentrum-bernau.de
GPS-Daten: 47.809722, 12.383333
Gebührenpflichtiger, ganzjährig geöffneter und schön angelegter Stellplatz für 30 Wohnmobile auf Schotteruntergrund; komplette Infrastruktur; in Ortsrandlage auf einem Freizeitgelände mit Tennis-, Squash- und Kletterhalle sowie Gastronomie gelegen; in fußläufiger Nähe zum Ortskern und ca. drei Kilometer zum Chiemseepark Felden, gute Ausgangslage für Chiemsee-Fahrradtouren.

**Stellplatz mit Weitblick in Oberau**

S 8.5 **Wohnmobilstellplatz am Seeberg** (S. 286/A5) Seebergstr., 83735 Bayrischzell, Tel. +49 8023 648, www.bayrischzell.de
GPS-Daten: 47.671944, 12.010000
Gebührenpflichtiger, ganzjährig geöffneter Stellplatz für ca. zehn Wohnmobile auf Schotter; V/E, Strom; in ruhiger Lage am Ortsrand und einem Sportplatz gelegen, Ortskern zu Fuß erreichbar; gut nutzbar als Ausgangspunkt für Wanderungen und Skilanglauf.

Wanderparkplatz Klamm an der Weißach

**S 8.6 Wohnmobilstellplatz Schliersee** (S. 286/A5) Schönauer Str., 83727 Schliersee, Tel. +49 8026 60650, www.schliersee.de
GPS-Daten: 47.736944, 11.862222
Gebührenfreier, ganzjährig nutzbarer, pflegebedürftiger Stellplatz für ca. vier Wohnmobile auf befestigtem Untergrund; keine Infrastruktur; schräg gegenüber von einem kleinen Pkw-Parkplatz und auf einem Wirtschaftshof gelegen; Gastronomie in unmittelbarer Nähe; primär geeignet nur für Ortsbesichtigung bzw. Spaziergang in Schliersee.

**C 8.7 Campingplatz Wallberg am Tegernsee** (S. 285/H5)
Rainerweg 10, 83700 Weißach am Tegernsee, Tel. +49 8022 5371, www.campingplatz-wallberg.de
GPS-Daten: 47.689167, 11.750556
Gebührenpflichtiger, ganzjährig geöffneter Campingplatz mit 250 Stellplätzen (davon 100 Dauercamper) auf Rasen/befestigtem Untergrund; komplette Infrastruktur mit Camping-Gastronomie; gute Ausgangslage für sämtliche Aktivitäten im Tegernseer Tal; Gehdistanz nach Rottach-Egern zwei Kilometer, Tegernsee vier, Bad Wiessee fünf Kilometer.

**S 8.8 Parkplatz Klamm** (S. 285/H6)
B 307 Wildbad Kreuth-Glashütte, Tel. +49 8029 9979081, www.tegernsee.com
GPS-Daten: 47.622222, 11.713333
Gebührenpflichtige, ganzjährig nutzbare Parkplätze beidseits der B 307 mit separatem Übernachtungstarif für Wohnmobile auf befestigtem Untergrund/Schotter; keine Infrastruktur; in Fahrtrichtung Glashütte auf der linken Parkplatzseite WC-Haus mit Umkleide; guter Ausgangspunkt für Einstieg in die Rad- und Wanderwege.

**S 8.9 Parkplatz am Freilichtmuseum Glentleiten** (S. 285/G6)
An der Glentleiten 4, 82439 Großweil, Tel. +49 8851 1850, www.glentleiten.de
GPS-Daten: 47.665000, 11.285000
Gebührenfreier, ganzjährig nutzbarer, ruhiger Übernachtungsparkplatz für ca. 20 Wohnmobile auf Schotter/Rasen; keine Infrastruktur; im hinteren, unebenen Bereich des Pkw-Parkplatzes Freilichtmuseum gelegen; 200 Meter entfernt werden im Alpengasthof Kreut-Alm gebührenpflichtige Wohnmobilstellplätze inklusive Strom auf Gästeparkplatz angeboten (www.kreutalm.de).

**S 8.10 Reisemobilstellplatz Alpencamp** (S. 285/G6) Wankbahnstr. 2, 82467 Garmisch-Partenkirchen, Tel. +49 8821 9677805, www.alpencamp-gap.de
GPS-Daten: 47.505556, 11.107500
Gebührenpflichtiger, ganzjährig geöffneter und nachgefragter Groß-Stellplatz für 110 Wohnmobile auf Asphalt; komplette Infrastruktur; Öffnungszeiten für Anmeldung und Bezahlung optimierbar; direkt an der Wankbahn-Talstation gelegen, mit schönem Blick auf die Umgebung inklusive Zugspitze; ideale Ausgangsbasis für Aktivitäten zu allen Jahreszeiten; kostenloser Gäste-Shuttlebus zum Ortszentrum, Wellenbad und in die Skigebiete.

**S 8.11** **Wohnmobilhafen Zugspitzblick** (S. 285/G6) Griesener Str. 2, 82491 Grainau, Tel. +49 8821 9439113, www.pure-camping.de
GPS-Daten: 47.480000, 11.055556
Gebührenpflichtiger, ganzjährig geöffneter Stellplatz für 80 Wohnmobile auf Schotter; komplette Infrastruktur; Teil des Campingareals »Erlebnis Zugspitze« mit Schwesteranlage auf der anderen Straßenseite; zwischen den Ortsteilen Breitenau und Schmölz gelegen; wunderschöner Blick auf das Zugspitzmassiv mit begleitender Bundesstraßen-Geräuschkulisse; gute Lage für Touren nach Garmisch-Partenkirchen und zur Zugspitze, ÖPNV-Anschluss in direkter Nähe.

**S/C 8.12** **Wohnmobilpark Camping Bannwaldsee** (S. 285/F6) Münchener Str. 151, 87645 Schwangau, Tel. +49 8362 93000, www.camping-bannwaldsee.de
GPS-Daten: 47.591667, 10.773056
Gebührenpflichtiger, ganzjährig geöffneter Stellplatz für 24 Wohnmobile auf befestigtem Untergrund; komplette Infrastruktur, teilweise via Campingplatz; Stellplatz liegt vor dem Campingplatz direkt an der B 17; freier Zugang zum Campingplatz und Badestrand des Bannwaldsees; Gastronomieangebot und Busanbindung am Platz.

**C 8.13** **Camping Brunnen am Forggensee** (S. 285/F6) Seestr. 81, 87645 Schwangau-Brunnen, Tel. +49 8362 8273, www.camping-brunnen.de
GPS-Daten: 47.505556, 11.107500
Gebührenpflichtiger, ganzjährig geöffneter und nachgefragter Campingplatz mit 300 Stellplätzen (in vier verschiedenen Kategorien) auf Schotterrasen; komplette Infrastruktur mit Wellnessanlage; idyllisch auf einer Halbinsel am Forggensee gelegen (voll aufgestaut Juni bis Oktober), mit schönem Blick auf Schloss Neuschwanstein, Tegelberg und Säuling; gute Ausgangslage für sämtliche Besichtigungen im Königswinkel.

**S 8.14** **Wohnmobilplatz Camper's Stop** (S. 285/F6) Abt-Hafner-Str. 9, 87629 Füssen, Tel. +49 8362 940104, www.wohnmobilplatz-fuessen.de
GPS-Daten: 47.582222, 10.700833
Gebührenpflichtiger, ganzjährig geöffneter und kompakter Stellplatz für 91 Wohnmobile auf Schotter; komplette Infrastruktur; am Ortsrand Füssens in einem Gewerbegebiet mit Supermärkten und nahe an der Umgehungsstraße B 310 gelegen; ÖPNV-Anschluss, ca. 30 Gehminuten bis ins Stadtzentrum und zum Hohen Schloss.

Alternative: Wohnmobilstellplatz am Sportstudio Füssen, Abt-Hafner-Str. 2 (ca. 200 m Richtung Stadt entfernt), Stellplätze für 33 Wohnmobile, Anmeldung und Bezahlung im Sportstudio, www.wohnmobilstellplatz-fuessen.de.

**Parkplatz am Freilichtmuseum Glentleiten**

# 9 NATUR, GENUSS UND DIE SAAR

## Auf Entdeckertour im grünen Saarland

Die wechselhafte Geschichte zwischen Frankreich und Deutschland prägt das kleine deutsche Bundesland und französische Einflüsse sind in der Sprache, dem Essen und der Lebensart deutlich. Kulinarisch bietet das Saarland einiges, es ist bekannt für seine hervorragende Küche. Passend dazu gibt es die Wanderwegekennzeichnung der Kochmütze; die »Tafeltouren« verbinden das Wandern mit dem Schlemmen. Berühmte Baumeister wie Stengel und Vauban hinterließen ihre architektonischen Spuren in Saarbrücken und Saarlouis und mit der Völklinger Hütte besitzt das Saarland heute ein Weltkulturerbe. Abgerundet wird die Tour durch beliebte Ausflugsziele an der Saarschleife und den Besuch Saarburgs.

Beeindruckender Panoramablick auf die Saarschleife

## ROUTE 9

**START- UND ENDPUNKT**
Homburg und Saarburg

**STRECKENLÄNGE**
**138 KILOMETER**

**FAHRZEIT**
7 bis 10 Tage

Oben: Ruine der Festung Homburg, bereit für einen historischen Rundgang

Mit dem Abzweig Homburg auf der A 6 ist der Startpunkt dieser genussvollen Reise erreicht. Erkundet wird ein noch wenig entdeckter Landstrich, der viel Natur und Geschichte bietet. Denn das Saarland mit knapp einer Million Einwohnern lädt zum entspannten Wohnmobilreisen geradezu ein, sind die Ziele doch recht nah beieinander.

### DIE SCHLOSSBERGHÖHLEN HOMBURGS

Zugegeben, 15 Prozent Steigung sind schon eine Hausnummer. Doch danach begrüßt die Ruine von Burg, Schloss und Festung Homburg und lädt alle Interessierten zu einem historischen Rundgang durch die Jahrhunderte. Von der Ruine geht es über

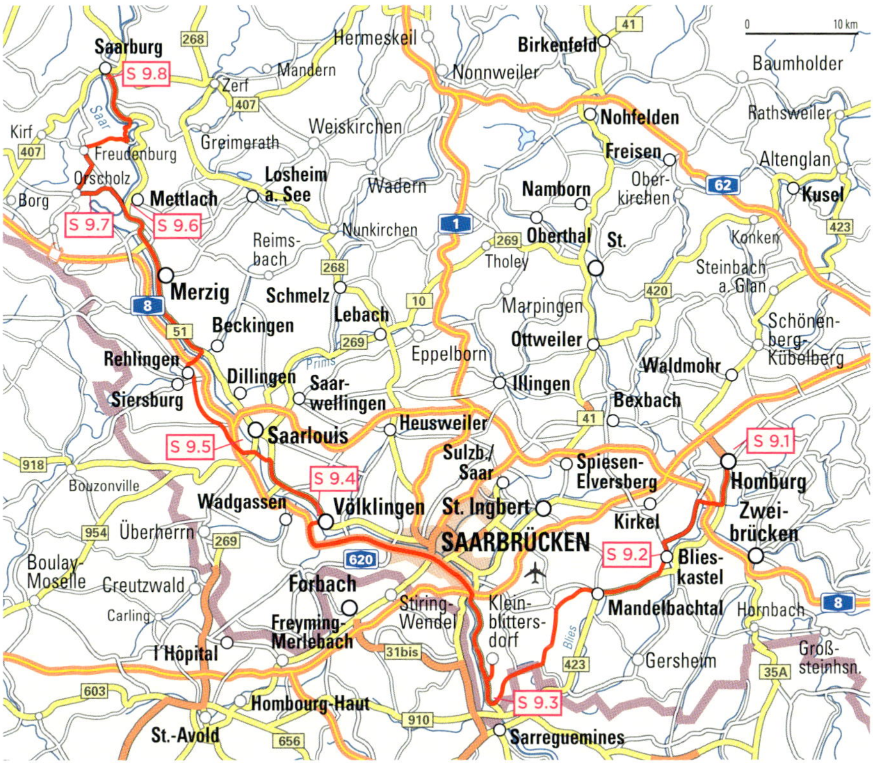

Willkommen in Blieskastel; unten: Ausschilderung Wanderwege

Treppen hinunter zum Eingang der beeindruckenden, großen Buntsandsteinhöhle, den Schlossberghöhlen Homburg. Von Menschenhand geschaffen, gewann man im 17. Jahrhundert hier Sand für die Glasherstellung sowie Formsand für den Eisenguss. Nach aufwendiger Sanierung sind die Höhlen für Einzelpersonen und Besuchergruppen geöffnet.

## AUSFLUG

### WANDERN UND NOCHMALS WANDERN

Ausblicke, Weitblicke, Wanderwege und Pfade, vorbei an Wiesen, Wald und Wasser, über Hügel und durch Täler – das Saarland ist reich an wunderbarer Natur, beeindruckenden, lieblichen Landschaften und hervorragenden Einkehrmöglichkeiten. Die Auswahl ist groß: Ob nun der Saar-Hunsrück-Steig, Wandern mit Premiumqualität oder lieber die Saarland Tafeltouren, selbst auf den Wegen der Jakobspilger können Wanderfreunde unterwegs sein. Unterschiedliche Tourenlängen sowie Schwierigkeitsgrade machen das Wandern spannend und abwechslungsreich für Anfänger und Familien bis hin zum Profi. Mehr dazu auf www.wandern.saarland.de.

## ENTDECKEN UND STAUNEN

Der Barockstraße folgend, steht die Weiterfahrt ganz im Zeichen von Biotopen, purer Natur und dem lieblich anmutenden Biosphärenreservat Bliesgau. Wald und Wiesen satt – bis hin zur Barockstadt **Blieskastel**, die mit dem sehenswerten Paradeplatz sowie der Schlosskirche samt Orangerie und

Barockgarten aufwartet. Übrigens: An unterschiedlichen Kräutern in den stadteigenen Blumenkästen zu schnuppern ist während der Spazierrunde sehr empfehlenswert. Das Wohnmobil parkt während der Erkundung bequem auf dem großen Parkplatz nahe der Touristeninformation. Mancher schwingt sich vielleicht direkt vom Parkplatz aufs Fahrrad und steigt ein in Bliesgau- oder Saarland-Radweg, Velo-visavis- oder Glan-Blies-Radweg. Der etwas außerhalb liegende Stellplatz am Würzbacher Weiher bietet Spazierwege, eine kleine Freizeitanlage und einen schönen Platz für die Nacht.

## WO DER MANDELBACH FLIESST

Richtung Seelbach geht es nun wieder hinein in die Natur. Gekonnt schlängelt sich die Straße leicht nach oben durch den Wald. Der B 423 folgend, begeistert das liebliche, leicht hügelige **Mandelbachtal** und lädt geradewegs ein zu Spaziergängen oder Fahrradtouren. Je nach gewählter Route führen die Rad- und Wanderwege übrigens schon mal ein Stück auch durch Frankreich; aufgrund der Nähe des Nachbarn nicht verwunderlich.

Wie erwähnt, im Saarland sind kurze Entfernungen garantiert. So empfiehlt sich für eine erholsame Übernachtung der nur wenige Kilometer von Saarbrücken entfernte, großzügige Wohnmobilpark im Saarland Thermen Resort in **Kleinblittersdorf** mit vielen Annehmlichkeiten.

## DIE STADT AN DER SAAR

Der Beschilderung »City« folgend, steht heute die Landeshauptstadt **Saarbrücken** auf dem Programm. Die Handschrift des Baumeisters Stengel ist unverkennbar. Seine Bauwerke wie die innen überwiegend in Weiß gehaltene Ludwigskirche, der Ludwigsplatz und die umliegenden Palais- und

**Links: Rathaus St. Johann in Saarbrücken mit täglichem Glockenspiel; rechts: Auch Fahrradfahren macht im Saarland Spaß.**

Und innen ganz in weiß! Die Ludwigkirche Saarbrücken; unten: Weltkulturerbe Völklinger Hütte

Beamtenhäuser bilden ein bezauberndes wie einzigartiges Barockensemble, das 1775 fertiggestellt wurde. Sie prägen gemeinsam mit dem Saarbrücker Schloss und der Schlossmauer das historische Stadtbild Saarbrückens.

Da alles gut zu Fuß zu entdecken ist, geht es über die Alte Brücke zur anderen Saarseite in die Fußgängerzone. Gerne treffen sich die Bürger am rührigen Platz St. Johanner Markt.

Einmal im Monat bietet der herrliche Bauernmarkt regionale und Bio-Produkte, aber auch die Wochenmärkte sind sehr beliebt. Für alle, die abseits der eigenen Wohnmobilküche kulinarisch verwöhnt werden möchten, hat Saarbrücken von der Sterne-Küche bis zur typisch saarländischen Lyonerpfanne und gefüllten Klößen viel Leckeres zu bieten. Denn ein gutes Essen, bevorzugt in geselliger Runde, gehört für einen Saarländer zu einem positiven Lebensgefühl selbstverständlich dazu. Oder sollte man hier bereits die Nähe zu Frankreich spüren? Fragt man übrigens einen echten Saarbrücker, wird er die Liebe zu seiner Stadt leidenschaftlich erklären und ebenso freundlich behilflich sein. Ein Tipp für alle Fahrrad-Fans: Ab hier kann durchgehend bis ans Deutsche Eck in Koblenz mit dem Rad gefahren werden.

## INDUSTRIEDENKMAL VÖLKLINGER HÜTTE

Normalerweise führt die B 51 zum nächsten Ziel. Schneller, kürzer und vor allem komfortabler ist es jedoch, von Saarbrücken an der Saar entlang über die Stadtautobahn A 620 Richtung Völklinger Hütte zu fahren. Vom Wohnmobil direkt ins UNESCO Weltkultur-

Links: Saarschleife vom Baumwipfelpfad; rechts: Die Vauban-Insel, benannt nach dem berühmten Baumeister der Stadt Saarlouis

erbe, das ist hier möglich. Flache Schuhe sind ratsam, geht es bei der Besichtigungstour rund 7000 Meter kreuz und quer, treppauf- und treppab sowie über Rampen durch die alten Anlagen. Sonderausstellungen beleben zusätzlich die Szenerie. Wer sich traut, schnappt sich einen Helm und steigt 45 Meter nach oben auf die sensationelle Aussichtsplattform der Gichtbühne. Fotofreunde haben ihre helle Freude an den ständig wechselnden Motiven.

Der ausgeschilderte Parkplatz bietet Wohnmobilisten separat ausgewiesene Stellplätze, auf denen tagsüber das Parken, nachts die Übernachtung erlaubt ist. So ist die direkte Erholung von den Laufstrapazen möglich und der Blick in der Abenddämmerung auf die beeindruckende Kulisse des Industriedenkmals gleich noch inklusive.

## DIE HEIMLICHE HAUPTSTADT

Man ahnt es bereits – und ja, es stimmt. Frankreichs Sonnenkönig war der Namensgeber der Festungsstadt **Saarlouis** und so ist ein Besuch der »heimlichen Hauptstadt« geradezu ein Muss. Auf den letzten Kilometern vor Saarlouis trifft die Straße nun wieder auf die Saar, sie begleitet die Wohnmobilisten bis zur Abfahrt und den braunen Altstadt-Schildern.

1680 gegründet und vom berühmten Baumeister Vauban genial entworfen, sollte Saarlouis die nördliche Verteidigungsbastion des Königreichs Frankreich sein. Das Städtische Museum, die Kasematten oder die freigelegten Festungsanlagen geben beredt Auskunft über diese Zeit. Die belebte und quirlige Altstadt ist kompakt und insbesondere abends ist richtig was los. Wanderfreunde finden hier den Einstieg in die Saarschleife Vauban-Steig, ein 12,5 Kilo-

SPECIAL

### SAARPOLYGON AUF DER BERGEHALDE

Der Bergbau hat im Saarland seine Spuren hinterlassen, unterirdisch wie oberirdisch. Ein Zeugnis dieser Zeit ist die Bergehalde Ensdorf, auf der weithin sichtbar 2016 das Saarpolygon errichtet wurde. Das 30 Meter hohe, begehbare Denkmal aus Stahl erinnert an den saarländischen Steinkohlebergbau und bietet einen hervorragenden Rundblick. Die Halde Ensdorf zählt mit fast 50 Hektar Grundfläche und 150 Meter Höhe zu den größten ihrer Art. Sie ist immer frei zugänglich, unterschiedliche Wanderwege führen nach oben und die Gleitschirmflieger nutzen sie gerne als Startplatz.

meter langer Wanderweg, der Saarlouis mit den Gemeinden Wallerfangen und Überherrn verbindet. Der Wohnmobilstellplatz ist rund 1,2 Kilometer fußläufig vom Großen Markt entfernt.

## SAARLANDS WAHRZEICHEN

Der beeindruckende Panoramablick auf die **Saarschleife**, die wohl als berühmtestes Wahrzeichen des Saarlands gelten darf, lockt zahlreiche Besucher Jahr für Jahr an den Aussichtsfelsen Cloef. Noch atemberaubender ist der Blick vom höchsten Punkt des Baumwipfelpfades. Wanderfreunde kommen auch hier wieder auf ihre Kosten mit der traumhaften Wanderung entlang der »Saarschleife Tafeltour«.

Zuvor wartet im Tal das geradezu legendäre Porzellan von Villeroy & Boch in **Mettlach**. Von Saarlouis kommend, liegt das Stammhaus, das übrigens dem Charme der alten Zeit alle Ehre macht, gleich rechts und lädt ein ins Keramikmuseum und in die Erlebniswelt Tischkultur. Auch ein Blick in den Park lohnt sich, residiert dort doch der WWF-Erdgeist der Expo 2000, umrahmt von einem großflächigen, fünfteiligen Fliesenmosaik. Selbstverständlich ist das Einkaufen im Outlet für viele Wohnmobilisten zu jeder Jahreszeit lieb gewonnenes Pflichtprogramm.

Zwei Wohnmobilstellplätze, einer am Brauhaus in Mettlach und einer nahe der Cloef in **Orscholz** in fußläufiger Lage zum Baumwipfelpfad, stehen mit Übernachtungsplätzen zur Verfügung.

Zwei Wege gibt es von Mettlach bzw. Orscholz weiter nach Saarburg. Der eine führt von Orscholz über eine Hochebene über die Landesgrenze Saarland/Rheinland-Pfalz; in Serpentinen geht es dann wieder hinunter zur Saar. Der andere verläuft von Mettlach auf der B 51.

**Interessantes Museum und Stammhaus Villeroy & Boch in Mettlach**

## SAARBURGER WASSERFALL

Noch an der Saar gelegen und doch schon in Rheinland-Pfalz: Die letzte Station dieser Saar-Entdeckertour ist Saarburg. Langsam und ganz leise tastet sich dort das Wasser der Leuk am sogenannten Buttermarkt an voll besetzten Tischen und Sonnenschirmen vorbei, um dann unverhofft und laut plätschernd 18 Meter in die Tiefe zu stürzen. Der grandiose innerstädtische Wasserfall ist das Ergebnis einer gezielten Bachumleitung im 12. Jahrhundert, um zwei Mühlen in der Unterstadt zu betreiben. Sehenswert und beim Stadtspaziergang zu erklimmen sind auch die Ruinen der Saarburg (10. Jh.). Wer es gemütlicher mag, lässt die Landschaft bei einer Schifffahrt an sich vorbeigleiten. Die ersten Weinberge an der Saar kündigen nun auch die Weinregion Mosel-Saar-Ruwer an.

Der beliebte Reisemobilpark Saarburg liegt etwa 20 Minuten Fußweg von der Stadt entfernt direkt an der Saar. Ab hier heißt es Abschied zu nehmen von der Saar, um mit vielen Erlebnissen und Eindrücken nach Hause zu fahren. Wer noch Zeit hat, lässt die Route vielleicht weitergehen bis zum Zusammenfluss von Saar und Mosel, um in Trier in die Moselroute »Von der Porta Nigra bis zum Deutschen Eck« einzusteigen.

**Saarlouis**
*Festungsanlagen, Wanderweg Vauban-Steig, Wallerfangen, Rehlingen, Merzig* B51
28 km
**Mettlach**
*Villeroy & Boch* L176 L177
7 km
**Orscholz**
*Saarschleife, Baumwipfelpfad, Freudenburg, Hamm* B51
20 km
**Saarburg**
*Wasserfall*
**Ziel**

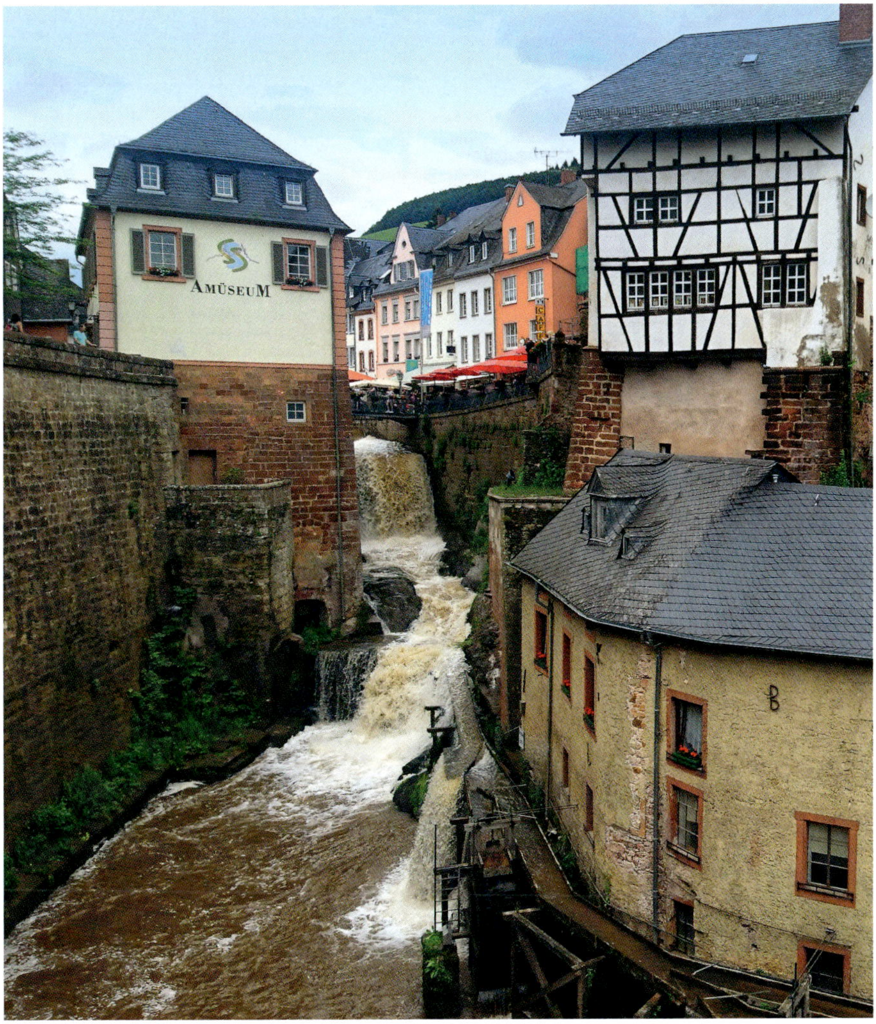


Innerstädtischer Wasserfall in Saarburg

# PRAKTISCHE HINWEISE

### TOURISTENINFORMATIONEN

**Tourist Info Blieskastel**
Luitpoldplatz 5, 66440 Blieskastel, Tel. +49 6842 9261314, www.blieskastel.de

**Tourist Information Saarbrücken**
Rathausplatz 1, 66111 Saarbrücken, Tel. +49 681 95909200, www.saarbruecken.de
Schlossplatz 1–15 (im Saarbrücker Schloss), 66119 Saarbrücken, Tel. +49 681 5066006, www.regionalverband-saarbruecken.de

**Tourist Information Orscholz/Saarschleife**
Tagungs- und Besucherzentrum Cloef-Atrium, 66693 Mettlach-Orscholz, Tel. +49 6865 91150, www.touristinfo-mettlach.de

**Tourist-Info Saarlouis**
Großer Markt 8, 66740 Saarlouis, Tel. +49 6831 444449, www.rendezvous-saarlouis.de

**Tourist-Information Saarburg**
Graf-Siegfried-Str. 32, 54439 Saarburg, Tel. +49 6581 995980, www.saarburg.de

### STELLPLÄTZE

S 9.1 **Stellplatz am KOI Bad** (S. 279/G5) Kaiserslauterer Str. 19 a, 66424 Homburg/Saar, Tel. +49 6841 188770 (KOI Bad), www.koi-homburg.de
GPS-Daten: 49.335833, 7.351111
Vier kostenfreie Stellplätze am Parkplatzrand des »KOI Bad & Sauna« mit Strom- und V/E-Säule.

S 9.2 **Stellplatz am Würzbacher Weiher** (S. 279/F6)
Marxstr., 66440 Blieskastel,

Naturnaher Stellplatz am Würzbacher Weiher

Tel. +49 179 1226046, www.blieskastel.de
GPS-Daten: 49.247222, 7.191667
Zehn am Ortsrand und idyllisch am See gelegene, gebührenpflichtige Stellplätze auf Schotter-/Rasen-Untergrund; Strom und V/E; Biergarten angrenzend; über die Wintermonate geschlossen.

S 9.3 **Wohnmobilpark im Saarland Thermen Resort** (S. 279/F6)
Zum Bergwald 8, 66271 Kleinblittersdorf-Rilchingen, Tel. +49 6805 9418500, www.womopark-saar.de
GPS-Daten: 49.129444, 7.052500
Neuer und ganzjährig geöffneter, großzügig angelegter gebührenpflichtiger Wohnmobilpark mit 61 parzellierten Stellplätzen; komplette Infrastruktur; Saarland-Therme in unmittelbarer Nachbarschaft (nicht mehr in der »Saarland Card« enthalten).

S 9.4 **Wohnmobilstellplatz Völklinger Hütte** (S. 279/F6)
Rathausstr. 75, 66333 Völklingen, Tel. +49 6898 9100100, www.voelklinger-huette.org
GPS-Daten: 49.247500, 6.844722
Zehn ganzjährig nutzbare, gebührenfreie Stellplätze auf dem Großparkplatz der Völklinger Hütte; Strom und V/E vorhanden.

S 9.5 **Wohnmobilstellplatz In den Fliesen** (S. 279/E5)
St. Nazairer Allee, 66740 Saarlouis, Tel. +49 6831 444449, www.rendezvous-saarlouis.de
GPS-Daten: 49.321389, 6.742778
Kostenfreier Parkplatz für ca. 25 Wohnmobile; an der Sporthalle »In den Fliesen« gelegen; keine Infrastruktur; fußläufige Nähe zum historischen Zentrum.

S 9.6 **Stellplatz Mettlacher Abtei-Bräu** (S. 279/E5) Bahnhofstr., 66693 Mettlach, Tel. +49 6865 9115100 (Brauerei), www.touristinfo-mettlach.de
GPS-Daten: 49.498611, 6.595278

**Großzügig angelegt: Wohnmobilpark Saarland Thermen Resort**

Acht kostenpflichtige, ganzjährig geöffnete Stellplätze auf Parkplatz neben der Brauerei; V/E außerhalb der Frostperiode möglich; ca. 500 Meter vom Ortskern entfernt.

S 9.7 **Stellplatz Gesundheitszentrum Saarschleife** (S. 279/E5)
Cloefstr. 1, 66693 Mettlach-Orscholz, Tel. +49 6865 9115100, www.touristinfo-mettlach.de
GPS-Daten: 49.507778, 6.540278
Sechs gebührenpflichtige Stellplätze auf dem Gelände des Gesundheitszentrums (Parkticket an der Schranke ziehen); unbefestigte Stellfläche liegt am erhöhten Ende des Parkplatzes; keine V/E; ideal gelegener Ausgangspunkt für Fußweg zur Saarschleife.

S 9.8 **Reisemobilpark Saarburg** (S. 279/E4) Am Saarufer 18, 54439 Saarburg, Tel. +49 151 15802080, www.reisemobilpark-saarburg.de
GPS-Daten: 49.601667, 6.554444
Kostenpflichtiger, ganzjährig geöffneter, großzügig angelegter Stellplatz für 100 Wohnmobile am Ortsrand; ca. 65 bis 75 Quadratmeter große Parzellen auf Schotterrasen; komplette Infrastruktur; am Saarufer und Radweg gelegen; ca. 20 Gehminuten in den Ortskern.

# 10 DER GRÜNE POTT

## Metropole Ruhr ganz neu

Aus dem ehemals grauen und tristen Ruhrpott ist eine grüne und lebenswerte Landschaft geworden. Das Revier hat sich sehr zum Positiven verändert, ausschlaggebend für den Strukturwandel war die Kohlekrise. Heute verfügt die Metropole Ruhr laut Regionalverband Ruhr über 1245 Kilometer Premiumradwegenetz mit Knotenpunktsystem, 1669 Quadratkilometer landwirtschaftlich genutzte Flächen, 776 Quadratkilometer Wald, 25 Quadratkilometer Halden und 2566 Quadratkilometer Vegetationsflächen. Essen durfte sich 2017 sogar »Grüne Hauptstadt Europas« nennen.

Imposant: Schiffshebewerk Henrichenburg

Diese Wohnmobiltour folgt deshalb einerseits der Route der Industriekultur und zeigt andererseits den neuen Pott in seiner aktiven Vielfältigkeit: Relaxtes Radfahren, Bootsfahrten auf den Kanälen, Entspannen in der Marina, Kanupaddeln, ja selbst Wanderungen auf den Halden, einem Relikt des Steinkohlebergbaus, sind möglich.

Die Städtekonzentration in diesem Ballungsgebiet fordert das Orientierungsvermögen der Reisenden in dem dichten Verkehrswegenetz stark heraus. Deshalb ist dieser als Rundfahrt konzipierte Routenvorschlag bewusst inklusive der Nutzung vorhandener Autobahnen erarbeitet, der Einstieg ist überall möglich.

## SCHLEUSENPARK WALTROP

Der 11. August 1899 sollte in die Geschichte eingehen, als nämlich Kaiser Wilhelm II. das **Schiffshebewerk Henrichenburg** einweihte. Die geniale Technik von damals fasziniert die Museumsbesucher noch immer. Nach Besichtigung der historischen Maschinenhalle führen Treppen hinauf zur Brücke, die

## ROUTE 10

**START- UND ENDPUNKT**
Waltrop und Bergkamen

**STRECKENLÄNGE**
186 Kilometer

**FAHRZEIT**
7 bis 10 Tage

Entlang der Route Industriekultur gibt es viel zu entdecken.

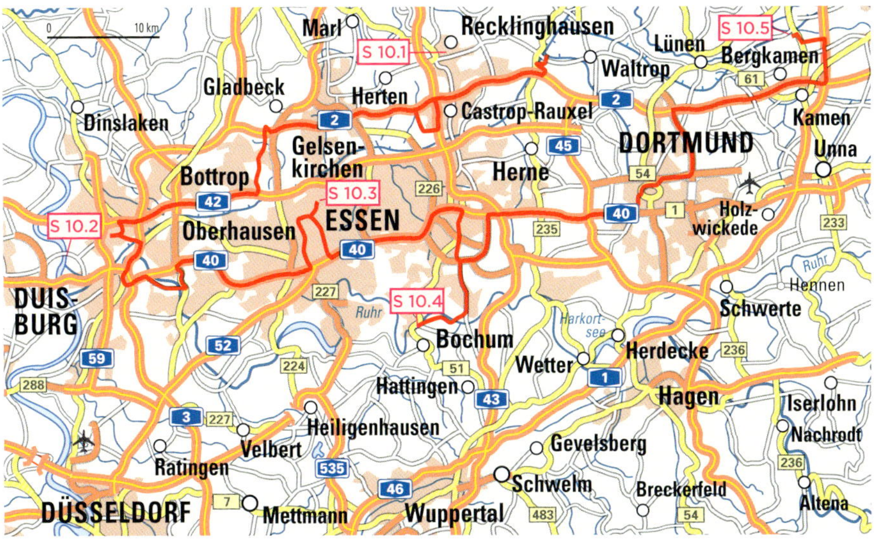

eine hervorragende Sicht über den Dortmund-Ems-Kanal und das Umland bietet. Auch ein historischer Rundwanderweg führt durch den Schleusenpark Waltrop, u. a. an der Einmündung des Rhein-Herne-Kanals vorbei und durch eine unter Denkmalschutz stehende Schachtschleuse. Das Schiffshebewerk ist neben der Henrichshütte Hattingen, die ebenfalls auf dieser Reise besucht wird, einer von acht Orten, die zum Westfälischen Landesmuseum für Industriekultur gehören. Am Kanal führen heute Rad- und Spazierwege sowie beliebte Joggingstrecken entlang.

## IM LANDSCHAFTSPARK HOHEWARD

Beim Abbau der Kohle wurde das mitgeförderte Gesteinsmaterial, das nicht weiter verwendbar war, über Tage auf sogenannten Bergehalden aufgehäuft. Wer hätte vor 30 Jahren beim Anblick der Halden gedacht, dass irgendwann diese Wahrzeichen der Emscherregion von Spazier- und Radwegen durchquert werden würden?

Im Städtedreieck Herten, Recklinghausen und Herne wurde die weithin sichtbare Halde Hoheward gemeinsam mit der Halde Hoppenbruch auf einem 240 Hektar großen Areal zum attraktiven Landschaftspark Hoheward umgestaltet. Erlebnis und Action stehen damit heute im Vordergrund, die durchdachte Landschaftsarchitektur verknüpft Vergangenheit gekonnt mit der Natur. Balkone gewähren Ausblicke, Treppen und Serpentinenwege verbinden und führen nach oben zum einzigartigen 360-Grad-Panoramablick am Freiluftplanetarium beim Horizont-Observatorium.

Vom Parkplatz Herner Str. 198 in **Herten** ist der Einstieg direkt über die Treppen möglich. Radfans wählen von hier aus die Route bis zum Einstieg in den Erlebnisweg Erzbahn, um über 15 Brücken auf 150 Jahren Industriegeschichte der ehemaligen Werksbahntrasse der Erzbahn bis nach Bochum zu fahren. Die Teilstrecke ist Bestandteil des Wegenetzes »Route Industriekultur per Rad«.

Links: Landschaftspark Duisburg-Nord, das stillgelegte Hüttenwerk; rechts: Wassermuseum Aquarius in Mülheim/Ruhr

## AM BESTEN SCHWINDELFREI

Noch mehr Rundumsicht gibt es vom beeindruckenden **Tetraeder in Bottrop**, ein riesiges Konstrukt aus Stahl und 1995 erbaut. Der Einstieg vom Parkplatz in der Beckstraße ist erst einmal überraschend, führen die Spazierwege doch durch einen Wald nach oben. Beim Tetraeder angekommen ist die Sicht dann frei und das ganze Ausmaß des Stahlgiganten wird sichtbar. Schwindelfrei zu sein ist ratsam, wenn man auf den höchsten Aussichtspunkt steigen will, liegt dieser doch 42 Meter über dem Haldengipfel. Fast 400 Stufen führen nach oben. Abends ist das imposante Bauwerk illuminiert und damit weithin sichtbar. In unmittelbarer Nachbarschaft liegt übrigens das alpincenter Bottrop mit Indoor-Skipiste.

## FREIZEITGESTALTUNG SATT

Ebenfalls eine grüne Oase im Pott ist der knapp 180 Hektar große **Landschaftspark Duisburg-Nord**. Beliebt als Ausflugsziel, zum Spazieren und Essengehen, als Fotoshooting-Location, zum Joggen, Radfahren und für den Adrenalinkick im Kletterpark. Den Ruhrpott von oben sehen kann man bestens von der 70 Meter hohen Aussichtsplattform des stillgelegten Hüttenwerks. Bei kostenlosem Eintritt wird hier flaniert und Freitag bis Sonntag begeistern Lichtinstallationen die Besucher. Taucher finden sicherlich Gefallen am Tauchbassin im Gasometer, Fahrradfahrer erfreuen sich allein im Landschaftspark an dem 30 Kilometer langen Grünen Pfad. Und wer sein Bike nicht schon dabeihat: Es gibt zwei Fahrrad-Mietstationen.

Übergreifend verbindet der RuhrtalRadweg schon jetzt auf 240 Kilometern alle Ruhrstädte von Winterberg bis zur Mündung der Ruhr in den Rhein bei Duisburg miteinander. Zukunftsweisend ist das Pilotprojekt »Radschnellweg Ruhr«. Während ein erstes Teilstück zwischen Mülheim an der Ruhr und Essen fertig ist, soll zukünftig das Ruhrgebiet von Duisburg bis nach Hamm, insbesondere für Berufspendler, verbunden sein.

Götz George drehte übrigens im Duisburger Stadtteil Ruhrort als Tatort-Kommissar Horst Schimanski. Für alle, die also auf Schimis Spuren wandeln möchten, wartet ein interessanter Wohnmobilstellplatz im Ruhrorter Jachtklub. Die Sonnenterrasse lädt ein zum Entspannen mit Blick auf schaukelnde Boote. Der Stellplatz liegt dem Binnenschifffahrtsmuseum direkt gegenüber.

## FASZINIERENDE WASSERWELT

Die Location des **Wassermuseums Aquarius** in Mülheim an der Ruhr könnte passender nicht sein. Der 1893 von August Thyssen er-

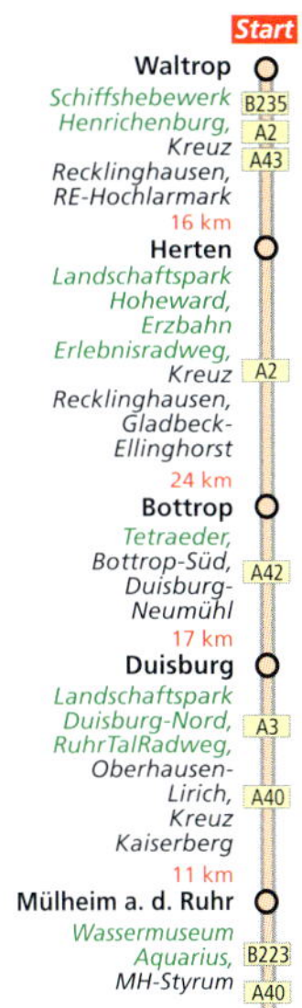


Linke Seite oben: Abendstimmung am Kanal; Mitte: Landschaftspark Hoheward mit dem Bogen des Horizontobservatoriums; unten: Tetraeder Bottrop

Unesco Welterbe Zeche Zollverein in Essen; rechts: Deutsches Bergbaumuseum Bochum

baute Wasserspeicher wurde zum modernen Wissensspeicher. Heute vermitteln über 30 Multimediastationen auf unterschiedlichen Ebenen interessante Informationen rund um die Welt des Wassers. Das Museum animiert zum Mitmachen. Der RuhrtalRadweg führt direkt am Museum vorbei; vielleicht eine Gelegenheit, um von Duisburg mal kurz 18 Kilometer nach Mülheim zu radeln?

## EUROPAS GRÜNE HAUPTSTADT

**Essen** war »Grüne Hauptstadt Europas 2017« und lädt ein in die Natur rund um den Baldeneysee mit der Villa Hügel, dem ehemaligen Wohnhaus der Krupp-Dynastie. Der 27 Kilometer lange Rundweg BaldeneySteig bietet Wanderfeeling mit 1200 Höhenmetern bei An- und Abstieg. Uferwege wechseln sich gekonnt mit Wäldern, Feldern und Aussichtspunkten ab.

Mit dem UNESCO Welterbe **Zeche Zollverein** hat Essen natürlich ein hochinteressantes Pfund zu bieten. Dies würdigen jährlich rund 1,5 Millionen Besucher. Die außergewöhnliche Industriearchitektur, kombiniert mit dem Zollverein Park, dem Doppelbock-Fördergerüst, dem Red Dot Design Museum, dem RUHR Visitorcenter mit Ruhr Museum und Denkmalpfad und vielem mehr, lockt tagtäglich mit Information, Action und Geschichte. Neben dem bereits erwähnten RuhrtalRadweg bietet die Zeche Zollverein sogar einen eigenen Rundradweg mit 3,5 Kilometer Länge, auf dem sich die einst größte Steinkohlezeche der Welt bequem auf zwei Rädern entdecken lässt.

Für die Dauer des Besuchs eignet sich der Parkplatz Kokerei/Busse, zum Übernachten empfiehlt sich der Wohnmobilstellplatz im Revierpark Nienhausen mit Integrationscafé.

SPECIAL

### ENTERTAINMENT IN DER METROPOLE RUHR

Man nennt es wohl Kult, wenn eine Show auf Rollschuhen, kombiniert mit fetziger Musik, seit 30 Jahren beliebt ist und scharenweise Besucher anlockt. Mit Starlight Express feierte eines der bekanntesten Musicals 2018 Jubiläum am Standort Bochum. Das Stage Metronom Theater am Centro Oberhausen existiert seit 20 Jahren, jedoch mit wechselndem Programm. Entertainment wird im Ruhrgebiet großgeschrieben und es lohnt sich, die Veranstaltungsprogramme individuell zu scannen.

## GRUBENGOLD ADE

Schicht im Schacht: Die Steinkohle hat das Ruhrgebiet groß gemacht, im Dezember

**Links: Das umfangreiche Radwegenetz mit Knotenpunktsystem; rechts: Radweg bei Hattingen**

2018 jedoch schloss in Bottrop die letzte Zeche Deutschlands. Seit 2020 informiert in Bochum das Deutsche Bergbau-Museum mit einem Schaubergwerk, um das Erbe des Bergbaus weiterhin erlebbar zu machen. Bis dahin ist eine abgespeckte Ausstellung im angrenzenden Gebäude zu sehen.

Auch sehr interessant ist ein Besuch des modernen Zeiss Planetariums, wo man alles über die »Orte ohne Wiederkehr«, die schwarzen Löcher, und noch viel mehr Spannendes über das All erfährt.

## ERSTAUNLICHE FACHWERKIDYLLE

Die Altstadt des beschaulichen **Hattingen** zählt an die 150 mittelalterliche Fachwerkhäuser und überrascht mit engen Gassen, v.a. rund um die St.-Georgs-Kirche. Der mittelalterliche Grundriss des Kirchplatzes ist erhalten geblieben, der schiefe Kirchturm in Kombination mit ebenso schiefen Wänden der umliegenden Häuser gleicht einem Malerwinkel. Sehenswert sind zudem das Alte Rathaus von 1576 sowie das Bügeleisenhaus (1611), in dem das Heimatmuseum einen Platz gefunden hat.

Der Stellplatz für Wohnmobile liegt an der Ruhr, somit ist der direkte Einstieg in den Radweg möglich. Alle, die von Industriekultur nicht genug bekommen können, schauen in der benachbarten **Henrichshütte Hattingen** vorbei.

## DER KREIS SCHLIESST SICH

Nicht nur eingefleischte Borussia-Fans kommen in **Dortmund** im 2015 eröffneten Museum des Deutschen Fussballbundes auf ihre Kosten. Als Schatzkammer des Deutschen Fußballs initiiert, bietet das Museum zusätzlich eine 3-D-Kinoshow und die »Hall of Fame« des deutschen Fußballls – täglich außer montags.

Allen Fahrrad- und E-Bike-Freunden sind die unterschiedlichen wie vielfältigen Routen im weit verzweigten Radwegenetz empfohlen. Ein interessanter Ausgangspunkt könnte der Stellplatz an der Marina Rünthe in **Bergkamen** sein, der übrigens auch als erster Stellplatz zu Beginn der Rundreise sehr passend ist. Und so schließt sich der Kreis dieser besonderen Reise durch den vielen noch unbekannten neuen grünen Pott mit einem Einblick, der sicherlich einen Perspektivwechsel ermöglicht und unerwartete Eindrücke von dieser einzigartigen Region fördert.

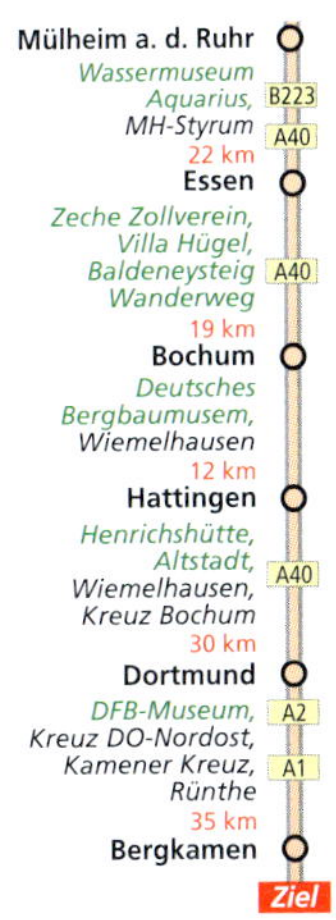

# PRAKTISCHE HINWEISE

## TOURISTENINFORMATIONEN

**Schiffshebewerk Henrichenburg**
Am Hebewerk 26, 45731 Waltrop, Tel. +49 2363 97070, www.lwl.org/industriemuseum/standorte/schiffshebewerk-henrichenburg/besucherinfos

**Besucherzentrum Hoheward**
Werner-Heisenberg-Str. 14, 45699 Herten, Tel. +49 2366 181160, https://hoheward.rvr.ruhr/hoheward/besucherzentrum.html

**Tetraeder Bottrop**
Touristischer Infopoint im WAZ Leserladen, Osterfelder Str. 13, 46236 Bottrop, Tel. +49 800 6060710, https://www.bottrop.de/funcity-freizeit-tourismus/sehenswert/Tetraeder.php

**Tourist Information Duisburg**
Königstr. 86, 47051 Duisburg, Tel. +49 203 285440, www.duisburg.de

**Aquarius Wassermuseum**
Burgstr. 70, 45476 Mülheim an der Ruhr, Tel. +49 208 4433390, www.aquarius-wassermuseum.de

**Ruhr.Visitorcenter Essen / UNESCO-Welterbe Zollverein**
Gelsenkirchener Str. 181, 45309 Essen, Tel. +49 201 246810, www.zollverein.de

**Deutsches Bergbau-Museum Bochum**
Am Bergbaumuseum 28, 44791 Bochum, Tel. +49 234 58770, www.bergbaumuseum.de

**Tourist-Information Hattingen**
Haldenplatz 3, 45525 Hattingen, Tel. +49 2324 951395, www.hattingen.de

**Tourist-Information Dortmund**
Kampstr. 80, 44137 Dortmund, Tel. +49 231 189990, www.dortmund-tourismus.de

Reisemobilstellplatz am Gesundheitspark Nienhausen

## STELLPLÄTZE

S 10.1 **Parkplatz P11 Konrad-Adenauer-Platz** (S. 274/C4)
Konrad-Adenauer-Platz, 45657 Recklinghausen, Tel. +49 2361 505050, www.recklinghausen.de
GPS-Daten: 51.610278, 7.203611
Ganzjährig nutzbarer Stellplatz für offiziell fünf Wohnmobile auf befestigtem Untergrund; keine Infrastruktur; auf einem Pkw-Großparkplatz nahe am Erlbruchpark und Stadtzentrum gelegen; von 16 bis 9 Uhr gebührenfrei; standortbedingte Beeinträchtigungen durch zentrale Lage, Bahngleise und Ringstraße möglich.

S 10.2 **Wohnmobilstellplatz am Ruhrorter Jachtclub** (S. 274/B4)
Am Eisenbahnbassin 42, 47119 Duisburg, Tel. +49 203 82409, www.ruhrorter-yachtclub.de
GPS-Daten: 51.458889, 6.730000
Gebührenpflichtiger, ganzjährig geöffneter Stellplatz für ca. zehn Wohnmobile auf Wiese (vor Klubeinfahrt) und befestigtem Untergrund (auf Klubgelände); Frischwasser, Strom, Dusche/WC; ÖPNV-Anbindung, Einkaufsmöglichkeiten und Museum der Deutschen Binnenschifffahrt in der Nähe; für Anfahrt Deichstraße/Ecke Apostelstraße eingeben.

S 10.3 **Reisemobilstellplatz im Gesundheitspark Nienhausen**
(S. 274/C4) Feldmarkstr. 201, 45883 Gelsenkirchen, Tel. +49 209 95705275, www.nienhausen.de
GPS-Daten: 51.501111, 7.062500
Gebührenpflichtiger, ganzjährig geöffneter Stellplatz für 22 Wohnmobile auf Rasengitter; V/E, Strom; Duschen während der Öffnungszeiten der Kinderburg nutzbar; auf einem separaten Parkplatz im Eingangsbereich eines 32 Hektar großen Freizeit- und Wellnessparks gelegen, mit zahlreichen Vergünstigungen für Freizeitangebote; ÖPNV-Anschluss direkt am Platz; zehn Fahrminuten von Zeche Zollverein entfernt.

S 10.4 **Wohnmobilstellplatz Ruhrtal**
(S.274/C4) Ruhrdeich 24, 45525 Hattingen, Tel. +49 2324 506584, www.wohnmobilstellplatz-ruhrtal.de
GPS-Daten: 51.408333, 7.180833
Gebührenpflichtiger, ganzjährig geöffneter und parzellierter Stellplatz für 18 Wohnmobile auf Schotterrasen; komplette Infrastruktur; ruhig am Ortsrand von Hattingen in einem Gewerbegebiet, an der Ruhr und dem Ruhrtalradweg gelegen; Minigolfanlage inklusive Gastronomie in unmittelbarer Nähe; ÖPNV-Anschluss (S-Bahn) in ca. 15 Gehminuten; die schöne Altstadt und das Industriemuseum Henrichshütte sind zu Fuß erreichbar.

**Freizeit genießen in der Marina Rünthe**

S 10.5 **Wohnmobilhafen Marina Rünthe**
(S. 274/D4) Hafenweg, 59192 Bergkamen, Tel. +49 172 9722575, www.wohnmobilhafen-bergkamen.de
GPS-Daten: 51.641111, 7.643056
Gebührenpflichtiger, ganzjährig geöffneter Stellplatz für 18 Wohnmobile auf Schotterrasen; V/E, Strom, WC, WLAN; am Ortsrand von Rünthe, direkt im Gewerbe-/Marinagebiet (Ausschilderung Westfälisches Sportbootzentrum) und dennoch ruhig gelegen; nahe am Datteln-Hameln-Kanal und dem Naturschutzgebiet Beversee; Gastronomie im Jachthafen.

# 11 WEIN UND PFÄLZER LEBENSART

## Die Deutsche Weinstraße live erleben

Weinliebhaber, Wander- und Radfahrfreunde – sie alle kommen immer wieder gerne zur Deutschen Weinstraße in die Pfalz. Praktisch dabei ist, dass insbesondere für Wohnmobilisten zahlreiche ausgebaute Stellplätze in Städten und Gemeinden, aber auch idyllische Übernachtungsplätze direkt beim Winzer existieren. Ob uriges Kellergewölbe oder moderne Vinothek, die kulinarischen Genüsse gehen weit über Saumagen und Riesling hinaus. Und zwischen den großen Stopps unserer Route liegen immer wieder bezaubernde Weindörfer, hübsche Lauben, lehrreiche Wanderwege sowie Lebensfreude und Genuss – dafür steht die erste und älteste Weinstraße der Welt.

Haus der Deutschen Weinstraße in Bockenheim

Diese Wohnmobiltour bringt Neulingen und gerne auch Kennern die Schönheiten von Bockenheim bis Schweigen und somit der nördlichen wie der südlichen Weinstraße näher. Ein entspannter Spaziergang führt entlang der Saline bis hin zum größten Weinfass der Welt in Bad Dürkheim. Weiter geht‘s zum Elwetritsche-Brunnen in Neustadt, der mit den Nachbildungen des pfälzischen Fabelwesens fasziniert. Das Hambacher Schloss informiert als Ort der deutschen Geschichte. Mit der Seilbahn geht es in Edenkoben hoch hinaus, der beeindruckende Blick in die Rheinebene begeistert.

## SCHLEMMER- UND FEIERMEILE

Von Norden anreisend, lädt das Haus der Deutschen Weinstraße in **Bockenheim** herzlich zu einem ersten Stopp ein. Hier beginnt der nördliche Teil der Deutschen Weinstraße mit ihren ausgezeichneten Weinen, ihren Festen und Märkten, mit Geselligkeit und Gastfreundschaft. Im zweijährigen Turnus ist hier auch Start und Ziel des Weinstraßen-Marathons, einem der landschaftlich schönsten Läufe in Deutschland.

Der große Parkplatz links nach der Tordurchfahrt ist ein offizieller Wohnmobilstellplatz und wunderbarer Ausgangspunkt für den ersten Bummel durch das Weindorf Bockenheim. Ende August feiert man Bockenheimer Weinkerwe, sonntags findet zeitgleich der autofreie Erlebnistag Deutsche Weinstraße statt. Dann tummeln sich bis zu 250 000 Besucher über die gesamte Weinstraße hinweg mit Fahrrad, Inlinern oder auch zu Fuß auf der hergerichteten Wein-, Schlemmer- und Feiermeile. Entspannt zurück geht's dann auch gerne mit der Bahn.

**ROUTE 11**

**START- UND ENDPUNKT**
Bockenheim und Schweigen

**STRECKENLÄNGE**
117 Kilometer

**FAHRZEIT**
7 bis 10 Tage

Und daraus wird der köstliche Weißwein.

## WEIN MIT AUSSICHT

Das Rebenmeer des Leiningerlandes begleitet den Wohnmobilisten nun einige Kilometer entlang der B 271 bis zum Abzweig Asselheim. Von April bis Anfang Oktober hat die Weinwanderhütte in Asselheim samstags, sonn- und feiertags geöffnet. Idyllisch mitten in den Reben hoch über dem Stadtteil **Grünstadt-Asselheim** gelegen, wird die Hüt-

Weinwanderhütte Asselheim bei Grünstadt; unten: Herrliche Lage – Golfgarten Deutsche Weinstraße in Dackenheim

Rechte Seite oben: Der Pfälzer Wald lädt zu jeder Jahreszeit zu einem erholsamen Spaziergang oder zu langen Wanderungen ein. Unten: Mandelblüte im Frühling – ein stets berauschendes Ereignis

te wechselnd von ortsansässigen Winzern bewirtschaftet. Es gibt klassische Pfälzer Gerichte, süffigen Wein und eine beeindruckende Aussicht auf die Rheinebene. Der Fußweg, beginnend nach dem Parkplatz am Sportgelände, führt mit Ausschilderung auf geteertem Untergrund durch die Weinberge hinauf zur Hütte.

Grünstadt gilt übrigens als Mittelzentrum des Leiningerlandes. Ein Spaziergang durch die Fußgängerzone bringt den Besucher zur Touristeninformation im alten Rathaus mit Glockenspiel.

## GOLFEN UMRAHMT VON REBEN

Unter der A 6 hindurch führt die Tour nach **Dackenheim**. Golfbegeisterte – und es gibt sie definitiv unter den Wohnmobilisten – finden hier die wunderschön in die Reben geplante 27-Loch-Anlage Golfgarten Deutsche Weinstraße am sonnigen Haardtrand. Die milde Witterung ermöglicht einen überwiegend ganzjährigen Spielbetrieb. Der Genuss des einzigartigen Panoramablicks von der Restaurantterrasse bis zum Pfälzer Wald ist aber auch Nichtgolfern zu empfehlen.

## SAUMAGEN IM GLAS ODER AUF DEM TELLER

Ein liebreizendes Weindorf reiht sich nun ans nächste, von Herxheim nach Kallstadt und weiter nach Ungstein und Bad Dürkheim. Die Qual der Wahl zur Einkehr und Weinverkostung ist groß, die Verführung wartet sozusagen an jeder Ecke. Alle, die den Saumagen schon immer mal näher kennenlernen wollten, finden in **Kallstadt** eine der besten Anlaufstellen. So gibt es einerseits den Saumagen im Glas, eine der berühmtesten Spitzenweinlagen der Pfalz. Und andererseits liegt er schmackhaft auf dem Teller, gerne mit Sauerkraut und Brot serviert. Gefeiert

wird der Saumagen zudem im September bei der Saumagenkerwe.

Östlich von Kallstadt liegt, eingebettet in Tausende Rebstöcke und Obstbäume, die mittelalterliche Stadt **Freinsheim** mit einer beeindruckenden Stadtmauer und dem barocken Stadtkern. Mit der Rotweinwanderung Ende Januar beginnt rund um Freinsheim bereits die Festsaison, beliebt sind auch das Stadtmauer- und das Altstadtfest.

Die parallel verlaufende Route der L 517 über Weisenheim am Berg, Bobenheim und Leistadt ist landschaftlich ebenso schön. Die Straße schmiegt sich eng an den Pfälzer Wald, das größte zusammenhängende Waldgebiet Deutschlands. Hinweisschilder zu Parkplätzen und gut gekennzeichnete Wander- oder Spazierwege, wie die knapp 15 Kilometer lange Wanderung »Wald, Wein und Ungeheuer«, ausgehend am Parkplatz Krummbachtal bei Bobenheim am Berg, laden ein, diese grüne Lunge der Pfalz ausgiebig zu erkunden. Einige in den Wanderkarten verzeichnete Waldgaststätten oder Pfälzerwaldhütten bieten insbesondere am Wochenende Brotzeiten und kleine Gerichte, die aktuellen Öffnungszeiten und -tage können vorab im Internet abgerufen werden. Selbst Mountainbiker und Nordic-Walking-Fans finden ihre Route in natürlicher Umgebung. Der

SPECIAL

### EIN ROSA BLÜTENMEER

Die Mandelblüte begeistert mit Millionen rosa Blüten, die die Straßenränder zieren. In der Pfalz lebt und liebt man den so zeitig ankommenden Frühling; die ersten wärmenden Sonnenstrahlen glänzen mit blühenden Krokussen, Narzissen und den Mandelblüten um die Wette. Das Gimmeldingener Mandelblütenfest wird oftmals bereits im März als Deutschlands erstes Weinfest gefeiert, dann, wenn alle 1500 Mandelbäume blühen. Und der Wanderweg Pfälzer Mandelpfad folgt der Blütenpracht auf 77 Kilometern von Bad Dürkheim nach Schweigen. Zusätzlich werden im März und April Burgen und Schlösser in rosa Licht getaucht.

Saline in Bad Dürkheim

Rechte Seite oben: Ein Blick in die Produktion – Im Weinkeller reifen die köstlichen Tropfen; unten: Das größte Weinfest der Welt

hohe Erholungswert und die authentische Urkraft des Waldes ziehen Naturliebhaber immer wieder in den Bann.

## DAS GRÖSSTE WEINFASS DER WELT

Ob Kur oder Wein, gesund sollen beide sein! Was liegt da näher, als in **Bad Dürkheim** die perfekte Verbindung zu suchen? Von Ungstein wie von Leistadt kommend, ist die Kurstadt das Etappenziel des Tages. Das Wasser der renaturierten Isenach plätschert durch den Kurpark, an dessen Ende durch die Verdunstung der Saline der Salzgehalt der Umgebungsluft gesundheitsfördernd zunimmt. Ein Bummel entspannt. Im Oktober 2010 wurde der 333 Meter lange Gradierbau wieder eingeweiht, nachdem der Vorgängerbau 2007 vollständig abbrannte.

Reisemobilisten übernachten in fußläufiger Lage zur Stadtmitte, dem Kurpark mit Saline sowie dem 1934 erbauten größten Weinfass der Welt, auf dem Wohnmobilstellplatz mit Blick in die Weinreben.

Der weit über die Landesgrenzen bekannte und beliebte Wurstmarkt, das größte Weinfest der Welt, zieht im September jährlich über 650 000 Besucher an. Neben den typischen Schubkarchständen mit Ausschank der Winzer begeistern Jung und Alt hier selbstverständlich auch Pfälzer Spezialitäten, das stilvolle Weindorf sowie zahlreiche Fahrgeschäfte.

Hoch über dem Stadtteil Bad Dürkheim-Grethen thront die herausragende Ruine des ehemaligen Benediktinerklosters. Die Sandsteinmauern des Klosters Limburg bieten heute die spektakuläre Kulisse bei Sommerkonzerten, Theateraufführungen und Feierlichkeiten.

SPECIAL

### WEINKERWE UND -FESTE

Die Deutsche Weinstraße hat gefühlt zwei Hochsaison-Zeiten – die Mandelblüte im Frühjahr und die Weinlese im Herbst. Die liebliche Weingegend ist jedoch zu jeder Zeit einen Besuch wert. Neben dem größten Weinfest der Welt sind die unterschiedlichen Weinfeste der kleineren Ortschaften im handlichen Weinfestkalender von Pfalzwein e. V. und Pfalz Touristik e. V. nach Monaten verzeichnet. Dann öffnen die Winzer für ein Wochenende ihre Höfe und Keller, die ganze Familie hilft bei Ausschank und Essensausgabe. Die Schoppen laufen die Kehlen hinunter und deftige Köstlichkeiten wie der Winzerteller mit Bratwurst, Saumagen, Leberknödel und Kraut, Handkäs mit Musik oder die Dampfnudel in Weinsoße schmecken besonders gut. Der Schoppen an der Weinstraße ist übrigens ein echter halber Liter! Wer keinen reinen Wein trinken möchte, bestellt eine Schorle, wenngleich hierbei das Mischverhältnis mit einer vertikalen Handbreit Wein und einer horizontalen Handbreit Wasser oftmals typisch pfälzisch ausfällt.

DÜRKHEIMER
WURSTMARKT
DAS GRÖSSTE
WEINFEST DER WELT
2. UND 3. WOCHENENDE IM SEPTEMBER

**Bad Dürkheim**
*Saline, Wurstmarkt, Weinfass, Deidesheim* B271 L527 L516
17 km
**Neustadt a. d. Weinstrasse**
*Elwetritsche-brunnen, Hambacher Schloss, St. Martin* L516 L514

## GELEBTE VIELFALT

Junge, kreative Winzer, ideenreiche Köche und eine ordentliche Portion Investitionswille verändern seit Jahren das Bild der Deutschen Weinstraße. Edle Vinotheken, modern inszeniert, existieren neben uralt eingesessenen und typischen Weinstuben. Das weltoffene Interesse an Neuem hält ebenso Einzug wie das Bewusstsein für Nachhaltigkeit. Lagenweine erhalten die Ehre, die ihnen gebührt. Zeitgemäßes Bewahren des regionalen Erbes steht im Fokus. Die gelebte Vielfalt ist Ausdruck der Flexibilität. Und so findet jeder Gast sein persönliches Highlight.

Von Bad Dürkheim führt der Weg nun durch die Mittelhaardt an Wachenheim mit Sektschloss und der Wachtenburg vorbei, durch Forst, Deidesheim und Musbach nach Neustadt. Es lohnt sich übrigens, immer mal von der Hauptstraße abzubiegen und die Gassen der Weindörfer mit ihren Weinkellern, Winzerhöfen und Lauben sowie ihren Ateliers, Galerien und Künstlern zu besuchen.

Das romantische **Deidesheim** ist berühmt für seine historische Geißbockversteigerung am Pfingstdienstag, für den servierten Saumagen während der Staatsbesuche des damaligen Bundeskanzlers Helmut Kohl sowie dem weit über die Stadtgrenze hinaus bekannten Weihnachtsmarkt. In Deidesheim ist das Weingut Geheimer Rat Dr. von Bassermann-Jordan ansässig, das als Familiendynastie den Qualitätsweinbau mit begründet hat und seit knapp 300 Jahren maßgeblich beeinflusst. Fotointeressierte besuchen das versteckt gelegene Deutsche Film- und Fototechnik Museum (Weinstr. 33, geöffnet von Mittwoch bis Sonntag).

## PFÄLZER FABELWESEN UND DEUTSCHE GESCHICHTE

Der Marktplatz mit Stiftskirche, dem imposanten Marktbrunnen und dem Scheffelhaus ist der richtige Rahmen für eine kleine Verschnaufpause in **Neustadt**. Dienstags und samstags schmücken Marktstände und

**Links: Gans ganz klassisch – zum Wein darf es gerne deftig und schmackhaft werden; rechts: das Fabelwesen, die Elwetritsche**

buntes Treiben den Platz, es scheint, als schwappe südländisches Flair übers Kopfsteinpflaster.

Nach so vielen Eindrücken und unterschiedlichen Genüssen geht der Bummel weiter: vorbei an gut erhaltenen Fachwerkhäusern der Altstadt bis zum Elwetritsche-Brunnen am Marstallplatz. Dem pfälzischen Fabelwesen, das man gerne mal weinselig des Nachts mit »Grumbeersack« und »Stalllaterne« zu fangen versucht, hat man geradezu ein Denkmal gesetzt.

Etwas weiter südlich folgten im Jahr 1832 rund 30 000 Menschen dem Aufruf »Hinauf, hinauf zum Schloss!« Der Neustadter Ortsteil Hambach und das **Hambacher Schloss** sind seitdem fest mit der Entwicklung der Demokratie und der schwarz-rot-goldenen Fahne verbunden. Die ereignisreiche Geschichte ist anschaulich dargestellt in der Ausstellung, das renovierte Hambacher Schloss ist täglich für Besucher geöffnet. Parkplätze befinden sich auf der mit Einbahnstraßenregelung geführten Ringstraße rund um das Schloss.

AUSFLUG

**WEITWANDERWEGE IN DER PFALZ**

Der Pfälzer Weinsteig ist wie der Pfälzer Höhenweg und der Pfälzer Waldpfad ein neuer Weitwanderweg in der Pfalz. Die 170 Kilometer lange Strecke schlängelt sich ausgehend vom Haus der Deutschen Weinstraße in Bockenheim bis hin zum Schweigener Weintor an anmutigen Weinbergen, idyllischen Waldpassagen und malerischen Weindörfern vorbei. Die in elf Etappen eingeteilte Wanderung bietet immer wieder weite Ausblicke auf die Rheinebene bis hin zum Odenwald, zum Schwarzwald und zu den Vogesen. Auf dem insgesamt 139 Kilometer langen »Kraut-und- Rüben-Radweg« kommen auch Fahrradfahrer zwischen Bockenheim und Schweigen auf ihre Kosten.

## KÖNIG, KÜNSTLER UND KULTUR

Ab Maikammer wartet nun die Südliche Weinstraße auf die Wohnmobilisten. Jedes Weindorf, ob **St. Martin**, Edenkoben, Edesheim oder Rhodt unter Rietberg, hat sein eigenes romantisches Gesicht mit winkeligen Gassen und verträumten Eckchen; vereint jedoch durch den Wein und die ansteckende, mediterran anmutende Lebenslust.

Wahrzeichen in Deidesheim: das historische Rathaus

Blick ins Rheintal von der Rietburg; unten: Auf die Schilder achten und dann Einkaufen frisch vom Hof

Neustadt a. d. Weinstrasse
*Elwetritsche-brunnen, Hambacher Schloss,* St. Martin — L516, L514
25 km
Edenkoben
*Villa Ludwigshöhe, Rietburgbahn, Schlossfestspiele Edensheim,* Rhodt unter Rietburg, Eschbach — L512, L508, B48
28 km
Gleiszellen-Gleishorbach
*Muskateller Rundwanderweg* — B48, B38
12 km
Schweigen-Rechtenbach
*Weintor-Deutscher Weinlehrpfad,* Deutschhof — B38
13 km
Ziel

Dies erkannte bereits Ludwig I., König von Bayern, der im Jahr 1846 den Grundstein für das als Sommersitz gedachte Schloss Villa Ludwigshöhe in **Edenkoben** legte. Heute hat das künstlerische Werk Max Slevogts seinen festen Platz im Schloss und Konzerte der Landesstiftung Villa Musica finden im ehemaligen herrschaftlichen Speisesaal statt.

Wenige Meter vom Schloss entfernt entführt die Rietburgbahn hoch auf 550 Meter zur im Jahr 1200 erbauten Rietburg. Die Sesselbahn ist die bequemste Art, zur grandiosen Aussicht und einem einzigartigen Panoramablick zu gelangen, von hier führen markierte Wanderwege durch den Pfälzer Wald und natürlich auch wieder zurück ins Tal. Ein besonderes Highlight sind übrigens auch die jährlich inszenierten Schlossfestspiele als Freiluftveranstaltung am Schlossgraben im nahe gelegenen **Edesheim**.

## MUSKATELLER SEHEN UND GENIESSEN

Lieblich hügelig, romantisch verträumt und immer wieder gerne neu zu entdecken, dafür steht die Deutsche Weinstraße. Viele Weingüter bieten bis zu drei Wohnmobilstellplätze auf ihrem Grundstück an. Das bekannte

SPECIAL

### OBST- UND WEINVERKAUF

In vielen Weindörfern wird Obst der Region verkauft, etwa Äpfel, Birnen, Mirabellen, Pflaumen und sogar Feigen. Echte Grumbeere (Kartoffeln) oder Pfälzer Hausmacher als Dosenwurst gibt es ebenfalls ganzjährig in Hofläden oder an Verkaufsständen am Straßenrand. Im späten Frühling finden Spargelfreunde einen reich gedeckten Tisch, frische Pfälzer zErdbeeren direkt vom Feld runden die Genüsse ab. Im Herbst bereichern neuer Wein (Federweißer in Rot und Weiß), Keschde (Esskastanien) und der beliebte Zwiebelkuchen das kulinarische Angebot. Den Lieblingswein gibt es selbstverständlich gleich nach der Weinprobe im Paket mit oder er wird elegant per Post nach Hause gesendet.

Wohnmobil-Schild zeigt gut sichtbar den Weg, Preise und Infrastruktur variieren.

**Gleiszellen-Gleishorbach** gilt als Hochburg des Muskatelleranbaus in Deutschland. Die schweren, kalkhaltigen Böden in sanften Talmulden, windgeschützt vom Westen durch den Pfälzerwald, bringen den sortentypischen Muskateller, den jeder Winzer nach eigenen Vorstellungen ausbaut. Eine Weinprobe lohnt sich also. Im Jahr 2007 wurde der 2,5 Kilometer lange Muskateller-Rundwanderweg mit Panoramaausblicken eingeweiht, selbstverständlich werden im Herbst entsprechende Weinfeste gefeiert.

Deutsches Weintor in südpfälzischen Schweigen-Rechtenbach; links: Gleiszellen-Gleishorbach begeistert mit lauschigen Plätzchen und typischem Muskateller.

## ERSTER DEUTSCHER WEINLEHRPFAD

In **Schweigen-Rechtenbach** endet die köstliche wie kostbare Weinstraßen-Wohnmobiltour mit dem Besuch des 18 Meter hohen und 1936 erbauten Weintors. Interessierte, die den hier beginnenden Ersten Deutschen Weinlehrpfad entlangspazieren, kommen auch zu einem Holztor, das zur Einweihung 1935 die Deutsche Weinstraße markierte. Holzbänke laden immer wieder zu Rast und Weitsicht ein.

Wer mag und Zeit hat, besucht vielleicht noch das benachbarte Elsass und die nahe Stadt Wissembourg. Den letzten Abend an der Deutschen Weinstraße genießt man dann entspannt im Weingut Geiger auf dem rebennahen Wohnmobilstellplatz in Ortsrandlage von Dierbach. In der rustikalen Weinstube, geöffnet am Wochenende ab 16 Uhr, gibt es regionale und saisonale Speisen sowie Wein und Spirituosen aus der hauseigenen Destillation. Und vielleicht wird auch gleich die nächste Tour geplant, immerhin lockt das Rebenmeer zu jeder Jahreszeit mit unterschiedlichen Aktivitäten.

# PRAKTISCHE HINWEISE

Kurze Wege in den Wingert oder in die Stadt: Wohnmobilstellplatz Bad Dürkheim

## TOURISTENINFORMATIONEN

**Touristinfo Bockenheim**
Weinstr. 91 b (Haus der Deutschen Weinstraße), 67278 Bockenheim, Tel. +49 6359 8001820, www.bockenheim.de

**Touristinformation Grünstadt**
Hauptstr. 84 (im Alten Rathaus), 67269 Grünstadt, Tel. +49 6359 929723, www.gruenstadt.de

**Tourist Information Bad Dürkheim**
Kurbrunnenstr. 14, 67098 Bad Dürkheim, Tel. +49 6322 935140, www.bad-duerkheim.com

**Tourist-Information Neustadt an der Weinstraße**
Hetzelplatz 1, 67433 Neustadt an der Weinstraße, Tel. +49 6321 926892, www.neustadt.eu

**Tourist-Information Schweigen-Rechtenbach**
Weinstr. 5 (Deutsches Weintor), 76889 Schweigen-Rechtenbach, Tel. +49 6342 6321, www.schweigen-rechtenbach.de

## STELLPLÄTZE

S 11.1 **Stellplatz am Haus der Deutschen Weinstraße** (S. 279/H4) Weinstr., 67278 Bockenheim, Tel. +49 6359 946410, www.bockenheim.de
GPS-Daten: 49.608889, 8.181389
Kostenloser Stellplatz auf dem Festplatz/Parkplatz; direkt am Haus der Deutschen Weinstraße; ganzjährig nutzbar, außer zum Weinfest im Oktober; keine Infrastruktur; Gaststätte und Touristeninfo direkt gegenüber.

S 11.2 **Stellplatz am Weingut Kohl** (S. 279/H4) Am Sonnenberg 3, 67278 Bockenheim, Tel. +49 6359 4319, www.weingut-kohl-bockenheim.de
GPS-Daten: 49.599167, 8.180000
Ca. zwölf gebührenpflichtige Stellplätze auf Rasen und Pflaster; V/E, Strom, Dusche/WC; geöffnet von Anfang April bis Ende Oktober; am südlichen Ortsrand von Bockenheim gelegen; geeignet für Wanderungen, umrahmt von den Weinbergen der Mittelhaardt; rustikale Probierstube, Betriebsführung und Kellerbesichtigung auf Anfrage.

S 11.3 **Wohnmobilstellplatz in der Silz** (S. 279/H5) In der Silz, 67098 Bad Dürkheim, Tel. +49 6322 935140, www.bad-duerkheim.com

GPS-Daten: 49.469444, 8.166944
Ganzjährig geöffneter, gebührenpflichtiger Stellplatz mit über 170 Standplätzen auf Schotter/Rasen; für jede Wohnmobilgröße geeignet; V/E, Strom; am Stadtrand gelegen, von Weinbergen umgeben; Ortszentrum fußläufig, sehr guter Ausgangspunkt für Wanderungen und Radtouren.

S 11.4 **Stellplatz am Weingut Schäfer** (S. 279/H5) Schießmauer 56, 67435 Neustadt-Mußbach, Tel. +49 6321 6447, www.weingutschaefer.com
GPS-Daten: 49.363056, 8.170833
Zehn gebührenpflichtige, ruhige Stellplätze auf Wiese und im angrenzenden Weinberg des Weinguts; V/E, Strom, Dusche/WC, WLAN; geöffnet März bis Oktober; idyllisch gelegen, mitten in den Reben; alle Stellplätze, der Weinverkostungsraum und die sanitären Anlagen sind barrierefrei.

S 11.5 **Reisemobilstellplatz an der Martin-Luther-Kirche** (S. 279/H6) Martin-Luther-Str., 67433 Neustadt an der Weinstraße, Tel. +49 6321 926892, www.neustadt.eu
GPS-Daten: 49.354722, 8.152222
Gebührenpflichtiger, öffentlicher Reisemobilstellplatz mit 40 Stellplätzen; V/E, Strom; zentral gelegen, guter Startpunkt für Stadterkundungen.

S 11.6 **Stellplatz am Weingut Schreieck** (S. 279/H6) Friedhofstr. 8, 67487 St. Martin, Tel. +49 6323 5415, www.schreieck-wein.de
GPS-Daten: 49.300833, 8.105556
Ganzjährig geöffneter (Anruf erbeten), gebührenpflichtiger Stellplatz für ca. 15 Wohnmobile auf Wiese/Schotter hinter dem Weingut; vollständige Infrastruktur; aufpreispflichtige Option der Nutzung des hoteleigenen Saunaangebots.

S 11.7 **Stellplatz am Familienweingut Geiger** (S. 280/B6)
Hauptstr. 21, 76889 Dierbach, Tel. +49 6340 412, www.familienweingut-geiger.de
GPS-Daten: 49.083611, 8.066389
Gebührenpflichtiger, terrassenförmig angelegter, großzügiger Stellplatz mit Weitblick für ca. 30 Wohnmobile auf Rasen; V/E, Strom, Dusche/WC, WLAN; geöffnet März bis Dezember; in ruhiger Ortsrandlage, unmittelbar hinter dem Weingut inmitten von Weinbergen gelegen; Wander- und Radwege direkt ab Stellplatz; Weinstube am Wochenende geöffnet.

**Weitere Wohnmobilstellplätze an der Deutschen Weinstraße**
Broschüre zum Herunterladen: www.deutsche-weinstrasse.de/reisemobil.

**Weinbaugemeinde St. Martin im Frühling**

# 12 VON DER PORTA NIGRA BIS ZUM DEUTSCHEN ECK

## Immer an der Mosel entlang

Ob die Römerstadt Trier oder Koblenz mit dem Deutschen Eck, die Moselörtchen Trittenheim und das geruhsame Minheim, der Besuch einer typischen Altstadt mit Fachwerkhäusern in Bernkastel-Kues oder die Reichsburg in Cochem: Die sich stets elegant windende Mosel mit Steilhängen und hübschen Dörfern entlang ihrer Ufer begeistert Wohnmobilisten auf jedem einzelnen Kilometer und ist für viele ein Sehnsuchtsziel. Wer mag, schippert bei strahlendem Sonnenschein gemütlich durch Schleusen und an den Weinbergen vorbei mit der Fahrgastschifffahrt. Weinstuben locken zu Köstlichkeiten und überzeugen mit leckeren Mosel-Tröpfchen.

Eine Schifffahrt auf der Mosel entschleunigt und entspannt.

An der Mosel findet jeder seinen persönlichen Lieblingsplatz, zieht die Wanderschuhe an, holt das Fahrrad heraus oder setzt sich erfreut mit Blick aufs Wasser in seinen Liegestuhl. Der Einstieg in diese Route beginnt in der ältesten Stadt Deutschlands, in **Trier**. Gegründet um 17 v. Chr. von den Römern, ist dieser Startpunkt für geschichts- und kulturinteressierte Wohnmobilisten geradezu ideal. Wer übrigens bereits entlang der Saar unterwegs war (Tour 9), kann von Saarburg der B 51 bis nach Trier folgen und somit direkt einsteigen in die Moseltour.

## RÖMISCH UND ABWECHSLUNGSREICH

Der großzügige Reisemobilpark Treviris liegt an der Mosel und ist gut anfahrbar. Von hier aus lässt sich das Zentrum der Antike äußerst komfortabel per Fahrrad entdecken. Stadt-

## ROUTE 12

**START- UND ENDPUNKT**
Trier und Koblenz

**STRECKENLÄNGE**
199 Kilometer

**FAHRZEIT**
7 bis 10 Tage

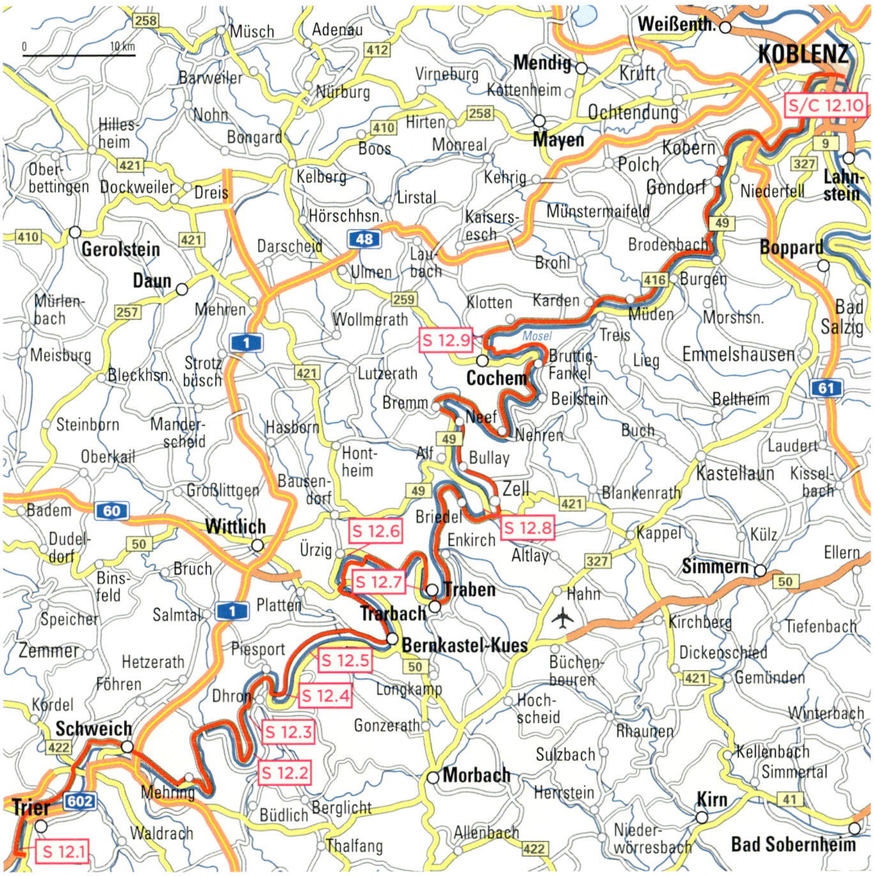


Oben: Rom lässt grüßen – Ausflugsziel Porta Nigra in Trier.

Idyllisch an einer Moselschleife gelegen: Trittenheim; unten: Frühling an der Mosel, hier Minheim, zum Radfahren ideal

führungen werden ebenso angeboten, zu sehen sind u. a. das seit 1986 zu den UNESCO Weltkulturerbestätten zählende römische Stadttor Porta Nigra, die Kaiserthermen, die Römerbrücke, die Barbarathermen und die Konstantinbasilika.

Von derartigen Eindrücken überwältigt, bietet der Hauptmarkt im historischen Stadtkern dann den richtigen Rahmen für eine erholsame Pause. Die Antike erlebbar machend, präsentiert das Rheinische Landesmuseum den größten Goldschatz der römischen Kaiserzeit sowie die einzigartige Multimediashow »Im Reich der Schatten«. Nach so viel Kultur und Geschichte locken die Naturschönheiten der idyllischen Mosel, die Fahrt geht immer am Wasser entlang.

## DER SONNE ENTGEGEN

Auf der einen Seite die Weinreben, auf der anderen Seite die Mosel, hier und da eine Ortschaft, die herzlich ihre Gäste willkommen heißt. Für das Tagesetappenziel eignen sich gleich drei vom Weinbau geprägte Moselgemeinden. Zuerst **Trittenheim**, in deren Gemarkung die letzten zwei Fährtürme an der Mosel liegen. Weinlagen wie Apotheke und Altärchen sowie die Moselschleife formen das sympathische Landschaftsbild. Das jährliche Brückenfest findet in unmittelbarer Nähe des Wohnmobilstellplatzes statt. Rad- und Spazierwege bieten wie überall den direkten Einstieg, um die wunderschöne Gegend zu entdecken.

Fachwerk pur: Bernkastel-Kues

Die achte Etappe des insgesamt 365 Kilometer langen Wanderwegs Moselsteig führt übrigens an Trittenheim vorbei und endet im ältesten Weinort Deutschlands, in **Neumagen-Dhron**, die zweite Empfehlung für eine Übernachtung. Hier beeindrucken 2000 Jahre Tradition und eine weitere Besonderheit: das römische Weinschiff »Stella Noviomagi«, ein schwimmfähiger Holznachbau mit 22 Rudern und einem Motor, das an festen Terminen ausläuft oder für Gruppen individuell buchbar ist. Der Wohnmobilstellplatz grenzt direkt an den Jachthafen; eine Slipanlage ermöglicht, dort bequem das eigene Boot ins Wasser zu lassen.

Ein paar Kilometer weiter, an der Weinlage Piesporter Goldtröpfchen vorbei, wartet mit **Minheim** die dritte Möglichkeit, ruhig und mit Blick auf die Mosel das Wohnmobil abzustellen. Gerade mal 500 Einwohner leben auf der sogenannten Sonneninsel. Eine entspannte Schifffsfahrt zu Füßen der herrlichen Weinhänge nach Bernkastel-Kues gleicht bei schönem Wetter auf dem Sonnendeck einer wunderbaren Auszeit. Alle drei genannten Ortschaften sind direkt angebunden, die Schiffsanleger sind fußläufig von den Wohnmobilstellplätzen entfernt.

## AKTIV AN DER MOSEL

Die Weiterfahrt führt immer an der Mosel entlang, mal rechts, mal links davon. Die Augen offen zu halten lohnt sich, um beispielsweise in **Brauneberg** an der Mittelmosel die weithin sichtbare Sonnenuhr zu entdecken. Wunderschön zwischen den Reben platziert ist der Wohnmobilstellplatz Brauneberger Juffer. Doch auch die Römer waren hier ansässig und aktiv. Die altrömische Kelteranlage in der ausgezeichneten Weinlage Brauneberger Juffer-Sonnenuhr wurde 1997 nach umfangreicher Sanierung mit einer ersten Kelterung feierlich eingeweiht.

Während nun die einen einfach nur Seele und Füße baumeln lassen möchten, nutzen andere ihre Freizeit, um möglichst aktiv und sportlich den Tag zu verbringen. Für beide Zielgruppen bietet die Moselregion die passenden Angebote. So laden allein 1000 Kilometer ausgeschilderte Radwege dazu ein, das Fahrrad mit ins Wohnmobil zu packen.

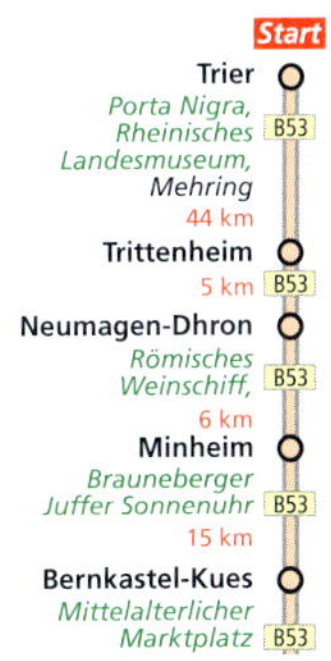

Bernkastel-Kues
*Mittelalterlicher Marktplatz* B53
24 km
Traben-Trarbach
*Weinkeller Unterwelt,* B53
*Zell,* L199
*Bullay,* B49
*Neef*
33 km
Bremm
*Steillage Calmont,* B49
*Ellenz-Poltersdorf, über Moselbrücke* L98

Kanu- und Stand-up-Paddling-Liebhaber sind an der eher langsam dahinfließenden Mosel ebenfalls gut aufgehoben. Freizeitkapitäne können an einigen Wohnmobil- und Campingplätzen die Slipanlage nutzen und ihre Sportboote zu Wasser lassen. Wanderfreunde begeistert die Auswahl von Wegen in Ufernähe mit Panoramaausblicken sowie von Wald- und Wiesenwegen. Selbst für Reitsportbegeisterte gibt es Angebote. Und wer die PS lieber mit zwei Rädern bewegt, findet wunderbare Motorradstrecken.

## ROMANTIK PUR

Im Sommer wie im Winter, die Altstadt von **Bernkastel-Kues** hat immer Saison. Ein Bummel durch die Gassen, gesäumt von herrlich restaurierten Fachwerkhäusern, wird zum sentimentalen Gang für emotionale Genießer. Der mittelalterliche Marktplatz motiviert zur Fotoorgie, sei es beim Renaissance-Rathaus von 1608 oder beim Spitzhäuschen von 1416. Wer per Schiff oder Fahrrad anreist, spart sich die mühsame Suche nach einem Parkplatz. Aktiv geht es zu bei der »Zwei-Schanzen-Tour Bernkastel-Trarbach«, zertifiziert nach den neuesten Kriterien der DIMB, Trailvergnügen und anspruchsvolle Passagen für Mountainbiker inklusive. Ein informativer Wanderguide im Taschenformat, erhältlich bei der Touristeninformation, beschreibt in Kurzform 62 Wanderwege mit unterschiedlichen Schwierigkeitsgraden, bevorzugt mit wunderschönen Ausblicken.

Weihnachtsmarkt-Romantiker finden dann ab Ende November ihren Platz: Die malerische Kulisse bildet den perfekten Rahmen für eine einzigartige, winterliche Atmosphäre, durchzogen von herrlichen Gerüchen nach aromatischem Glühwein und gebrannten Mandeln.

## DIE KELLER RUFEN

Die sehenswerte **Traben-Trarbacher** Unterwelt mit ihren teils mehrstöckigen Weinkellern gibt lebendiges Zeugnis davon, dass um das Jahr 1900 die Stadt nach Bordeaux der zweitgrößte Weinumschlagplatz Europas

Schwarze Katze in Zell an der Mosel

und somit bedeutende Weinhandelsstätte war. Informative Führungen rund um den Riesling versprechen eine spannende Entdeckung der Geschichte des historischen Weinbaus sowie der alten Kellertechnik. In einigen Kellern findet im Dezember dann auch der Mosel-Wein-Nachts-Markt statt, der wegen seines einzigartigen Ambientes viele Fans hat.

## ÜBER 65 PROZENT STEILLAGE

Die Weinlese im September/Oktober übt insbesondere in den Steillagen eine besondere Faszination auf die Besucher aus. Und so recken sich die Köpfe beim Anblick des zwischen **Bremm** und Ediger-Eller gelegenen 380 Meter hohen Weinbergs Calmont gerne nach oben. Mit teils über 65 Prozent Neigung gehört er zu den steilsten Weinbergen Europas und ist insbesondere für die Winzer eine fortwährende Herausforderung bei Bewirtschaftung und Weinlese. Nur gut, dass Wohnmobiltouristen die Mühe bei Wind und Wetter im Hang nicht live erleben müssen, sondern diese lieber ganz gemütlich im Glas bewundern und genießen dürfen.

## BESUCH IN COCHEM

Von Weitem schon sichtbar liegt die imposante Reichsburg mit Ursprung um das Jahr 1000 hoch über der beliebten Stadt Cochem. Perspektivwechsel gesucht? Nach den Strapazen des Fußwegs nach oben ist der Blick über die Burgmauer, dem Verlauf der Mosel

**Links: Die Steillagen an der Mosel; rechts: Imposante Reichsburg über Cochem**

AUSFLUG

### HUNSRÜCK – IM UMFELD DER MOSEL

Manch einen kostet es Überwindung, die Geierlay-Hängeseilbrücke 100 Meter über dem Grund zu betreten und 360 Meter weit bis zur anderen Seite zu laufen, doch wer es geschafft hat, ist stolz auf sich. Der Wohnmobilparkplatz in Mörsdorf ist ausgeschildert, ab hier geht es zu Fuß weiter bis zur Hängeseilbrücke, wahlweise durch Feld und Wiesen oder über den Waldwanderweg, der jedoch Trittsicherheit voraussetzt. Das Besucherzentrum in der Ortsmitte hält Informationen bereit und ist Ausgangspunkt für weitere Wanderungen. Mörsdorf ist zudem Etappenziel des Saar-Hunsrück-Steigs, dieser bietet insgesamt 410 Kilometer markierte Wanderwege oder 111 Traumschleifen.

**AUSFLUG**

**BURG ELTZ**

Der Abzweig in Moselkern hält ein lohnendes Ausflugsziel für Burgenliebhaber bereit: die eindrucksvolle und hervorragend erhaltene Burg Eltz mit ihrer überwältigenden Architektur und den 35 Metern hohen Wohntürmen. 850 Jahre unzerstört und seit dem 12. Jahrhundert in Familienbesitz, begeistert die Wohnburg von April bis Oktober mit Führungen durch die Innenräume. Das Parken ist auf dem ausgeschilderten (Wander-)Parkplatz möglich, von dort geht es zu Fuß durch den Wald bis zum Burgeingang.

**Oben rechts und links: Ob außen oder im Innenhof, absolut sehenswert: Burg Eltz**

folgend, sensationell. Beim Rundgang durch die Anlage steht bildlich das Mittelalter wieder auf, vielleicht gekrönt von einem Rittermahl. Zurück in den Gassen der Stadt, buhlen Weinstuben, Läden, Schiffsanleger und Cafés um die Gunst der zahlreichen Gäste. Cochems Beliebtheit ist auch an den vollen Park- und Wohnmobilstellplätzen entlang der Straße erkennbar. Frischluft-Fans und lauffreudige Besucher wissen es, die Stadt liegt zudem perfekt zwischen den Wanderparadiesen Eifel und Hunsrück.

## WILLKOMMEN AN DER UNTERMOSEL

Die Mosel nähert sich ganz langsam ihrem Ende und damit dem Deutschen Eck in Koblenz. Doch auch entlang der Untermosel reihen sich weitere hübsche Moselgemeinden aneinander. So punktet das kleine **Treis-Karden** mit dem in seinen Ursprüngen romanischen »Moseldom« St. Castor, einer früheren Stiftskirche. **Kobern-Gondorf** genießt ein drei Kilometer langes Moselufer. Römer und Mittelalter grüßen hier rund um den historischen Marktplatz. Beeindruckend ist das Wasserschloss Gondorf aus dem 13. Jahrhundert. Ein Kuriosum der neueren Zeit: Seit Ausbau der B 416 führt die Bundesstraße mitten durch das Schloss hindurch.

## KOBLENZ UND DAS DEUTSCHE ECK

Obwohl die letzten Kilometer der Tour durch die Randgebiete der Stadt Koblenz optisch nicht gerade schön sind, ist die Endstation atemberaubend. Vom Camping- bzw.

Endpunkt der Moseltour: Deutsches Eck in Koblenz

Wohnmobilstellplatz bietet sich der Rundumblick auf das bedeutende Deutsche Eck und die Festung Ehrenbreitstein. Dank der Bundesgartenschau 2011 gibt es vom Wohnmobilstellplatz die geradezu perfekte Route für eine mit Besonderheiten gespickte Koblenz-Entdeckungsreise.

Los geht es mit der Personenfähre über die Mosel zum Deutschen Eck mit dem Kaiser-Wilhelm-Denkmal. Die berühmte Landzunge wurde Ende des 19. Jahrhunderts künstlich aufgeschüttet, das monumentale Reiterstandbild 1897 errichtet. Der Stadtbummel führt rein in die Innenstadt, vorbei an Renaissance- und Barockbauten des Jesuitenensembles und wird gekrönt von einem Fotostopp am Schängelbrunnen, dem Denkmal für die rheinische Lebensart. Nach dem Spaziergang durch die Altstadtgassen lockt die Rheinuferpromenade. Hoch hinaus schwebt die Seilbahn über den Rhein zum wunderschönen Landschaftspark mit abwechslungsreichen Freizeitmöglichkeiten und zur Festung Ehrenbreitstein. Im August fasziniert übrigens das spektakuläre Feuerwerk bei der Veranstaltung »Rhein in Flammen«, im Winter lockt der Weihnachtsmarkt in der Altstadt.

Zum UNESCO Weltkulturerbe gehörend, bildet das Deutsche Eck das nördliche Tor zum Oberen Mittelrheintal und beendet gleichzeitig diese wunderschöne Moselfahrt mit einem sensationellen Ausblick auf den Zusammenfluss von Mosel und Rhein.

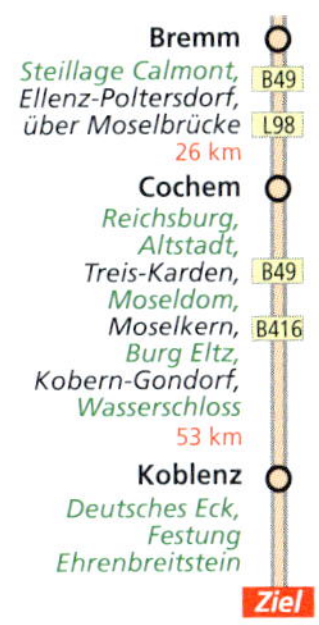

Mut zur Hängepartie: der Gang über die Hängeseilbrücke Geierlay

# PRAKTISCHE HINWEISE

## TOURISTENINFORMATIONEN

**Tourist-Information Trier**
An der Porta Nigra, 54290 Trier,
Tel. +49 651 978080, www.trier.de,
www.trier-info.de

**Tourist-Information Mosel-Gäste-Zentrum Bernkastel-Kues**
Gestade 6, 54470 Bernkastel-Kues,
Tel. +49 6531 500190, www.bernkastel.de

**Tourist-Information Traben-Trarbach**
Am Bahnhof 5, 56841 Traben-Trarbach,
Tel. +49 6541 83980,
www.traben-trarbach.de

**Tourist-Information Ferienland Cochem**
Endertplatz 1, 56812 Cochem,
Tel. +49 2671 60040,
www.ferienland-cochem.de

**Besucherzentrum Geierlay**
Kastellauner Str. 23, 56290 Mörsdorf,
Tel. +49 6762 9034080, www.geierlay.de

**Tourist-Information Koblenz**
Zentralplatz 1 (im Forum Confluentes),
56068 Koblenz, Tel. +49 261 19433,
www.koblenz-touristik.de

**Hingucker: Weinschiff »Stella Noviomagi«**

## STELLPLÄTZE UND CAMPINGPLÄTZE

S 12.1 **Reisemobilpark Treviris**
(S.279/E4) In den Moselauen 1, 54293 Trier,
Tel. +49 651 86921,
www.camping-treviris.com
GPS-Daten: 49.740278, 6.624444
Gebührenpflichtiger, ganzjährig geöffneter Stellplatz für 120 Wohnmobile auf Rasengitter; komplette Infrastruktur, Camp-Card-System; weiträumige Gesamtanlage mit Campingpark, Biergarten und Zeltrestaurant; an der Mosel im Ortsteil Euren gelegen; in fußläufiger Entfernung zur Trierer Innenstadt.

S 12.2 **Wohnmobilstellplatz Trittenheim**
(S.279/F4) Moselpromenade 15,
54349 Trittenheim, Tel. +49 151 12625300,
www.trittenheim.de
GPS-Daten: 49.824167, 6.903056
Gebührenpflichtiger Stellplatz für ca. 30 Wohnmobile auf Pflaster; V/E, Strom; geöffnet von Anfang April bis Ende Oktober; direkt am Moselufer gelegen; Ortskern und die umliegenden Weinberge fußläufig; Schiffsanleger der Mosel-Personenschifffahrt in unmittelbarer Nähe.

S 12.3 **Wohnmobilstellplatz Marina Mittelmosel** (S.279/F3)
Moselstr. 21, 54347 Neumagen-Dhron,
Tel. +49 6507 701670,
www.marina-mittelmosel.de
GPS-Daten: 49.851111, 6.893056
Gebührenpflichtiger, ganzjährig geöffneter Stellplatz beim Jachthafen für 60 Wohnmobile auf Kies; komplette Infrastruktur mit Hafenrestaurant, Gartenterrasse, Fahrrad- und Bootsverleih; Ortskern, Schiffsanleger und Römerweinschiff fußläufig.

**S 12.4** **Reisemobilpark Minheim**
(S.279/F3) Am Moselufer, 54518 Minheim, Tel. +49 6887 1553, www.minheim.de
GPS-Daten: 49.866111, 6.941667
Gebührenpflichtiger, ganzjährig geöffneter, parzellierter Stellplatz für 90 Wohnmobile auf Schotter; komplette, jedoch optimierungsbedürftige Infrastruktur; direkt am Moselufer und Ortsrand von Minheim gelegen (Moselstraße und gegenüberliegende B 53 hörbar).

**S 12.5** **Wohnmobilstellplatz Brauneberger Juffer** (S.279/F3)
Moselweinstr. 61, 54472 Brauneberg, Tel. +49 6534 933333, www.brauneberg.de
GPS-Daten: 49.905278, 6.977778
Gebührenpflichtiger, ganzjährig geöffneter, parzellierter Stellplatz für 25 Wohnmobile auf Schotter/Kies; V/E, Strom; am Ortsrand unterhalb von Brauneberg, direkt am Mosel-Radweg gelegen; alle Stellplätze in erster Reihe mit Blick auf Weinberge und Mosel; Supermarkt nebenan.

**S 12.6** **Wohnmobilstellplatz Ürzig an der Mosel** (S.279/F3)
Moselufer, 54539 Ürzig, Tel. +49 6532 2620, www.uerzig.de
GPS-Daten: 49.978056, 7.006389
Gebührenpflichtiger Stellplatz für 25 Wohnmobile auf befestigtem Untergrund und Wiese; V/E, Strom; geöffnet Mai bis Oktober; direkt am Moselufer gelegen, mit Blick auf die Moselhochbrücke; historischer Ortskern fußläufig entfernt; tagsüber Lärmbeeinträchtigungen durch angrenzende B 53 möglich.

**S 12.7** **Wohnmobilpark Traben-Trarbach**
(S.279/F3) Rissbacher Str., 56841 Traben-Trarbach, Tel. +49 6541 3111, www.mosel-camping-platz.de
GPS-Daten: 49.958333, 7.102500
Gebührenpflichtiger, parzellierter Wohnmobilstellplatz für ca. 45 Wohnmobile auf befestigtem Untergrund; komplette Infrastruktur; geöffnet März bis Ende Dezember; direkt am Moselufer, außerhalb von Traben-Trarbach gelegen, ca. 20 Gehminuten ins Ortszentrum; angeschlossen an Mosel Campingplatz Rissbach in 700 Meter Entfernung mit Gastronomie.

**S 12.8** **Wohnmobilstellplatz Römerquelle** (S.279/F3)
Am Freizeitzentrum, 56856 Zell (Mosel), Tel. +49 6542 961216, www.campingpark-zell.de
GPS-Daten: 50.016944, 7.175833
Gebührenpflichtiger, ganzjährig geöffneter Stellplatz für ca. 50 Wohnmobile auf Schotter; V/E, Strom nur auf oberem Plateau; an der Mosel, neben dem Freizeit- und Erlebnisbad Zeller Land und Tennisanlage gelegen; Ortskern fußläufig entfernt.

**S 12.9** **Stellplatz an der Nordbrücke**
(S.279/F2) Moselstr., 56812 Cochem, Tel. +49 2671 60040, www.cochem.de
GPS-Daten: 50.153889, 7.168333
Tagsüber gebührenpflichtige, ganzjährig nutzbare Stellplätze für ca. zehn Wohnmobile auf Parkplatz; keine Infrastruktur; neben der Moseluferstraße B 49 und nahe der Nordbrücke gelegen; sehr guter Standort für Stadtbesichtigungen, weniger für Übernachtung (jedoch gebührenfrei möglich); für längere bzw. ruhigere Aufenthalte Mosel Camping Cochem auf der gegenüberliegenden Uferseite anfahren.

**S/C 12.10** **Reisemobilstellplatz Knaus Campingpark Koblenz** (S.279/G2)
Schartwiesenweg 6, 56070 Koblenz, Tel. +49 261 82719, www.knauscamp.de
GPS-Daten: 50.366111, 7.603889
Gebührenpflichtiger, ganzjährig geöffneter Stellplatz im Koblenzer Ortsteil Lützel für zehn Wohnmobile auf Rasengitter, in separatem Bereich vor der Einfahrt zum Knaus-Campingpark; Strom, ansonsten komplette Infrastruktur auf dem Campingplatz nebenan; sehr schöne Lage gegenüber von Deutschem Eck, Altstadt (Fährverbindung) und Festung Ehrenbreitstein.

# 13 ENTLANG DES RHEINS

## Von Andernach in die Nibelungenstadt Worms

Romantisch, sagenumwoben, geschichtlich reich und idyllisch, dabei immer auch wirtschaftlich von großer Bedeutung: Der Rhein hat viele unterschiedliche Gesichter. Er durchfließt mehrere Bundesländer, seine Ufer sind gesäumt von Landeshauptstädten, hübschen Orten und traumhaften Naturlandschaften. An den Hängen wächst dank des milden Klimas ein hervorragender Wein. Diese attraktive Wohnmobilroute hat den Streckenabschnitt der Rheinkilometer 613 bis 444, vom Geysir in Andernach bis zur Luther- und Nibelungenstadt Worms im Visier.

Auch im Herbst ein schönes Reiseziel: der Rhein

Klangvolle Namen wie Koblenz, Loreleyfelsen, Bacharach, Bingen, Rüdesheim, Mainz und Rheinhessen stehen mit auf dem Besuchsplan. Im Weltkulturerbe Rheintal geht es hoch hinaus, in Oppenheim dafür tief runter in die Keller der Stadt.

Die geschichtsträchtige Stadt Worms bildet dann den krönenden Abschluss. Immerhin sind hier die Wohnmobilisten in bester Gesellschaft, machten in Worms doch bereits die Römer, die Nibelungen und auch Luther Station.

## ZUM AUFTAKT EIN GEYSIR

Wer hätte das gedacht: Der höchste Kaltwasser-Geysir ist laut Guinness-Buch-Eintrag im Jahr 2008 in **Andernach** am Rhein. Und mit dieser einzigartigen Sensation startet eine vielfältige und abwechslungsreiche Rheintour. Der große Wohnmobilstell- und Parkplatz direkt am Rhein ist idealer Ausgangspunkt für die Stadterkundung. Das nahe gelegene Geysir-Zentrum liegt oberhalb der Uferpromenade und informiert

## ROUTE 13

**START- UND ENDPUNKT**
Andernach und Worms

**STRECKENLÄNGE**
186 Kilometer

**FAHRZEIT**
7 bis 10 Tage

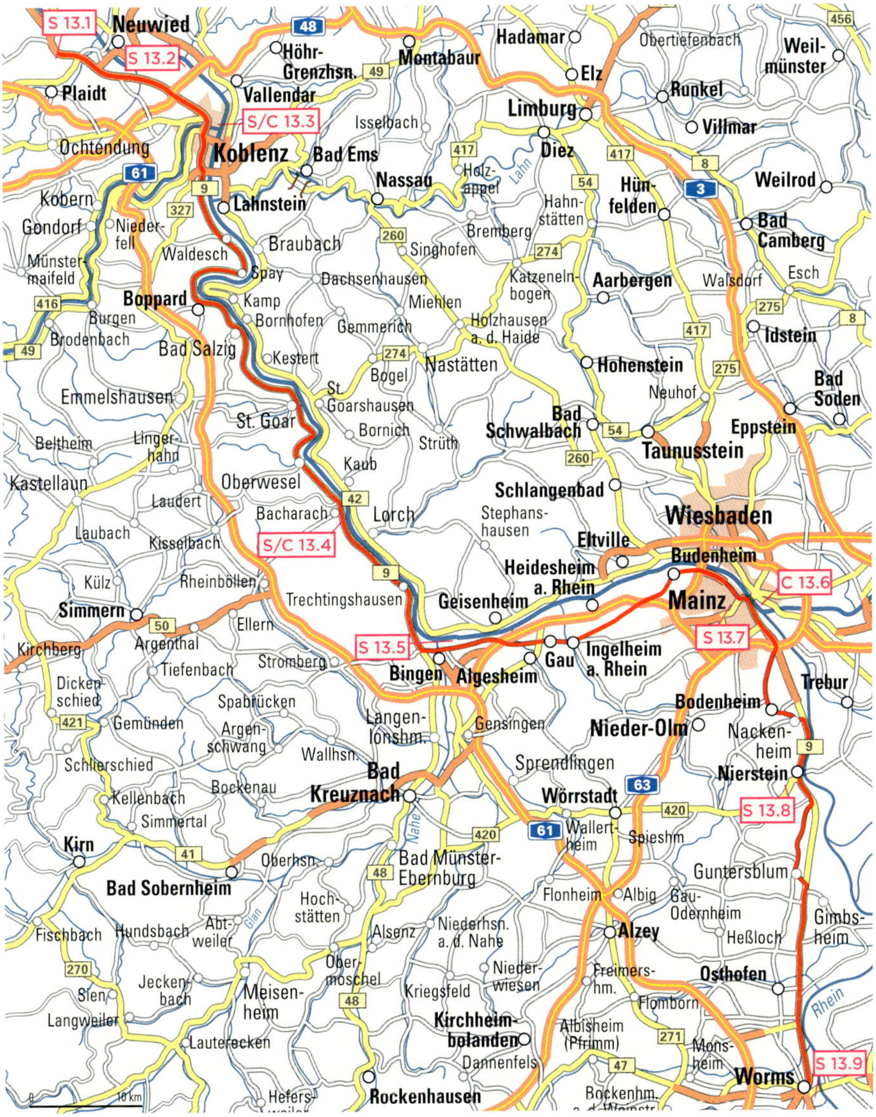

**Geysir in Andernach; mitte: Abendstimmung am Deutschen Eck Koblenz; rechts: Mittelrheintal von oben**

anschaulich für alle Altersklassen gestaltet über das Wie und Warum. Eintrittskarten für die täglich stattfindenden Schifffahrten ins Naturschutzgebiet und das Live-Erleben des Geysirs mit seiner beeindruckenden 50 bis 60 Meter hohen Wasserfontäne können nur hier gelöst werden.

Nach diesem einzigartigen Naturspektakel heißt es gelassen der L 121 nach Süden folgen. Fans kleinerer Wohnmobilstellplätze werden den Platz in **Urmitz** lieben, der ebenfalls direkt am Rhein liegt und daher mit Aussicht auf die Flussschifffahrt begeistert. Denn der nächste Tag steht ganz im Zeichen des Deutschen Ecks, der imposanten, den Fels beherrschenden Festung Ehrenbreitstein und des Zusammenflusses von Mosel und Rhein, beeindruckend zu sehen ist alles, insbesondere aus unterschiedlichsten Perspektiven.

## AM ZUSAMMENFLUSS VON RHEIN UND MOSEL

Vom Wohnmobilstellplatz bietet sich bereits der erste Rundumblick auf das bedeutende Deutsche Eck in **Koblenz** und auf die Festung Ehrenbreitstein. Wie in Tour 12 (hier näherten wir uns Koblenz über den Lauf der Mosel) bereits beschrieben, gibt es von dieser Mosel-/Rheinseite ausgehend die geradezu perfekte Route für eine Koblenz-Entdeckungsreise. Ohne die Beschreibung hier nochmals zu wiederholen, verweisen wir gerne auf den entsprechenden Abschnitt von Tour 12. Nur so viel sei hier gesagt: Das stolze, schöne Koblenz mit seinen zahlreichen Sehenswürdigkeiten zieht den Besucher unweigerlich in den Bann und seine Erkundung gehört zu einer Reise entlang des Rheins natürlich unbedingt dazu.

## PREUSSEN AM MITTELRHEIN

Bekannterweise speist sich der 1233 Kilometer lange Rhein aus unterschiedlichen Zuflüssen, um an seinem Ende in die Nordsee zu fließen. Nur wenige Kilometer auf der B 9 von Koblenz entfernt ist einer dieser Zuflüsse: die Lahn, die sich just gegenüber dem imposant am Hang liegenden **Schloss Stolzenfels** leise und dezent mit dem großen Vater Rhein vereint. Stolz wie der Name und als Zeichen preußischer Rheinromantik gepriesen, steht das heutige Schloss auf den Grundmauern einer Burgruine aus dem 13. Jahrhundert. Das Gesamtkunstwerk begeistert mit Gärten, dem 2011 restaurierten Schloss sowie mit der Rheinterrasse. Von hier schweift der Blick weit zur Lahnmündung, zur einst kurmainzischen Burg Lahneck und zur Braubacher Marksburg.

## WELTERBE MITTLERES RHEINTAL

Das mittlere Rheintal und das Tal der Loreley wurden früher viel besungen, sind weltweit bekannt und ein Sehnsuchtsziel Zigtausender in- und ausländischer Touristen. Die Schönheit und Einzigartigkeit brachte den Rheinkilometern 526 bis 593 den Titel UNESCO Welterbe ein. Und das zu Recht. Die Rheinschleife bei Boppard, die zahlreichen Burgruinen, Dörfer mit Uferstraße und Schiffsableger ziehen die Blicke auf sich.

Atemberaubend präsentiert sich die Gegend rund um den Felsen der Loreley, auf dem sie der Sage nach, ihr Haar kämmend, gesessen und die Fischer derart abgelenkt haben soll, dass sie in den Untiefen und an den Felsen des Rheins mit ihren Booten sanken und starben. Eine wunderbare Sicht von oben gibt es vom **Loreleyblick Maria**

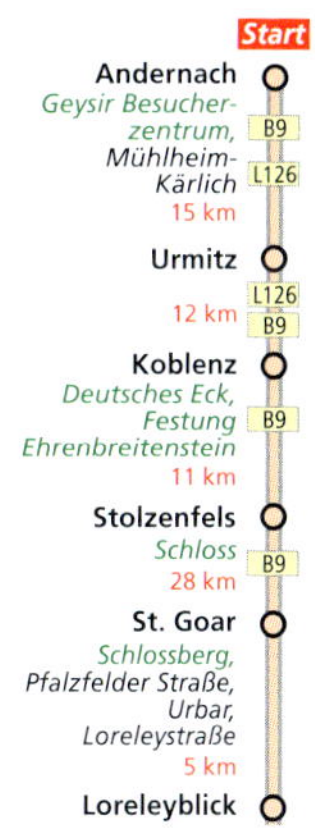

Pfalzgrafenstein bei Kaub und Burg Gutenfels; unten: Radfahren am Rhein entlang

Rechte Seite oben: Niederwalddenkmal mit Germania; unten: Kaiserdom St. Martin in Mainz

**Ruh** und vom Drehort der Serie »Heimat 3« am Günderodehaus einschließlich des Aussichtspunkts Sieben-Jungfrauen-Blick. Um hier hochzugelangen, heißt es in St. Goarshausen/St. Goar Richtung Urbar den Berg hinauf bis zum Abzweig Loreleyblick zu fahren. Wer zudem den Picknickkorb füllt, kann den Ausblick gleich doppelt schön genießen. Zurück auf der K 95 liegt nach rund zwei Kilometern auf der linken Seite der Parkplatz zum Günderodehaus. Danach windet sich die Straße nach Oberwesel wieder runter ans Rheinufer auf die B 9, um die Fahrt nun wieder entlang der Wasserlinie fortzusetzen.

Noch völlig beeindruckt vom Blick auf das attraktive Rheintal folgt schon gleich das nächste Fotomotiv: **Kaub** mit seiner auf einer Rheininsel im 14. Jahrhundert errichteten Zollstation Burg Pfalzgrafenstein und der 110 Meter über der Stadt gelegenen Burg Gutenfels. Der Abendspaziergang vor dem Schlafengehen im historischen **Bacharach** führt durch die engen Gassen des ehemaligen Weinhandelsplatzes. Malerisch am Hang gelegen, thront oben die Burg Stahleck, während Fachwerkhäuser und Stadtmauer weiter unten das Bild des romantischen Rheintals bestätigen.

SPECIAL

### WANDERN, RADFAHREN, SCHIFFFAHREN

Aktive Wohnmobilisten finden vielfältige Betätigungs- und Beschäftigungsmöglichkeiten entlang des Rheins. Auf Teilstücken des 320 Kilometer langen, rechtsrheinisch verlaufenden RheinSteigs wandern, den Spuren des Premiumwanderwegs RheinBurgenWeg folgen, entspannt und neugierig auf dem Sonnendeck der Rheinschifffahrt die Landschaft genießen oder entlang des bedeutenden Fernradwegs Rheinradweg in die Pedale treten – dies und mehr ist möglich. Alle Touren sind gut ausgeschildert, Informationen und Kartenmaterial sind in den Touristeninformationen bzw. online erhältlich.

## MÄUSETURM, NAHE UND DIE FÄHRE

Zur Landesgartenschau 2008 hat sich die Stadt **Bingen** aufgehübscht, die Rheinpromenade entsprechend ausgebaut und zum Flanieren angelegt. Vielleicht lauschig, auf jeden Fall historisch mutet das Ensemble von Binger Loch mit Mäuseturm und Ruine Ehrenfels an, bildet es doch den Eingang zum engen Felsental, durch das sich der Rhein seinen Weg bahnt. Der Weinlehrpfad Bingen-Büdesheim gibt beredt Auskunft u. a. zum Wirken der Heiligen Hildegard von Bingen und führt bis hoch zur Rochuskapelle.

Da zwischen Koblenz und Mainz keinerlei Brücken die Schönheit des Kulturerbes Mittelrheintals stören dürfen, bieten einzig einige Fähren die Möglichkeit, die Uferseiten zu wechseln. Um die Stadt Rüdesheim, die beeindruckende Benediktinerinnen-Abtei St. Hildegard oder das von Weinhängen gesäumte Niederwalddenkmal mit der 12,5 Meter hohen Germania, ein Gedenkbauwerk aus der Zeit des Deutschen Kaiserreichs, auf der gegenüberliegenden Rheinseite zu besuchen, ist die Auto- und Personenfähre in Bingen geradezu ideal. Der Wohnmobilstellplatz Bingen liegt im Ortsteil Gaulsheim in unmittelbarer Nähe zu den Rheinauen mit Spazier- und Radwegen.

## FRUCHTBARES HÜGELLAND

Obstbäume, Weinreben und Ackerflächen mit Gemüse begleiten die Fahrt an der Rotweinstadt Ingelheim vorbei. Bei schönem Wetter ist ein Stopp in **Heidenfahrt** empfehlenswert, sitzt man doch dort zwischen Ostern und Ende Oktober im Biergarten direkt am Rhein.

Danach lockt die rheinland-pfälzische Landeshauptstadt Mainz mit ihren knapp 210 000 Einwohnern und beliebt bei rund 40 000 Studenten. Wer übernachten möchte, fährt sicherlich zuerst den Wohnmobilstellplatz am Bruchwegstadion an, dem ehemaligen Spielort von Mainz 05, und beginnt von dort die Stadtbesichtigung.

## MEHR ALS FASTNACHT UND MAINZELMÄNNCHEN

Das lebenslustige **Mainz** besticht mit einer schönen, von Fachwerk geprägten Altstadt. Der zentral in der Nähe des Marktplatzes erbaute romanische Kaiserdom St. Martin beeindruckt mit 1000-jähriger Geschichte und wirkt mit den barocken und gotischen Elementen sowie dem achteckigen Turm recht imposant. Im Gutenberg-Museum mit Originalexemplaren der Gutenberg-Bibel steht die wegweisende Erfindung des Buchdrucks im Mittelpunkt. Von hier aus sind es ein paar Gehminuten zum Rheinufer, das sich insbesondere in den letzten Jahren rund um den Winterhafen zum Trendquartier entwickelt

**Loreleyblick**
*Urbar, Rheingoldstraße* K95
3 km
**Günderodehaus**
*Oberwesel, Kaub, Burg Pfalzgrafenstein* B9
9 km
**Bacharach**
*Burg Stahleck* B9
16 km
**Bingen**
*Mäuseturm, Niederwalddenkmal, Mainzer Straße,* L419 *Ingelheim, Heidesheim, Heidenfahrt*
31 km
**Mainz**
*Dom, Gutenberg-Museum, Chagall-Fenster, Wiesbaden,* B9 *Rheingau, Laubenheimer Höhe*

hat. Nachmittags und abends heißt es hier Freunde treffen, essen gehen und flanieren. Rheinhessisch gesellig und kulinarisch herzhaft wird es in traditionellen Weinwirtschaften in der Altstadt.

Richtig berühmt sind die Chagall-Fenster in der Kirche St. Stephan, geliebt die Mainzelmännchen des in der Landeshauptstadt ansässigen Fernsehsenders ZDF. Der Rosenmontagszug zieht Tausende Schaulustige und feierfreudige Fastnachtsfans an, es gibt sogar einen eigenwilligen Fastnachtsbrunnen am Schillerplatz. Die Römer haben neben dem Weinbau an unterschiedlichsten Stellen ihre Spuren hinterlassen, ausgestellt u. a. im Museum für Antike Schifffahrt des RGZM (Römisch-Germanisches Zentralmuseum) nahe des Römischen Theaters. Die für die Stadt bedeutende Zitadelle aus dem 19. Jahrhundert war früher eine Festungsanlage und dient heute auch als Eventlocation, z. B. für interessante Konzerte.

**KULTUR**

### WIESBADEN UND RHEINGAU

Nah beieinander und doch so verschieden: Wiesbaden, die Landeshauptstadt von Hessen, liegt Mainz gegenüber und ist über Rheinbrücken gut erreichbar. Über die Theodor-Heuss-Brücke und an der Szene-Location Bastion Schönborn vorbei befindet sich das beliebte Naherholungsgebiet der Maaraue am Rheinufer des Stadtteils Mainz-Kostheim. Repräsentativ und Zeitzeuge einer mondänen Ära als Kurstadt sind das in der Innenstadt von Wiesbaden erbaute Kurhaus mit Casino und Kurpark, die Theaterkolonnaden und das gegenüberliegende Hotel Nassauer Hof an der mit edlen Boutiquen bestückten Wilhelmstraße. Im Stadtteil Biebrich beherrscht das Biebricher Schloss nebst Schlosspark die Rheinpromenade. Das weit über die Landesgrenzen hinaus bekannte Weinanbaugebiet Rheingau ist berühmt für gute Tropfen und das legendäre Rheingau-Musikfestival.

## RHEINHESSEN PUR ERLEBEN

Nach dem Stadterlebnis Mainz lockt der Blick in die Ferne. Bei guter Sicht sind Frankfurts Wolkenkratzer von der Aussichtsterrasse des Hofguts Laubenheimer Höhe zu erkennen. Von hier aus prägen nun Weinhänge die bezaubernde Landschaft in Rheinhessen. Und mit Wein geht es in **Nierstein** auch gleich weiter. Die Rieslinge vom Roten Hang sind mehrfach prämiert, die alljährliche Weinberg-Präsentation durch die Winzer im

**Unten: Kurhaus Wiesbaden mit Casino und Kurpark**

Oben links: Wohnmobilstellplatz Weingut Gehring, Nierstein; rechts: Nierstein, im Hintergrund Weinlage Roter Hang; unten links: Kühkopf – Bärlauch im Frühling; rechts: Lutherdenkmal von Ernst Rietschel, Enthüllung am 25. Juni 1868, Worms

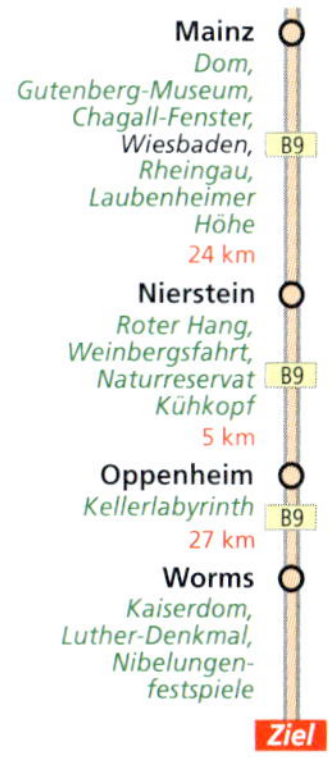


Juni ist ein sehr beliebtes Event. Der Wohnmobilstellplatz mit Fernblick beim Weingut Gehring ist idealer Ausgangspunkt für Wanderungen und Radtouren durch die liebliche Rebenlandschaft. Eine Weinbergfahrt mit Traktor und Planwagen bei »Weck, Worscht und Woi« bleibt ewig in guter Erinnerung. Rheinhessische Straußwirtschaften öffnen am Wochenende Küche und Keller und so manch ein Urlauber hat sich schon auf diese Weise in Land und Leute verliebt.

## DIE STADT UNTER DER STADT

Nierstein und Oppenheim gehen an der B 9 geradezu ineinander über. Aufgrund der engen Gassen des mittelalterlichen **Oppenheim** empfiehlt es sich, einen der nahe der Bundesstraße ausgeschilderten Parkplätze zu nutzen. Genau genommen schmiegen sich 1000 Jahre Geschichte idyllisch an den Hügel, während der Rhein, etwas abseits,

AUSFLUG

### KÜHKOPF-KNOBLOCHSAUE UND DER ALTRHEIN

Insgesamt 2440 Hektar Naturschutzgebiet bilden linksrheinisch eine wichtige Brutstätte für Vögel und Insekten und somit das Europavogelreservat am Rhein. Erreichbar über zwei Altrheinarm-Brücken, ist das Naturreservat nahezu unbebaut und idyllisch zu Fuß oder mit dem Fahrrad erkundbar. Der Frühling auf dem Kühkopf berauscht mit blühendem Bärlauch und duftenden Blüten zahlreicher Apfelbäume. Mit der Rheinfähre Landskrone ist die Überfahrt mehrfach täglich von Nierstein nach Kornsand/Trebur möglich, von dort geht es weiter zu den Einstiegsparkplätzen Erfelden oder Stockstadt, von letzterem u. a. zum fußläufigen Umweltbildungszentrum Schatzinsel Kühkopf (https://schatzinsel-kuehkopf.de) und Hofgut Guntershausen.

Hagen versenkt den Nibelungenschatz.

eine Biegung durchfließt. Beschützt von der Burg Landskrone bezaubert die historische Altstadt mit Markplatz und der weithin sichtbaren Katharinenkirche. Doch der eigentliche und zudem historische Schatz liegt tief verborgen, ist wetterunabhängig begehbar und ganzjährig geöffnet. Unter der Oppenheimer Altstadt breitet sich das einzigartige Oppenheimer Kellerlabyrinth aus, das auf geführten Touren, buchbar bei der Touristeninformation, besichtigt werden kann.

## 2000 JAHRE GESCHICHTE

Und erneut geht es über die B 9, diesmal zum Schlussakt dieser Rheintour. Römer, Nibelungen und Luther – in **Worms** trifft sich die Geschichte. Auf Schritt und Tritt gibt es etwas zu entdecken. Vom beeindruckenden Kaiserdom St. Peter, erbaut 1130 bis 1181, bis zum Lutherdenkmal, einem der größten Reformationsdenkmäler weltweit, sind es nur ein paar Meter zu Fuß, die jedoch geschichtlich Jahrhunderte überbrücken.

Die Nibelungenfestspiele sind mittlerweile eine feste Größe im Kulturkalender, das modern inszenierte Nibelungenmuseum klärt multimedial auf über Mythos und Sage. Dass Hagen von Tronje den Schatz der Nibelungen im Rhein versenkt haben soll, ist am Rheinufer hervorragend in Bronze gefertigt anzuschauen. In unmittelbarer Nähe liegt der Wohnmobilstellplatz. Und für den Ausklang am Abend könnten die sommerliche Strandbar443 oder das Wormser Hagenbräu mit Biergarten genau die richtigen Orte sein, um bereits von der nächsten Wohnmobiltour zu träumen.

# PRAKTISCHE HINWEISE

## TOURISTENINFORMATIONEN

**Tourist-Information Andernach**
Konrad-Adenauer-Allee 40 (im Geysir-Zentrum), 56626 Andernach, Tel. +49 2632 9879480, www.andernach-tourismus.de

**Tourist-Information Koblenz**
Zentralplatz 1 (im Forum Confluentes), 56068 Koblenz, Tel. +49 261 19433, www.koblenz-touristik.de

**Tourist-Information Bacharach**
Oberstr. 10, 55422 Bacharach, Tel. +49 6743 919303, www.bacharach.de

**Touristinformation Bingen**
Rheinkai 21, 55411 Bingen, Tel. +49 6721 184205, www.bingen.de

**Tourist Service Center Mainz**
Rheinstr. 55 (Brückenturm), 55116 Mainz, Tel. +49 6131 242888, www.mainz-tourismus.com

**Tourist Information Wiesbaden**
Marktplatz 1, 65183 Wiesbaden, Tel. +49 611 1729930, www.wiesbaden.de

**Tourismus- und Kulturbüro Nierstein**
Bildstockstr. 10, 55283 Nierstein, Tel. +49 6133 960500, www.nierstein.de

**Touristeninformation Oppenheim**
Merianstr. 2 a, 55276 Oppenheim, Tel. +49 6133 490914, www.stadt-oppenheim.de

**Tourist Information Worms**
Neumarkt 14, 67547 Worms, Tel. +49 6241 8537306, www.worms.de

## STELLPLÄTZE UND CAMPINGPLÄTZE

S 13.1 **Wohnmobilstellplatz Andernach**
(S. 279/G1) Uferstr. 5, 56626 Andernach, Tel. +49 2632 9879480, www.andernach-tourismus.de
GPS-Daten: 50.441667, 7.408889
Gebührenpflichtiger, ganzjährig geöffneter

**Wohnmobilstellplatz Bingen**

**Reisemobilstellplatz am Rhein in Worms**

Stellplatz für ca. 100 Wohnmobile auf Rasengitter; V/E, Strom; an der Uferstraße auf einem großen Parkplatzareal direkt am Rhein gelegen mit Blick auf die Weinberge; erste Reihe wie überall stark nachgefragt; in fußläufiger Nähe zur historischen Altstadt und dem Geysir-Zentrum.

S 13.2 **Wohnmobilhafen Urmitz**
(S. 279/G1) Kaltenengerser Str. 3 c,
56220 Urmitz, Tel. +49 2630 7048,
www.urmitz.de
GPS-Daten: 50.417222, 7.525000
Gebührenpflichtiger, ganzjährig geöffneter und kompakter Stellplatz für 24 Wohnmobile auf Asphalt; V/E, Strom, WC; direkt am Rhein gelegen; Stellplätze sind halbkreisförmig angeordnet, sehr schöne Sicht im vorderen, flussnahen Bereich.

S/C 13.3 **Reisemobilstellplatz Knaus Campingpark Koblenz** (S. 279/G2)
Schartwiesenweg 6, 56070 Koblenz,
Tel. +49 261 82719, www.knauscamp.de
GPS-Daten: 50.366111, 7.603889
Gebührenpflichtiger, ganzjährig geöffneter Stellplatz im Koblenzer Ortsteil Lützel für zehn Wohnmobile auf Rasengitter, in separatem Bereich vor der Einfahrt zum Knaus Campingpark; Strom, ansonsten komplette Infrastruktur auf dem Campingplatz nebenan; sehr schöne Lage gegenüber von Deutschem Eck, Altstadt (Fährverbindung) und Festung Ehrenbreitstein.

S /C 13.4 **Reisemobilstellplatz Bacharach**
(S. 279/H3) Strandbadweg 9,
55422 Bacharach, Tel. +49 6743 1752,
www.camping-rhein.de
GPS-Daten: 50.054722, 7.771389
Gebührenpflichtiger, ganzjährig geöffneter Stellplatz für 33 Wohnmobile auf Schotter-/Sanduntergrund; komplette Infrastruktur (Anfang November bis Ende März eingeschränkt, da Campingplatz geschlossen); am Rheinufer direkt vor dem Campingplatz Sonnenstrand gelegen; Zugverkehr auf beiden Rheinseiten und B 9 können als störend empfunden werden; Ortskern und Burg Stahleck fußläufig.

S 13.5 **Wohnmobilpark Bingen**
(S. 279/H3) Außerhalb 11, 55411 Bingen-Gaulsheim, Tel. +49 6721 153421,
www.wohnmobilpark-bingen.de
GPS-Daten: 49.968611, 7.944167
Gebührenpflichtiger, ganzjährig geöffneter und parzellierter Stellplatz für 40 Wohn-

mobile auf Rasengitter; V/E, Strom, WLAN, Waschmaschine/Trockner; WC/Dusche und Gastronomie im nahe gelegenen Campingplatz (500 m) nutzbar; ruhig und nahe am Rhein gelegen; ÖPNV-Anschluss, ins Stadtzentrum Bingen ca.3, 5 Kilometer.

**C 13.6 Campingplatz Maaraue**
(S.280/A4) Maaraue 48, 55246 Mainz-Kostheim, Tel. +49 6134 2575922, www.campingplatz-maaraue.de
GPS-Daten: 49.968611, 7.944167
Gebührenpflichtiger Campingplatz mit insgesamt ca. 100 Stellplätzen auf Rasen; komplette, jedoch renovierungsbedürftige Infrastruktur; geöffnet Anfang April bis Mitte Oktober; in einem beliebten Naherholungsgebiet mit Freibad, auf der gegenüberliegenden Rheinseite der Mainzer Altstadt gelegen; zu Fuß über die Theodor-Heuss-Brücke in das Stadtzentrum; Zufahrt über den Ortsteil Kostheim.

**S 13.7 Wohnmobilstellplatz Mainz**
(S.280/A4) Dr.-Martin-Luther-King-Weg 21, 55122 Mainz, Tel. +49 1573 1949711, www.wohnmobil-stellplatz-mainz.de
GPS-Daten: 49.998889, 8.246944
Gebührenpflichtiger, ganzjährig geöffneter Stellplatz für 56 Wohnmobile auf Schotter/Pflaster; V/E, Strom, WLAN; neben dem Parkplatzareal des Bruchwegstadions gelegen, für Stadtverhältnisse ruhig; ca. 30 Minuten Fußweg zum Domplatz; ÖPNV-Anbindung und Gastronomie in der Nähe.

**S 13.8 Wohnmobilstellplatz am Weingut Gehring** (S.280/A4)
Außerhalb 17 (B 420 Nierstein–Dexheim), 55283 Nierstein, Tel. +49 6133 5470, www.weingut-gehring.de
GPS-Daten: 49.856111, 8.325000
Gebührenpflichtiger, ganzjährig geöffneter Stellplatz für 28 Wohnmobile auf Rasen; komplette Infrastruktur; außerhalb von Nierstein im hinteren Teil eines Weingutes gelegen, umgeben von Weinbergen mit sehr schönem Fernblick; Weinwirtschaft (Öffnungszeiten beachten), die auch für Veranstaltungen genutzt wird, direkt auf dem Gelände.

**S 13.9 Reisemobilstellplatz am Rhein**
(S.280/A5) Kastanienallee, 67547 Worms, Tel. +49 6241 8537306, www.worms.de
GPS-Daten: 49.634722, 8.375000
Gebührenpflichtiger, ganzjährig geöffneter Stellplatz für 30 Wohnmobile auf Schotter; V/E, Strom (jeweils mit Einschränkungen); nahe am Rhein, jedoch ohne Flussblick gelegen; Beeinträchtigungen durch Gastronomie, Hafenbetrieb und Veranstaltungen möglich; geeignet für Stadtbesichtigung, zu Fuß in 25 Minuten ins Stadtzentrum, Busanbindung in der Nähe.

**Wohnmobilstellplatz Mainz**

# 14 VOM MÜRITZ-FISCH BIS ZUR SPREEWALD-GURKE

ROUTE 14

**START- UND ENDPUNKT**
Plau am See und Lübbenau

**STRECKENLÄNGE**
367 Kilometer

**FAHRZEIT**
14 Tage

## Von der Mecklenburgischen Seenplatte über Berlin in den Spreewald

Wassersportler, Radfahrer und Spaziergänger werden diese Tour lieben, deren Herzstück der Besuch Berlins darstellt. Die Mecklenburgische Seenplatte fasziniert zu jeder Jahreszeit und bietet Erholung auf vielfältigste Weise. Im größten vernetzten Wassersportgebiet Europas reihen sich 1117 miteinander verbundene Seen, beispielsweise Plauer See oder Müritzsee, mit all den sehenswerten Städten und Ortschaften aneinander. Selbst die Bundeshauptstadt wäre so über die Wasserwege erreichbar, wenngleich die hier beschriebene Route selbstverständlich die schönsten Wohnmobilstrecken nutzt. Nach Großstadtflair, Geschichte und Currywurst im kultigen Berlin ruft die Idylle des Spreewalds zum geruhsamen Ausklang.

Historische Hubbrücke in Plau am See

10 km
Waren (Müritz)
S 14.4
S 14.3
S 14.2
C 14.1
Plau a. S.
Malchow
Karow
Jabel
Klink
Sietow
Müritz
Röbel
Penzlin
Burg Stargard
Alt Käbelich
Strasburg (Uckermark)
Neustrelitz
Nationalpark
S 14.5
Mirow
Wesenberg
Fürstenberg
S 14.6
Feldberg
Prenzlau
Schmölln
Lychen
Templin
Rheinsberg
Wittstock/Dosse
Pritzwalk
Gransee
Zehdenick
Angermünde
Neuruppin
Kyritz
Oranienburg
S 14.7
Wandlitz
Eberswalde
Bad Freienwalde (Oder)
Bernau b. Berlin
Birkenwerder
Velten
Hennigsdorf
Nauen
Falkensee
Rathenow
S 14.8
BERLIN
Strausberg
Neuenhagen
Rüdersdorf
Erkner
Schöneiche
S 14.11
S 14.9
S 14.10
POTSDAM
Brandenburg
Genthin
Teltow
Zeuthen
Königs Wusterhausen
Storkow
Ludwigsfelde
Rangsdorf
Beelitz
Kloster Lehnin
Zossen
Belzig
Luckenwalde
Treuenbrietzen
Jüterbog
Lübben/Lubin Spreewald
S 14.14
S 14.13
S 14.12
Lübbenau/Spreew.
Coswig
Roßlau
Dahme
Zahna

Einen Besuch wert – Drehbrücke in Malchow; rechts: Seebär mit Blick aufs Wasser; unten: Den See lecker auf dem Teller

## PLAUER SEE UND NATURPARK

Dort, wo der 62 Kilometer lange Radrundweg »Lehm- und Backsteinstraße« auf das Wahrzeichen der Stadt **Plau am See** trifft, beginnt diese Tour im sogenannten Land der 1000 Seen. Die seit über 100 Jahren existierende historische Hubbrücke über die Elde gibt der Stadt das markante Gesicht, die Durchfahrt wird heute von Freizeitkapitänen genutzt. Angrenzende Restaurants und Cafés laden zum Verweilen und Genießen ein. Etwas abseits, dafür direkt am Strandbad gelegen, bietet der Wohnmobilstellplatz des Campingparks Zuruf Gelegenheit, sich von den Strapazen der Anreise zu erholen.

So gestärkt, gibt es nun mehrere Möglichkeiten der Weiterreise. In der Saison

SPECIAL

### ZEITLOSE SCHMANKERL

In Buchholz, mit seiner romantischen Hafenidylle am Ende eines langen Müritzarms, scheint im Gasthaus Zu den drei Linden die Zeit stehen geblieben zu sein. Die alte Einrichtung des Kolonialwarengeschäfts ist noch sichtbar, der in Butter gebratene Zander mit hausgemachtem Kartoffelsalat dafür umso frischer und superlecker. Wer Gelegenheit hat, sollte das Angebot der offenen Kirche gleich in der Nachbarschaft nutzen, denn gerade der Blick auf die kleinen Dinge kann unser Herz erfreuen.

fährt der »Große Rote«, ein Rundbus, um den Plauer See, alternativ gibt der Radrundweg Zeugnis von kulturhistorischen Objekten. Ein Stopp am **Karower Meiler**, dem Kultur- und Informationszentrum zum Naturpark »Nossentiner/Schwinzer Heide«, ist bei allen Aktivitäten empfehlenswert. Die Ausstellung beherbergt liebevoll zusammengestellte Exponate sowie Karten und Informationen zu Führungen und Veranstaltungen. Weite Wälder und stille Seen laden zum Wandern oder Kanufahren durch eine reizvolle Naturlandschaft ein.

## DREHBRÜCKE UND DDR-MUSEUM

Wenngleich das Schild »max. 2,8 t« abschreckt, lohnt es sich doch, die Abfahrt **Malchow** zu nehmen und am Pkw-Parkplatz Altstadt-West zu parken. Denn der Hinweis betrifft die Überfahrt der Drehbrücke, nicht den Anblick! Der Malchower See liegt zwischen Müritzsee und Plauer See und kann stolz sein auf die Besonderheit dieser Drehbrücke. Der Spaziergang führt runter zum Wasser, vorbei am sehenswerten DDR-Museum mit Alltagsgegenständen aus 40 Jahren DDR zu den Themen Kino, Hochzeit, Schulanfang und Jugendweihe, Arbeitsleben, Mode, Urlaub und Technik.

Jede volle Stunde beginnt dann in der Ortsmitte das beeindruckende Schauspiel der in Aktion tretenden Drehbrücke. Kaffee und Kuchen mit Blick aufs Wasser und die schaukelnden Boote samt ihrer Hausbootbesatzung überbrücken die Wartezeit bis zur vollen Stunde. Wer Räucherfisch liebt und einkaufen möchte, wird bestimmt gleich in der Nähe auf der historischen Insel Malchow fündig.

## ALTER MARKT ODER JACHTEN IM STADTHAFEN

Was für Hausbootfahrer übrigens eine mehrstündige Fahrt durch Seen und Kanäle bedeutet, ist für Reisemobilisten geradezu ein Katzensprung. Zum Nachmittag hin geht es nämlich weiter nach **Waren an der Müritz**. Der Luftkurort, seit 2012 staatlich anerkanntes Soleheilbad, bietet geschichtsträchtige Plätze und Häuser, verbunden mit einer wechselvollen Geschichte. Weithin sichtbar sind die Türme der Marienkirche und der Georgenkirche – doch auch das Alte und das Neue Rathaus sowie das Haus des Gastes, ein denkmalgeschütztes Fachwerkhaus, sind sehenswert.

**KULTUR**

**FONTANESTADT NEURUPPIN**

Literaturfans wissen um die Bedeutung des 1819 in Neuruppin/Brandenburg geborenen Schriftstellers des Realismus, Theodor Fontane.
Ihm zu Ehren wurde 1998 seine Geburtsstadt offiziell zur Fontanestadt und hat allein dadurch bereits viel zu bieten. Stolz auf den berühmten Sohn feierte die Stadt 2019 seinen 200. Geburtstag, zudem begegnet er den Reisenden mal mit Denkmal, entlang des Stadtrundgangs, auf dem Fahrradweg oder im Umland.

Der Wohnmobilstellplatz am Hafen steht nur abends und nachts zur Verfügung. Sowieso besser ausgestattet und ebenso fußläufig zu Schiffabfahrtsstellen und Innenstadt ist »Blumen und Parken«.

Ein Tipp: Zum Flanierufer an der Binnenmüritz am Stadthafen schlendern, entspannt dem Treiben der Möwen und Schwäne oder auch den manchmal erheiternden Anlegemanövern ungeübter Hausbootfahrer zuschauen, um dann mit Vorfreude die Aktivitäten des nächsten Tages zu planen.

Von der kurzen Schiffstour bis zur mehrstündigen Müritz-Rundfahrt, über das Angeln mit den Müritzfischern bis hin zur kleinen Shoppingtour im Städtchen oder einer naturverbundenen Fahrradfahrt ist alles möglich.

Die Wasserfläche der Müritz misst übrigens 117 Quadratkilometer und der Müritz-Nationalpark grenzt ans Stadtgebiet. Im Müritzeum, dem großen Naturerlebniszentrum in Waren samt integriertem Museum finden Interessierte vielfältige weitere Informationen zur Region.

Erstrahlt in neuem Glanz: Schloss Mirow

Rechte Seite oben links: Einmal das Schleusen beobachten; rechts: Erholung und Entspannung: Wohnmobilstellplatz in der Marina Fürstenberg

## VERSTECKTES ROKOKO

Die nächste Etappe führt weg vom Müritzsee und taucht ein in die Kulturlandschaft der Guts- und Herrenhäuser im Land jenseits der Elbe. 100 Exemplare jener Häuser, die glücklicherweise noch erhalten bzw. restauriert sind, hat der Tourismusverband in einer eigenen Karte verzeichnet und einige davon liegen rechts und links dieser Tour. So ist auch die **Schlossinsel Mirow** ein beliebter wie sehenswerter Anziehungspunkt für Tagestouristen.

Seit 2017 endlich wieder hübsch herausgeputzt und für Besucher geöffnet, begeistert Schloss Mirow, das ab 1709 als Witwensitz für Mecklenburg-Strelitzer Herzoginnen errichtet wurde, durch seinen hochbarocken Festsaal. Das Gebäudeensemble mit Torhaus, Johanniterkirche sowie angrenzender Liebesinsel beherbergt gleichzeitig die Grabstätte des letzten Herzogs von Mecklenburg-Strelitz, Großherzog Adolph Friedrich VI. Der Garten ist rund um die Uhr zugänglich, ein kleiner Wohnmobilparkplatz bietet die Möglichkeit, auch über Nacht stehen zu bleiben und somit in aller Ruhe den Sonnenuntergang auf der Liebesinsel zu genießen. Alternativ lockt die nahe gelegene alte Schlossbrauerei mit ihrem Gewölberestaurant oder der Seeterrasse.

## WÄLDER, STILLE SEEN UND WASSERWEGE

In der Region gibt es zahlreiche Schiffsanleger für spontane Ausflugsfahrten und vielerorts bietet ein kurzer Stopp die Möglichkeit, den faszinierenden Schleusenvorgang zu beobachten oder auch die Kanuten, Paddler und Hausbootenthusiasten im Wasser. Nach kurzer Fahrt wartet schon der nächste Hafen, diesmal in der Wasserstadt **Fürstenberg** an der Havel. Dass hier Wassersport besonders großgeschrieben wird, ist verständlich, denn

Fürstenberg ist sozusagen umringt von etlichen Seen. Nicht nur die Herzen von Kanufreunden und Stand-up-Paddlern schlagen da höher. Auch Fahrradfahren, das Ausprobieren einer Draisine oder eine entspannte Fünf-Seen-Schifffahrt sind angesagte Freizeitaktivitäten. Wer die Ruhe der Seenlandschaft mal kurz mit dem Trubel Berlins oder der Ostseeluft in Stralsund tauschen möchte, löst einfach ein Tagesticket und steigt in den Zug Richtung Hauptstadt bzw. gen Norden.

## BERLIN, BERLIN, WIR FAHREN NACH BERLIN

Auf dem Weg Richtung Hauptstadt mit all den wunderbaren Sehenswürdigkeiten, geschichtsträchtigen Straßen und quirligen Plätzen bleibt noch Zeit für einen Abstecher zum **Schloss Oranienburg**. Der Reisemobilstellplatz am Schlosshafen ist ruhig und parzelliert, sogar eine Slipanlage und Bootsliegeplätze sind hier vorhanden. Mobilisten mit eigenem Boot wird es freuen. Das älteste Barockschloss in der Mark Brandenburg mit Schlossmuseum und der Schlosspark sind in wenigen Minuten zu Fuß erreichbar. Wer Zeit und Lust hat, genießt noch einen Tag Ruhe und Gelassenheit am Wasser, bevor es dann über die A 111 richtig rein geht ins Großstadtfeeling.

Endlich ist es so weit: **Berlin**. Da tauchen doch sofort wunderschöne Bilder vor dem geistigen Auge auf: Brandenburger Tor, Potsdamer Platz, Reichstag, Gendarmenmarkt, Museumsinsel, der sensationelle Blick vom Fernsehturm, kultige Currywurst und Checkpoint Charlie, zusätzlich das Ampelmännchen in allen Variationen und überall als Souvenir.

Mal bunt geschmückt, mal reduziert in Grau, es warten im Stadtgebiet Geschichte und Geschichtchen, Museen jeglicher Ausrichtung, Events und Lebensfreude – und vieles zu jeder Tag- und Nachtzeit. Die Qual der individuellen Wahl steht bevor.

## SCHÖNE BUNTE HAUPTSTADT

Als »grüner« Entspannungsort und gleichzeitig guter Ausgangspunkt bietet sich der neue Wohnmobilstellplatz am Nordufer des Strandbads Plötzensee an. Ob für eine oder auch für fünf Nächte, hier kann man sich ausruhen, egal nach welcher Aktivität. Denn in Berlin ist alles machbar, ob individuell zu Fuß, mit S- und U-Bahn, mit organisierter Stadtrundfahrt oder mit dem Fahrrad.

Hipp oder ruhig, großflächig oder kleinteilig, geschichtsträchtig oder ideal für sportlich Aktive: Die Stadtteile begeistern mit Parks und vielseitigen Grünflächen, beispielsweise dem Tempelhofer Feld, dem Schlossgarten Glienicke oder dem Szenetreff Mauerpark, entstanden aus dem ehemaligen Mauerstreifen. Die East Side Gallery ist ebenso ehrliches Zeugnis der Teilung Deutschlands und Berlins, und die Hackeschen Höfe stehen mit ihrer typischen Hinterhofromantik für Kultur, Shopping und Nachtleben. Musical, Varieté, Livemusik oder Theater, Berlin hat jedes Genre im Programm. Kulturinteressierte, die ein Konzert auf der legendären Waldbühne erleben dürfen, werden noch lange davon schwärmen.

Kulinarisch ist so ziemlich alles möglich und zu finden, von der Sterneküche und Gourmetetage im KaDeWe bis hin zum Unverpackt-Laden, von vielfältigen Bio- und Ökomärkten bis zur beliebten Currywurst.

**Beeindruckende Terrassenanlage von Schloss Sanssouci**

## BERLIN VON OBEN

Eine Stadt von oben zu betrachten ist immer wieder ein berauschendes Erlebnis. Obwohl Berlin nicht wie Frankfurt über eine Wolkenkratzer-Skyline verfügt, gibt es einige Aussichtsplattformen, die hervorragend geeignet sind, um Rundumsichten zu genießen. Empfehlenswert sind der Fernsehturm am Alexanderplatz, der Französische Dom am Gendarmenmarkt, der Panoramapunkt am Potsdamer Platz und selbstverständlich auch die in oberen Etagen liegenden Bars und Dachterrassen einiger Hotels. Wenn dann nach langen Fußmärschen die Füße schmerzen oder einfach als willkommene Abwechslung: Eine Schifffahrt kreuz und quer durch die Wasserstraßen Berlins mit Spree und Kanälen ist eine erholsame Maßnahme, bei der man diese einzigartige Stadt aus interessanten Perspektiven immer wieder neu erlebt.

## ARCHITEKTONISCH ANSPRUCHSVOLL

Wer bisher nur Weimar und Dessau auf dem Bauhaus-Zettel hatte, wird überrascht sein, wie vielfältig Berlin in die »100 Jahre Bauhaus«-Geschichte (gefeiert 2019) integriert ist.

Apropros Architektur, auch da kann die Hauptstadt mit attraktiven Eyecatchern aufwarten. So ist das Nikolaiviertel in Berlin Mitte das erste und damit älteste Wohngebiet. Das Jüdische Museum zeigt die größte Ausstellung zum Judentum in Europa und

Paddeln im Spreewald

Kahnfahrt-Idylle im Spreewald – ein must-have

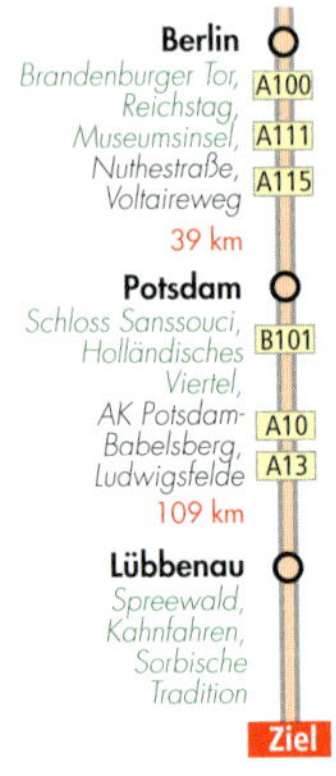


ist zugleich ein weiteres, architektonisches Highlight. Der Gendarmenmarkt wird gleich von drei monumentalen Bauten geprägt, dem Deutschen Dom, dem Französischen Dom und dem Konzerthaus.

Architektur und Geschichte verbinden aber auch Ost und West rund um den Reichstag, dessen beeindruckende Glaskuppel vom britischen Stararchitekten Foster entworfen wurde. Fußläufig sind von hier u. a. das Bundeskanzleramt, der Hauptbahnhof, das Brandenburger Tor, das Holocaust-Mahnmal und die Straße Unter den Linden.

## AUF DEN SPUREN DES ALTEN FRITZ

Auch wenn die pulsierende Großstadt den einen oder anderen in ihren Bann zieht, irgendwann heißt es Abschied nehmen und weiterfahren. Gewechselt wird von einer Großstadt zur nächstgelegenen großen Stadt, nämlich von Berlin nach **Potsdam**, die Landeshauptstadt Brandenburgs. Hier warten das Schloss des Alten Fritz, Schloss Sanssouci, und der 300 Hektar große Park mit der einzigartigen Terrassenanlage. 1990 in die Welterbeliste der UNESCO aufgenommen, begeistert er inklusive der prächtigen Fontäne Tag für Tag zahlreiche Besucher. Für Wohnmobilisten gibt es auf dem P1 (Busse/Wohnmobile) an der historischen Mühle gleich noch einen geeigneten Parkplatz. Zum Übernachten eignet sich der Stellplatz Am Krongut.

Ein paar Minuten Spaziergang raus aus dem Schlosspark und das nächste Brandenburger Tor – wenn auch viel kleiner als das Berliner – zeigt sich, um anschließend den Blick frei zu machen auf das Holländische Viertel mit Cafés, Läden und Flaniermeile. Etwas weiter entfernt wurde der Alte Markt ebenfalls unter Friedrich dem Großen in der Mitte des 18. Jahrhunderts in Havelnähe als römischer Platz gestaltet. Der 1753 errichtete und 1979 veränderte Marmorobelisk unterstreicht das römische Flair. Seit 1763 produziert man bei der Königlichen Porzellan-Manufaktur KPM mit höchster Handwerkskunst und Porzellanliebhaber finden hier sicherlich ein wunderschönes Stück einzigartigen Designs, ob als Tasse, Teller oder Figur.

Nun heißt es aber zurück zur Natur. Havelfreunde stoßen in **Werder an der Havel** direkt am Wasser auf einen, insbesondere für Besichtigungen der historischen Altstadt geeigneten, Wohnmobilstellplatz kurz vor der Brücke, alle anderen fahren Richtung Berliner Ring und Spreewald weiter.

## UNVERGESSLICHER SPREEWALD

So langsam nähert sich diese Reise dem Ende. Und doch wartet ein letztes Highlight, für manche sogar ein Sehnsuchtsort: der Spreewald, landschaftlich eine echte Augenweide. Beschreibungen wie »wildromantisch« und »sagenumwoben« oder »ursprünglich«, »naturbelassen« und »traumhaft idyllisch« wechseln sich ab, treffen jedoch immer wieder zu. Wie fast überall ist jedoch auch diese Schönheit touristisch erschlossen und entsprechend geschäftig.

Ein Must-have der meisten Spreewaldurlauber ist sicherlich eine Kahnfahrt. Unterschiedliche Anbieter locken an den großen Kahnhäfen auf der Schlossinsel Lübben, in **Lübbenau** und in Burg zu den beliebten Rundfahrten, auch einige Sonderfahrten sind im Angebot. Wer unterwegs entlang der vielen Kanäle die Augen offen hält, findet zusätzliche Hinweisschilder, auf denen das ein oder andere Familienunternehmen seine individuellen Kahnfahrten anpreist.

Ruhiger geht es im **Naturhafen Raddusch** oder im Naturhafen Leipe zu. Und ja, es lohnt sich! Die Blickwinkel und dadurch die Fotomotive sind einfach atemberaubend. Insbesondere dann, wenn die Sonnenstrahlen durch Zweige und grüne Blätter aufs Wasser brechen und man ganz leise durchs Wasser gleitet.

Wer den Spreewald und seine wunderschönen Ecken und Naturschauspiele entspannt entdecken will, kann mit dem Fahrrad auf Entdeckungstour gehen oder das Kanu auspacken und die Ruhe auch in kleineren Kanälen paddelnd genießen. Natürlich gehört es dazu, hie und da die legendären Spreewälder Gurken zu probieren. Und so endet diese Tour, wie sie begonnen hat, nämlich am Wasser. Im Kopf verankert bleiben wunderbare Erinnerungen und die Lust, doch irgendwann mal wiederzukommen.

**Unten: sorbische Eier, handbemalt**

SPECIAL

### DAS BRAUCHTUM DER SORBEN

Die kunstvoll mit Ornamenten verzierten sorbischen Eier sowie die sorbischen Trachten der Frauen sind das Erste, was ins Auge springt. Die Sorben, oder auch Wenden genannt, sind ein slawischer Volksstamm, der sich bereits im 6. Jahrhundert im Spreewald ansiedelte. Die eigene Sprache gerät langsam in Vergessenheit, denn es leben nur noch etwa 60 000 Sorben in Sachsen und Brandenburg. Sagen und Bräuche jedoch werden noch übermittelt und teilweise gelebt. Wer Glück hat, kann zuschauen, wie die sorbischen Eier zu Ostern von Hand gefertigt werden, oder ist bei einem der traditionellen Feste zugegen, etwa der sorbischen Fastnacht.

# PRAKTISCHE HINWEISE

Der Blick aufs Wasser beruhigt – zahlreiche Wasserwege bereichern diese Tour.

**TOURISTENINFORMATIONEN**

**Kultur- und Informationszentrum Karower Meiler**
Ziegenhorn 1, 19395 Plau am See (OT Karow), Tel. +49 38738 70292, www.naturpark-nossentiner-schwinzer-heide.de

**Waren (Müritz) Kur- und Tourismus**
Neuer Markt 21, 17192 Waren (Müritz), Tel. +49 3991 747790, www.waren-tourismus.de

**Tourismusverband Mecklenburgische Seenplatte e. V.**
Turnplatz 2, 17207 Röbel/Müritz, Tel. +49 39931 5380, www.mecklenburgische-seenplatte.de

**Berlin Tourist Info**
Brandenburger Tor: Pariser Platz (südliches Torhaus), 10117 Berlin
Europa-Center: Tauentzienstr. 9, 10789 Berlin
Hauptbahnhof: Alexanderplatz 7, 10178 Berlin
alle: Tel. +49 30 25002333, www.visitberlin.de

**Tourist Information Potsdam**
Am Alten Markt: Humboldtstr. 1–2, 14467 Potsdam
Im Hauptbahnhof: Babelsberger Str. 16, Bahnhofspassagen (neben Gleis 6), 14473 Potsdam
beide: Tel. +49 331 27558899, www.potsdamtourismus.de

**Touristinformation Spreewald**
Ehm-Welk-Str. 15, 03222 Lübbenau/Spreewald, Tel. +49 3542 887040, www.luebbenau-spreewald.com
Am Hafen 6 (Haus des Gastes), 03096 Burg, Tel. +49 35603 750160, www.burgimspreewald.de

**STELLPLÄTZE UND CAMPINGPLÄTZE**

C 14.1 **Campingpark Zuruf**
(S. 272/D3) Seestr. 38 d, 19395 Plau am See, Tel. +49 38735 45878, www.campingpark-zuruf.de
GPS-Daten: 53.438333, 12.286944
Gebührenpflichtiger, ganzjährig geöffneter Campingplatz mit 150 Stellplätzen auf großem Areal mit Seezugang; komplette Infrastruktur; zahlreiche kurzweilige Freizeitangebote vor Ort; bei Anreise dem Hinweisschild Plötzenhöhe folgen; für Kurzzeitaufenthalte gibt es eine unbefestigte

Stellfläche vor der Einfahrtschranke zu ermäßigtem Preis.

S 14.2 **Wohnmobilhafen Alt Schwerin** (S. 272/D3) Insel Werder 8, 17214 Alt Schwerin, Tel. +49 39932 42074, www.inselcamping.com
GPS-Daten: 53.485556, 12.322500
Gebührenpflichtiger, ganzjährig geöffneter Stellplatz für 13 Reisemobile auf Schotter; komplette Infrastruktur über CP; auf der Insel Werder im Plauer See gelegen; Zufahrt über Brücke, Stellplatz befindet sich vor dem Campingplatz.

S 14.3 **Wohnmobilstellplatz am Hafen** (S. 273/E2) Strandstr., 17192 Waren (Müritz)
GPS-Daten: 53.512222, 12.687778
Gebührenpflichtiger, ganzjährig nutzbarer Pkw-Parkplatz mit Stellplätzen für theoretisch ca. 30 Wohnmobile; Basis-Infrastruktur vorhanden; zentrale Lage, direkt am Hafen, ideal für Stadterkundung, keine Ruheoase; verwinkelte Zufahrt und tagsüber äußerst beengte Platzverhältnisse; nicht für große Reisemobile (> 8 m) geeignet; Anreise von 17 bis 24 Uhr für den Nachttarif bis elf Uhr am Folgetag.

S 14.4 **Wohnmobilstellplatz am Blumenhaus** (S. 273/E2)
Mecklenburger Str., 17192 Waren (Müritz), Tel. +49 173 2070738, www.blumen-und-parken.de
GPS-Daten: 53.513333, 12.694444
Gebührenpflichtiger, ganzjährig geöffneter Stellplatz auf geschottertem Untergrund für 40 Wohnmobile auf dem Gelände eines Blumenfachhändlers; umfassende Infra-

**Stellplatz und Schlosshafen Oranienburg**

struktur; fußläufige, kurze Entfernungen zum Hafen und zur Altstadt; günstige zentrale Lage kann vorrangig tagsüber akustische Beeinträchtigungen durch umliegende Straßen verursachen.

S 14.5 **Wohnmobilstellplatz am Schloss** (S. 273/E3) Schloßstr., 17252 Mirow
GPS-Daten: 53.275833, 12.812222
Gebührenfreier Stellplatz für fünf Reisemobile auf Rasengitter im hinteren Bereich des Pkw-Schlossparkplatzes; V/E, Strom; ruhige Lage, kurzer Fußweg zur Schlossinsel.

S 14.6 **Wohnmobilstellplatz Marina Fürstenberg** (S. 273/F4)
Ravensbrücker Dorfstr. 26 b, 16798 Fürstenberg/Havel, Tel. +49 33093 39203, www.marina-fuerstenberg.de
GPS-Daten: 53.194167, 13.150278
Gebührenpflichtiger Stellplatz für 65 Reisemobile innerhalb der Marina Fürstenberg auf drei unterschiedlichen, befestigten Rasenflächen; davon 15 Stellplätze direkt am Nordufer des Schwedtsees; komplette Infrastruktur, großzügige Freizeitanlage mit Gastronomie; geöffnet April bis Oktober.

S 14.7 **Reisemobilstellplatz im Schlosshafen** (S. 273/F5)
Rungestr. 47, 16515 Oranienburg, Tel. +49 3301 203135, www.oranienburg-erleben.de
GPS-Daten: 52.758333, 13.238333
Gebührenpflichtiger, ganzjährig geöffneter Stellplatz mit 26 parzellierten Plätzen auf Kopfsteinpflaster in sehr gepflegter Anlage; komplette Infrastruktur; separates Sanitärgebäude beim Hafenmeisterbüro; schöne Umgebung, ruhige Lage; Schloss und Altstadt fußläufig, Bahnanbindung nach Berlin.

S 14.8 **Stellplatz am Plötzensee** (S. 273/F6) Nordufer 26, 13351 Berlin, Tel. +49 30 85976425, Mobil: +49 163 9175767, stellplatz@ploetzensee.de, stellplatz.ploetzensee.de
GPS-Daten: 52.541294, 13.329980
Ganzjährig geöffneter, überwiegend naturbelassener Stellplatz für ca. 25 Mobile auf be festigtem Untergrund mit Rasen. Komplette, teilweise noch im Umbau befindliche Infrastruktur, gastronomische Einrichtungen, Freibad, Badesee, Spielplatz, ÖPNV-Anschluss fußläufig. Zwischen Wedding und Charlottenburg-Nord gelegen, auf dem Gelände des historischen Strandbades am Plötzensee mit weitläufigen Grünflächen. Idealer Standort, um mit öffentlichen Verkehrsmitteln oder Fahrrad ins Berliner Zentrum zu fahren.

S 14.9 **Parkplatz P1 Schloss Sanssouci** (S. 273/E6) Zur Historischen Mühle, 14469 Potsdam
GPS-Daten: 52.405000, 13.035833
Gebührenpflichtiger, ganzjährig geöffneter Großparkplatz für Pkw und 30 Bus-/Wohnmobilstellplätze auf Asphalt; keine Infrastruktur; an der Rückseite von Schloss Sanssouci gelegen; sehr kurzer Fußweg zum Schloss, ideal für Besichtigungen, weniger zum Übernachten.

S 14.10 **Wohnmobilstellplatz Am Krongut** (S. 273/E6)
Potsdamer Straße 196, 14469 Potsdam, Tel. +49 331 60147154, kontakt@parkplatz-am-krongut.de, parkplatzamkrongut.de
GPS-Daten: 52.413509, 13.029450
Ganzjährig nutzbarer Großraumparkplatz für ca. 60 Mobile auf asphaltiertem und gepflastertem Untergrund. Der Parkplatz ist mittels Schrankenanlage zweigeteilt: Auf der rechten Seite mit Platz für ca. 15-20 Mobile sind einige Stromsäulen vorhanden. Auf der linken Seite finden ca. 40 Mobile in Parkbuchten ihren Platz (ohne Stromversorgung). Einkaufsmöglichkeiten, gastronomische Einrichtungen und ÖPNV-Anbindung in fußläufiger Entfernung. Ausgezeichneter Standort, um die Stadt der Schlösser und Könige zu erkunden: Nur 2,5 km bis zu Schloss Sanssouci, Branden-burger Tor und seiner angrenzenden Fußgängerzone.

Insel Werder an der Havel

**S 14.11** **Wohnmobilstellplatz Unter den Linden** (S. 273/E6)
Unter den Linden, 14542 Werder (Havel)
GPS-Daten: 52.377500, 12.938056
Gebührenpflichtiger Stellplatz für ca. 25 Reisemobile auf Asphalt; Stromsäule, öffentliches Münz-WC; direkte Lage an der Havel, Ortskern, Stadtpark und Insel fußläufig.

**S 14.12** **Autocamping Käppler** (S. 278/B3) Chausseestr. 17 a, 03222 Lübbenau-Zerkwitz/Spreewald,
Tel. +49 3542 83029,
www.spreewald-web.de
GPS-Daten: 51.865833, 13.933889
Gebührenpflichtiger Stellplatz für sechs Reisemobile auf Rasen/Rasengitter; Strom, Frischwasser, Dusche/WC; geöffnet Ostern bis Oktober; im Ortsteil Zerkwitz gelegen, ruhig und sehr privat mit Blick ins Grüne, guter Ausgangspunkt für Spreewald-Aktivitäten.

**S 14.13** **Spreewald Caravan- und Wohnmobilpark Dammstraße** (S. 278/B3) Dammstr. 62 d, 03222 Lübbenau/Spreewald, Tel. +49 3542 2921,
www.spreewald.xyz
GPS-Daten:51.863611, 13.969167
Gebührenpflichtiger Stellplatz für ca. 30 Reisemobile auf Rasen; komplette Infrastruktur; geöffnet von Ostern bis Mitte Oktober; Hafen und Ortskern fußläufig, guter Ausgangspunkt für Kahnfahrten und Radtouren.

**S 14.14** **Wohnmobilstellplatz Reusenstübchen in Leipe** (S. 278/B3)
Leiper Dorfstr. 1, 03222 Lübbenau/Spreewald, Tel. +49 3542 887226,
www.reusenstube.de
GPS-Daten: 51.857222, 14.048889
Gebührenpflichtiger, einfach gehaltener Rasenstellplatz für sieben Reisemobile auf Rasen/Schotter auf einem Spreewaldhof; am Ortsrand von Leipe gelegen, inmitten der Kanäle und Fließe; Frischwasser, Strom; saisonabhängig geöffnet; sehr ruhiger und idealer Aufenthaltsort für Ausflüge mit dem Rad und auf dem Wasser, Kajak- und Fahrradausleihe möglich; für den Ausklang des Tages Grill und Feuerholz verfügbar; in direkter Nachbarschaft Gasthaus mit regionaler Küche.

# 15 DIE GROSSE SACHSENTOUR

## Stadt, Land, Fluss – Sachsen bietet Vielfalt und Moderne

Köstlich schmilzt das Fürst-Pückler-Eis im Mund, der Blick schweift vom Balkon irgendwie erhaben in die Weiten des Bad Muskauer Parks. Ein Reh erscheint auf der Lichtung; Körper, Geist und Seele saugen die Ruhe der Natur entspannt auf. Als Einstieg in die große Sachsentour ist das Kleinod Bad Muskau bereits ein Erlebnis, dem noch viele weitere Highlights folgen. Immerhin warten die hervorragend restaurierte Grenzstadt Görlitz, das geschichtsträchtige Bautzen, die liebevoll Elbflorenz genannte Landeshauptstadt Dresden, die Porzellanstadt Meißen sowie die Autostadt Zwickau mit völlig unterschiedlichen und spannenden Gebäuden wie auch Historie.

Startpunkt der großen Tour: Neues Schloss Muskau

Tief in den Berg geht es dann noch im Markus-Roehling-Stolln und von ganz oben ist der Blick ins Tal immer wieder faszinierend, ob von den sensationellen Steinformationen der Bastei auf die Elbe oder auf dem 1215 Meter hohen Fichtelberg, von dem es einen wunderschönen Sonnenuntergang zu sehen gibt.

## FÜRSTLICHE PRACHT

Köstlich: Fürst-Pückler-Eis

Der offizielle Caravanstellplatz **Bad Muskau** liegt gleich bei der Ortseinfahrt rechts ab. Geradeaus geht es weiter Richtung Muskauer Park bzw. Fürst Pückler Park, UNESCO Weltkulturerbe seit 2004. Länderübergreifend liegt er zu einem Drittel in Deutschland und zu zwei Dritteln in Polen, geteilt von der Lausitzer Neiße. Der mit 830 Hektar großzügige Landschaftspark wurde bereits 1815 gegründet und wartet mit englischer Gartenkunst auf; zentral auf deutscher Seite liegt das Neue Schloss Muskau. Man kann den wunderschönen, ruhigen Park zu Fuß,

## ROUTE 15

**START- UND ENDPUNKT**
Bad Muskau und Zwickau

**STRECKENLÄNGE**
484 Kilometer

**FAHRZEIT**
14 Tage

**Berühmt durch Jugendstil-Architektur und als Filmkulisse: Görlitzer Warenhaus**

Start
Bad Muskau
*Fürst Pückler Park* B115
55 km B6
Görlitz
*Rathaus, Altstadt* B6
28 km
Löbau
*Gusseiserner Turm* B6
25 km
Bautzen
*Altstadt, Gedenkstätte, Bischofswerda, Rückersdorf, Heeselicht, Basteistraße*

mit dem Fahrrad oder einer Pferdekutsche erkunden, für eine Pause bietet sich das im Obergeschoss liegende Schlosscafé an. Das sehenswerte Schlossinnere hält mit Touristeninformation oder Ausstellungen allerlei Informatives bereit.

Der polnische Parkteil ist eher naturbelassen, jedoch mit schönen, alten Baumbeständen im Spiel mit speziell geplanten Sichtachsen und der Lausitzer Neiße ebenso einen Besuch wert.

Bad Muskau liegt übrigens an mehreren Fernradwegen wie Oder-Neiße-Radweg, Fürst-Pückler-Radweg sowie Froschradweg. Fahrradbegeisterte finden hier sicherlich die geeignete Strecke.

## FILMKULISSE MITTEN IM REALEN LEBEN

Der B 115 folgend, geht es nun durch Wald und Wiesen, durch kleinere Ortschaften bis zum Zentrum von **Görlitz** in der Oberlausitz. Die ebenfalls zweigeteilte Grenzstadt mit einer interessanten, jahrhundertealten Stadtgeschichte zeigt sich sehr lebendig und bietet viel Lebensqualität.

Ein Bummel über Kopfsteinpflaster und durch alte Gassen führt zum Görlitzer Rathaus mit Uhrenturm und der im Jahr 1581 als Zeichen der hohen Gerichtsbarkeit des Rates errichteten Justitia. Die Sonnenorgel, erbaut 1697 bis 1703 von Eugenio Casparini, lockt interessierte Besucher in die Peterskirche. Die unzähligen Gebäude im Jugendstil oder im Baustil der Gründerzeit begeistern, Plätze mit Aussicht laden zum Verweilen ein. Allein fünf Jahrhunderte beleben noch heute das Stadtbild – was die Filmindustrie zu nutzen weiß. Denn ob »Der Vorleser«, »Goethe!« oder »Grand Budapest Hotel«, Görlitz ist für zahlreiche auch internationale Produktionen immer wieder ideale und gern genutzte Filmkulisse. Selbstverständlich bietet die Görlitz-Information vielfältige, informative Stadttouren an.

Zum Übernachten ideal ist der etwas außerhalb gelegene Stellplatz beim Sport- und Freizeitparadies Rosenhof. Für Neugierige

Links: Gusseiserner Turm; rechts: Stadt der Türme und mit interessanter Geschichte – Bautzen

und Abenteurer könnte jedoch auch das Alternativprojekt Testcamping Kühlhaus Görlitz die richtige Adresse sein, wo eine Industriebrache zum kulturellen Begegnungsort umgenutzt wird.

Leicht hügelig verläuft die B 6 und begleitet die Route am Rotstein (454 m) vorbei nach **Löbau**. Der einzige gusseiserne Turm Europas und die Turmgaststätte Löbauer Berg warten auf 448 Meter mit Aussicht über das Oberlausitzer Bergland und Gastlichkeit gerne auf Wanderer. Alternativ kann man Richtung Galgenberg fahren und einen verkürzten Spaziergang zum Turm machen.

## DIE STADT DER TÜRME

Das an der Spree gelegene **Bautzen** ist mit 17 unterschiedlichen Türmen wie Alte Wasserkunst, Reichenturm oder Wendischer Turm hübsch anzuschauen. Die Innenstadt mit ihren einladenden Plätzen lockt zum Verweilen, zum Bummeln und Shoppen. Bautzens wechselhafte, über 1000 Jahre alte Geschichte und damit verbundene Wiederauf-, Aus- oder Umbauten prägen die historischen Gebäude der Stadt, hinterließen das markante mittelalterliche Stadtbild und ebenso die zweisprachigen Ausschilderungen. Überliefert ist, dass das Jahr 1213 einerseits für den Bau des Rathauses als steinernes Haus steht sowie andererseits Gründungsjahr des Domstifts St. Petri ist. Noch immer wird der Dom als Simultankirche genutzt, Protestanten und Katholiken teilen ihn sich seit fast 500 Jahren. Kulinarische Bekanntheit erlangte Bautzen

SPECIAL

### DDR-GESCHICHTE VERSTEHEN LERNEN

Beeindruckend und erschreckend zugleich ist der umfängliche Einblick in die Geschichte der heutigen Gedenkstätte Bautzen, bestehend aus dem Stasi-Gefängnis Bautzen II mit all seinen Tragödien und Schicksalen sowie Erinnerungen an politische Gefangene der DDR. Empfehlenswert ist es, zuerst den Film anzuschauen und danach die Gedenkstätte mit Originalausstattung zu besuchen. Alternativ gibt es am Wochenende kostenlose Führungen. Nähere Informationen liefert die Webseite www.gedenkstaette-bautzen.de.

**Bautzen**
*Altstadt, Gedenkstätte,* Bischofswerda, Rückersdorf, Heeselicht, Basteistraße
51 km
**Lohmen**
*Nationalpark Sächsische Schweiz, Bastei,* Pillnitz, Loschwitz
31 km
**Dresden**
*Frauenkirche, Zwinger,* B170 *Semperoper,* Radeburger Straße

durch seinen Senf. Eher schmerzliche Geschichte schrieb die Stadt mit den weit über die Grenzen hinaus bekannten Gefängnissen (siehe Kasten).

Vier parzellierte Stellplätze warten am Ortsausgang an der B 96 auf einem in fußläufiger Nähe zur Innenstadt angelegten Parkplatz.

## NATIONALPARK SÄCHSISCHE SCHWEIZ

Berühmtestes Naturspektakel ist die geradezu romantisch anmutende **Bastei** mit sensationellem Blick auf das Elbtal. Jahr für Jahr lockt genau diese atemberaubende Aussicht über 1,5 Millionen Touristen an. Gerade bei Sonnenschein und guter Sicht fallen eigentlich alle Besucher in begeistertes Verzücken, was sich dann in zig Selfies mit sich und dem Elbsandsteingebirge widerspiegelt. Die Felsformationen ragen über 190 Meter in die Höhe und sind von oben wie von unten aus dem Tal ein wunderschöner Anblick. Wanderer kommen rund um die Bastei auf ausgeschilderten Wanderwegen auf ihre Kosten. Die knapp 77 Meter lange begehbare Basteibrücke vom Ferdinandstein verbindet einige Felsen miteinander und bietet ständig neue attraktive Ansichten und Fotomotive. Die Aussichtsplattform (Basteiaussicht) ist leider im vorderen Teil aus Sicherheitsgründen teilweise gesperrt, zu sehen gibt es dort aber trotzdem noch viel.

Fürs Parken und Übernachten kann entweder der Parkplatz direkt hinter der Tankstelle (ca. 3km vor der Bastei) oder 200m nebenan der Reisemobilpark Bastei genutzt werden. Wer den Weg weder zu Fuß noch per Fahrrad bewältigen möchte, nutzt den Shuttlebus. Alternativ ist das teurere Parken auf dem Bastei-nahen Parkplatz der Gemeinde Lohmen grundsätzlich möglich, in der Hochsaison bisweilen aber sehr eng.

## ZAUBERHAFTES ELBFLORENZ

Wo anfangen, wo aufhören? Sachsens Hauptstadt **Dresden** hat viel Schönes und Se-

**Nationalpark Sächsische Schweiz: Bastei**

Wieder aufgebaut: Dresdner Frauenkirche

henswertes zu bieten: die wiederaufgebaute Frauenkirche, den Zwinger als barocker Prachtbau mit Gärten und Porzellansammlung, gleich nebenan die Semperoper – innen wie außen ein Genuss. Gegenüber steht der größte Kirchenbau Sachsens, die Hofkirche. Meissener Porzellanfliesen erzählen auf über 100 Metern im Fürstenzug hinter dem Residenzschloss Geschichte, die Brühlschen Terrassen laden zum Flanieren entlang der Elbe ein. Köstlicher Dresdner Stollen und der Striezelmarkt, ein Stück Eierschecke oder lieber eine Elbschifffahrt? Die Qual der Wahl ist groß, vielfältig und immer spannend. Zudem sind die bis hier genannten innerstädtischen Ziele bequem fußläufig.

Doch damit der Glanzlichter noch nicht genug: Das Reiterdenkmal August des Starken glänzt gülden in der Sonne, ein informativer Spaziergang durch die Epochen führt durch Renaissance am Barock vorbei bis in die Neuzeit. Die Standseilbahn bringt Besucher im Stadtteil Weißer Hirsch gekonnt nach oben, die Brücke Blaues Wunder beeindruckt durch Farbe und Stahlfachwerkkonstruktion. Schloss Pillnitz mit einer der ältesten Kamelien, die bereits über 230 Jahre alt ist, verzaubert von Mitte Februar bis April die Besucher mit Zehntausenden glockenförmigen und karminroten Blüten.

Dresden quillt über von Bauwerken, Museen, Kunst und Kultur, Tradition, Moderne, Historie und ganz viel Erlebnis und hat daher gleich mehrere Besuchstage verdient. 2011 eröffnete auch das Militärhistorische Museum der Bundeswehr, eines von vier großen Geschichtsmuseen Deutschlands. Quirlig und lebendig wird Dresden durch Hochschulen und Universitäten und das entsprechend junge Studentenpublikum. Einzig die Wohnmobilstellplätze oder eher Parkplätze entsprechend nicht dem Standard, mit dem man in dieser Stadt sonst die Gäste verwöhnt – leider.

Barockschloss Moritzburg

## GESTÜT, BAROCK UND NATUR

Pferde- und Naturliebhaber kennen und mögen das von Dresden nur zwölf Kilometer entfernte **Moritzburg** und seine wunderschönen Landschaften. Das im 16. Jahrhundert vom Namensgeber Herzog Moritz von Sachsen errichtete Jagd- und Lustschloss beeindruckt zentral gelegen und von Wasser umgeben heute jedoch in Barockarchitektur, da im 18. Jahrhundert nochmals umgebaut. Der Kultfilm »Drei Haselnüsse für Aschenbrödel« wurde hier gedreht, die Winterausstellung widmet sich dem Märchen. 25 Räume und Säle können besichtigt werden. Hübsch in Sichtachse zum Barockschloss erbaut ist das Fasanenschlösschen, auch »Paradies in der Nussschale« genannt. Die restaurierten, exotischen Wandbespannungen zählen zu den bedeutsamsten deutschen Denkmälern von hohem kunsthistorischem Wert. Der Leuchtturm ist übrigens einzigartig in Sachsen.

Das 1828 gegründete Landgestüt Moritzburg gilt als Meilenstein der Pferdezucht, die Hengstparaden finden traditionell im September statt, Besichtigungen des Gestüts sind möglich. Der hinter dem großen Pkw-Parkplatz eingerichtete Wohnmobilstellplatz garantiert Ruhe für eine erholsame Nacht. Denn vielleicht wartet am nächsten Tag das Radeln entlang der Teichroute innerhalb der Moritzburger Kulturlandschaft – ein weiterer Tag mit interessanten Entdeckungen.

AUSFLUG

### SÄCHSISCHE WEINSTRASSE

Wander- und Weinfreunde kommen an der 55 Kilometer langen Sächsischen Weinstraße und dem weitgehend parallel dazu angelegten, 90 Kilometer rechtselbisch verlaufenden, Sächsischen Weinwanderweg auf ihre Kosten und in den Genuss von mehr als 850 Jahren Weinbautradition. Das kleinste und zudem nordöstlichste der 13 deutschen Weinanbaugebiete bietet von Pirna über Dresden nach Diesbar-Seußlitz bei Meißen rund 492 Hektar Ertragsrebfläche, ausgewählte Restaurants und Weingüter, teils mit Kellergewölben und Innenhöfen. Nähere Informationen gibt's unter www.dresden-elbland.de/saechsische-weinstrasse.

Links: Stadt Meissen mit Elbe, Dom und Albrechtsburg; rechts: Saxonia, die Freiheitsstatue Sachsens, gefertigt aus Meissener Porzellan

## PORZELLAN UND 1000 JAHRE MEISSEN

August der Starke ist auch in **Meißen** präsent, gründete er hier doch 1710 die erste Porzellan-Manufaktur Europas. Damals wertvoll wie Gold, blickt das weltbekannte Meissener Porzellan heute auf über 300 Jahre Erfolgsgeschichte zurück. Ein Besuch in der Erlebniswelt Haus Meissen informiert, auch mit Sonderausstellungen und Schauwerkstätten. Aufgrund ihrer 8000 handgeformten Blüten gilt das Unikat Saxonia, die Freiheitsstatue Sachsens, als Meisterwerk der Porzellankunst und ist seit dem 25. Jahrestag der deutschen Wiedervereinigung hier ausgestellt.

Bereits bei der Anfahrt über die Brücke beeindruckt die Silhouette der Stadt, geprägt von dem Dom und dem ältesten Schloss Deutschlands, der Albrechtsburg. Deshalb geht der Weg nach den filigranen Eindrücken rund ums Porzellan nun von hier aus zu Fuß in die Stadtmitte. Das Wohnmobil kann auf den längeren Parkplätzen in der dazwischenliegenden Wettinstraße geparkt werden. Sehenswert ist der 1250 begonnene Dom, dessen Kreuzgang und Allerheiligenkapelle besonders beeindrucken. Die Frauenkirche Meißen beherbergt seit 1929 ein außergewöhnliches Highlight, nämlich das erste bespielbare Glockenspiel aus Meissener Porzellan.

Einen besonderen Charme versprüht übrigens der Wohnmobilstellplatz am Freizeitbad Wellenspiel, der auf dem ehemaligen Freibadgelände sehr großzügig und ruhig errichtet wurde.

## WEIHNACHTSTRADITION UND HANDWERK

Ausgeruht und zugleich neugierig, machen wir uns auf eine etwas längere Fahrt mitten ins Herz der erzgebirgischen Handwerkskunst. Die B 101 führt durch Nossen Richtung Freiberg und zur Silberstraße, durch Wald und an Wiesen vorbei. Heutiges Ziel ist der Kurort **Seiffen**. Besonders stimmungsvoll und entsprechend gut besucht geht es

**Dresden**
*Frauenkirche, Zwinger, Semperoper,* Radeburger Straße B170
16 km
**Moritzburg**
*Schloss, Landgestüt,* Auer, Niederau
17 km
**Meißen**
*Porzellan Erlebniswelt,* Großhartmannsdorf, Olbernhauer Straße B101
Sayda
74 km
**Seiffen**
*Spielzeugmsueum, Pyramidenhaus, Freilichtmuseum,* Deutschneudorf, Olberhau, Lengefeld

Ganz oben: zigfach legal kopiert – Kirche in Seiffen; oben: Kunsthandwerk in der Entstehung

hier in der Advents- und Weihnachtszeit zu. Spielzeug und Dekorationen, gerne als Engel oder Bergmann und selbstverständlich auch der kunstvoll verzierte Schwibbogen, sind weit über die Grenzen des Erzgebirges bekannt und beliebt. Dass diese Kunst geschützt wird, dafür sorgt der Verband der Erzgebirgischen Kunsthandwerker und Spielzeughersteller.

Im Spielzeugmuseum Seiffen, im Freilichtmuseum mit dem Seiffener Wasserkraft-Drehwerk und in den Schauwerkstätten ist das Handwerk für Gäste live erlebbar. Die beliebten Figuren gibt es dann von ganz klein bis ganz groß. An fast jedem Haus informiert ein Schild, dass hier Kunsthandwerk hergestellt wird. Ein echtes Original wurde übrigens in vielen Schwibbögen verarbeitet und dargestellt: die barocke Rundkirche des Ortes, 1776 bis 1779 von Christian Gotthilf Reuther nach dem Vorbild der Dresdner Frauenkirche erbaut. Von außen zu besichtigen ist sie beim Friedhof, an der steil bergauf gehenden Straße oberhalb des Seiffener Pyramidenhauses. Die Öffnungszeiten für eine Innenbesichtigung sind unterschiedlich, je nach Jahreszeit.

Um zu einem wirklich sensationellen Wohnmobilstellplatz für diese Nacht zu kommen einfach der Deutschneudorfer Straße bis zur etwas außerhalb gelegenen Nr. 57 folgen. Die oberste Reihe der auf der rechten Seite terrassenförmig angelegten Stellplätze ist die günstige und zugleich die mit der besten Aussicht übers Tal. Die Anmeldung erfolgt im gegenüberliegenden Hotel Ahornberg. Gut markierte Wanderrouten, u. a. der erste deutsche Glockenwanderweg, oder auch Mountainbike-Strecken laden im Sommer zu einer längeren Verweildauer in Seiffen ein. Im Winter überzeugen gespurte Langlaufloipen und das romantische, weihnachtliche Flair im weißen Schnee. Ein Natur- und Erlebnispfad »Zwei Länder und eine Region« verbindet, Deutschneudorf ist der Grenzort nach Tschechien.

## DIE SEHNSUCHT NACH DEM ZWEITAKTER

Der Grenzfluss Schweinitz begleitet die Weiterfahrt, die für Zweirad-Begeisterte auf jeden Fall zuerst nach **Zschopau** und dann weiter zum Schloss Augustusburg geht. Das in der Stadtmitte Zschopaus liegende Schloss Wildeck beherbergt eine Motorradsammlung, bei der Zweitakt-Freunden das Herz definitiv höherschlägt. Informationen und Exponate seit Gründung des DKW-Werkes durch den Dänen Jørgen Skafte Rasmussen zu Beginn des 20. Jahrhunderts sowie 80 Motorradräder aus acht Jahrzehnten geben gekonnt Einblicke in die aktive Zeit. Das Kombi-Bikerticket lohnt sich beim Besuch beider Ausstellungen. Denn rund zehn Kilometer weiter wartet die nach eigenen Angaben »bedeutendste Motorradsammlung Europas« im **Schloss Augustusburg**.

Für Wohnmobilisten gibt es einen ruhigen Stellplatz im hinteren Bereich des Großparkplatzes, danach geht es rund 550 Meter zu Fuß nach oben durch den Wald zum ehemaligen Jagdschloss des sächsischen Kurfürsten August. Nach oben zu fahren kann für große Mobile etwas kritisch werden. Auf 1200 Quadratmetern präsentieren sich 175 Exponate, aufwendig produzierte Filme mit Originalaufnahmen und eine Vielfalt von Typen und Unikaten aus den Serien- und Rennsportbereichen der Motorradfirmen DKW, MZ und Auto Union. Weniger Motorrad-Interessierte lassen sich vom imposanten Gebäude und dem Schlossmuseum inspirieren, das im Venussaal mit einer im deutschsprachigen Raum einzigartigen Wandmalerei aus dem 16. Jahrhundert aufwartet.

## GLÜCK AUF IM MARKUS-RÖHLING-STOLLN

Nach so vielen Benzingesprächen ruft nun der Berg, sodass heute das Einfahren in den **Markus-Röhling-Stolln** bei Annaberg-Buchholz auf dem Tourenplan steht. Parken ist direkt gegenüber möglich. Allein die 600 Meter lange Fahrt mit der Grubenbahn, gestartet mit einem beherzten »Glück auf«, ist faszinierend; selbstverständlich werden alle Passagiere mit wasserabweisenden Umhängen und Helmen ausgestattet. Es empfiehlt sich übrigens, vormittags da zu sein, da mindestens vier Gäste für eine geführte Tour nötig sind, und zudem warme Kleidung und feste Schuhe anzuziehen. Im Berg herrschen stets acht bis zehn Grad Celsius und der Boden kann rutschig sein.

Der seit 1994 für Besucher (Kinder ab 6 Jahre) geöffnete Stollen ist ein eindrucksvolles Zeitzeugnis der Industriekultur, die dem Publikum ebenso lebendig wie kompetent von einem echten Bergmann erläutert wird. Seit August 2019 gehört auch der Stollen zur länderübergreifenden Montanregion Erzgebirge/Krušnohoří. Mitglieder des Vereins Altbergbau haben ein neun Meter hohes, voll funktionsfähiges Wasserrad nachgebaut,

**SPECIAL**

### AUF ZWEI RÄDERN IM ERZGEBIRGE

Der Tourismusverband Erzgebirge e. V. hat bewusst auch an die Zweiradfahrer gedacht und unterschiedliches Karten- und Infomaterial erarbeitet. So sind in der Motorradkarte acht Routen zusammengestellt, u. a. eine mit der 177 Kilometer langen Tour »Motorradgeschichte«. Denn neben dem Besuch der Museen lädt die grandiose Landschaft geradezu ein, sich aufs Bike zu schwingen und bei schönem Wetter die Ausfahrt mit interessanten Stopps zu genießen. E-Bike- und Mountainbike-Fahrer sind ebenso herzlich eingeladen, auf zwei Rädern die Region kennen- und lieben zu lernen, ob auf Fernradwegen oder auf Rundtouren (www.erzgebirge-tourismus.de).

Oben: Einblicke in die Zweirad-Geschichte – Motorradmuseum Augustusburg; unten: Grubenbahn am Markus-Röhling-Stolln im Welterbe Montanregion Erzgebirge/Krušnohoří

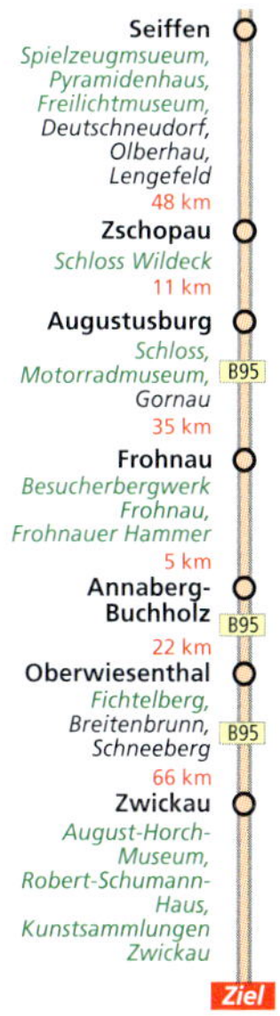

das es bei der einstündigen Führung ebenfalls zu sehen gibt. Wie mühsam das Leben der Arbeiter im Bergbau war, der hier bereits um 1500 begann, wird wunderbar und verständlich erläutert. Immerhin geht es um die Zeit des Silber- und Kobalt-Bergbaus sowie des späteren Uran-Bergbaus der SAG Wismut.

Alle, die jetzt noch Lust auf die Bergbaustadt **Annaberg-Buchholz** haben, schauen sich die St. Annenkirche an oder besuchen das erste technische Denkmal Sachsens und älteste Schmiedemuseum Deutschlands, den Frohnauer Hammer.

## HOCH HINAUF AUF DEN GIPFEL

Nach so viel informativer Geschichte und spannenden Geschichten zu Bergmännern und Bergwerken, Traditionen und Kunsthandwerk sowie zum früheren, harten Leben im Erzgebirge darf es nun in die Höhe gehen. Als raue Schönheit im Erzgebirge gilt der **Fichtelberg**. Nicht wirklich hoch mit knapp 1215 Metern im Vergleich zu den Bayerischen Alpen, dafür aber ein beliebtes Wander-, Bike- und Skigebiet mit zehn klassifizierten Pisten und Langlaufloipen in Sachsen. Wer Interesse an Dampfloks hat, bucht eine romantische, 17 Kilometer lange Fahrt mit der Fichtelbergbahn ab Bahnhof Cranzahl, um zum höchsten Punkt dieser Strecke in **Oberwiesenthal** zu gelangen (893 m). Insbesondere im Winter ist hier, am Fuß des Fichtelbergs, dann richtig was los. Dies gilt übrigens ebenso für die Wohnmobilstellplätze. Im Sommer ist Wandern auf rund 80 Kilometer Wanderwegen, zudem Fahrrad- und Motorradfahren oder einfach das Genießen der kühleren Bergluft angesagt. Die Fichtelberg-Schwebebahn bringt Bergfreunde seit 1924 bequem bis ganz nach oben. Der Gipfelparkplatz ist aber auch gut mit dem Reisemobil anfahrbar. Der Blick ins Tal und bei schönem Wetter abends in den Sonnenuntergang ist einfach grandios.

## WER KENNT ZWICKAU?

Vom Fichtelberg der S 271 folgend rechts ab, warten 14 Prozent Gefälle, danach geht es durch **Schwarzenberg**, dessen Stadtbild geprägt ist durch das Schloss und die Barockkirche. Nach Schneeberg ist der Erzge-

**Links: Abendstimmung auf dem Fichtelberg und Blick ins Tal; rechts: Wanderwege rund um den Fichtelberg**

birgskreis dann leider schon Geschichte und Richtung Zwickau auf der B 93 empfängt die Mulde alle Reisenden. Drei bekannte Namen stehen für **Zwickau**: der Autobauer August Horch, der Komponist Robert Schumann und der Expressionist Max Pechstein.

Das August-Horch-Museum begeistert auf 3000 Quadratmetern Ausstellungsfläche durch eine moderne Präsentation in den Gebäuden des ehemaligen Audi-Werkes. Die Liebe zum Detail ist bewundernswert und lässt Besucher fasziniert die Exponate und die Informationen dazu bestaunen. Ein Blick ins Arbeitszimmer des Firmengründers August Horch versetzt in längst vergangene Zeiten. Einen zweiten Blick wert, da einzigartig, ist auch die Fertigungsanlage für die Herstellung von Duroplast, der vielfach patentierten Kunststoff-Beplankung des Trabants, liebevoll Trabi genannt.

Die historische Altstadt ist hübsch herausgeputzt und ein Spaziergang lohnt sich. Die Ursprünge der restaurierten Priesterhäuser dem Dom St. Marien gegenüber gehen auf das 13. Jahrhundert zurück und beherbergen heute das Museum für Stadt- und Kulturgeschichte. Doch auch auf Luthers Spuren lässt sich Zwickau erleben.

Auf dem Platz der Völkerfreundschaft parkt das Wohnmobil sehr gut, alternativ gibt es den Wohnmobilstellplatz am Ubineum, direkt am Mulde-Radweg gelegen und damit hervorragender Ausgangspunkt, um mit dem Fahrrad die Stadt zu entdecken.

Ein berühmter Sohn der Stadt ist der Komponist Robert Schumann, geboren am 8. Juni 1810 in Zwickau. Das Robert-Schumann-Haus gibt, nach Lebensabschnitten gegliedert, in unterschiedlichen Räumen Einblicke in Leben und Schaffen des Künstlers sowie Informationen zu seiner Ehe mit Clara Wieck. Ihre Werke finden sich zudem immer wieder im Veranstaltungskalender der Stadt. Die weltweit größte Dauerausstellung für den ebenfalls gebürtigen Zwickauer, »Brücke«-Künstler und bedeutenden Expressionisten Max Pechstein (1881–1955) halten die Kunstsammlungen Zwickau parat.

## VIELLEICHT NOCH NACH LEIPZIG?

Von Zwickau aus geht es nun bequem zur Autobahn A 4 und somit für die meisten wieder nach Hause. Damit heißt es Abschied nehmen von einer eindrucksvollen Reise, die im grenznahen Bad Muskau begann und nach und nach mit abwechslungsreichen Städten, Kulturgütern und Landschaftsbildern das Bundesland Sachsen auf individuelle Art und Weise liebenswert darstellt. Alternativ ist natürlich eine Verlängerung im pulsierenden und ständig sich verändernden Leipzig möglich, das je nach Fahrtroute maximal 100 Kilometer entfernt ist.

**Unten: Audi-Fahrzeuge im August-Horch-Museum; ganz unten: Priesterhäuser aus dem 13. Jhd. in Zwickau**

# PRAKTISCHE HINWEISE

## TOURISTENINFORMATIONEN

**Bad Muskau Touristik**
Kirchplatz 5, 02953 Bad Muskau,
Tel. +49 35771 50492, www.muskau.info

**Görlitz-Information und Tourist-Service**
Obermarkt 32, 02826 Görlitz,
Tel. +49 3581 47570, www.goerlitz.de

**Tourist-Information Bautzen**
Hauptmarkt 1, 02625 Bautzen,
Tel. +49 3591 42016,
www.tourismus-bautzen.de

**Dresden Information**
Neumarkt 2 (QF-Passage), 01067 Dresden,
Tel. +49 351 501501, www.dresden.de

**Moritzburg Information**
Schlossallee 3 b, 01468 Moritzburg,
Tel. +49 35207 8540,
www.kulturlandschaft-moritzburg.de

**Tourismusverband Erzgebirge**
Adam-Ries-Str. 16, 09456 Annaberg-Buchholz, Tel. +49 3733 188000,
www.erzgebirge-tourismus.de

**Touristinformation Seiffen**
Hauptstr. 73 (im Spielzeugmuseum),
09548 Kurort Seiffen, Tel. +49 37362 8438,
www.seiffen.de

**Touristinformation Augustusburg**
Schloßstr. 1, 09573 Augustusburg,
Tel. +49 37291 39550,
www.augustusburg.de

**Gästeinformation Stadt Kurort Oberwiesenthal**
Karlsbader Str. 3, 09484 Kurort Oberwiesenthal,
Tel. +49 37348 155050,
www.oberwiesenthal.de

**Tourist Information Zwickau**
Hauptstr. 6, 08056 Zwickau,
Tel. +49 375 2713240,
www.zwickautourist.de

Alternativ und besonders: Testcamping Kühlhaus Görlitz

### STELLPLÄTZE UND CAMPINGPLÄTZE

S 15.1 **Wohnmobilstellplatz Bad Muskau** (S. 278/D4) Bautzener Str. 39, 02953 Bad Muskau, Tel. +49 151 40762843, www.badmuskau.de
GPS-Daten: 51.534167, 14.719167
20 gebührenpflichtige, ganzjährig nutzbare Stellplätze auf Rasengitter, davon sechs inklusive V/E, Strom; guter Ausgangspunkt für Radausflüge in den Fürst-Pückler-Park.

C 15.2 **Testcamping Kühlhaus Görlitz** (S. 278/D5) Am Bahnhof Weinhübel 2, 02827 Görlitz, Tel. +49 3581 429926, www.kuehlhaus-goerlitz.de
GPS-Daten: 51.129722, 14.970278
Interessantes Konzept eines Alternativcampings für Mutige und/oder Aussteiger; zum kulturellen Begegnungsort umfunktionierte Industriebrache, deshalb Beeinträchtigungen durch Veranstaltungen aller Art möglich; Camping-Infrastruktur vorhanden; keine Ausschilderung, am Bahnhof Görlitz-Weinhübel links unter den Gleisen durch.

S 15.3 **Stellplatz am Rosenhof** (S. 278/D5) Geschwister-Scholl-Str. 15, 02827 Görlitz, Tel. +49 3581 74820, www.rosenhof-goerlitz.de
GPS-Daten: 51.135278, 14.962222
Außerhalb gelegener, gebührenpflichtiger Stellplatz mit Fernsicht und kompletter Infrastruktur auf dem Gelände einer weitläufig angelegten Pferde- und Sportanlage; ausreichend Stellplätze vorhanden; Anfahrt um die Hallen herum.

S 15.4 **Wohnmobilstellplatz Löbauer Berg** (S. 278/D5)
Beethovenstr., 02708 Löbau, Tel. +49 3585 4500, www.loebau.de
GPS-Daten: 51.095556, 14.681111
Außerhalb Löbaus gelegener, öffentlicher Parkplatz mit drei separierten Wohnmobilstellplätzen; Strom vorhanden, aber umständlich nutzbar; aus Löbau Richtung Ausflugspunkt Gusseiserner Turm fahrend auf der rechten Seite.

S 15.5 **Touristenparkplatz Schliebenstraße** (S. 278/C5)
Schliebenstr. 24, 02625 Bautzen, Tel. +49 3591 42016, www.tourismus-bautzen.de
GPS-Daten: 51.181944, 14.415000
Vier abgegrenzte Wohnmobilstellplätze auf größerem öffentlichen Parkplatz in der Nähe des Stadtzentrums; für Kurzaufenthalte geeignet; Parkgebühr via Ticketautomat; V/E möglich.

S 15.6 **Reisemobil- und Caravanpark Bastei** (S. 278/B6)
Basteistraße, 01847 Lohmen, Tel. +49 162 6237566, kontakt@reisemobilpark-bastei.de, reisemobilpark-bastei.de
GPS-Daten: 50.98497, 14.05611
Ganzjährig geöffneter Stellplatz für 62 Mobile in teils terrassiertem Gelände auf Schotterrasen. V/E, Strom, Dusche/WC. Haltestelle für den Shuttlebus zur Bastei in unmittelbarer Nähe. Zur Erfrischung befindet sich in 1,5km Entfernung das Freibad Rathewalde, zur Kräftigung in 2,5km Entfernung die Hocksteinschänke.

S 15.7 **Stellplatz im Schlosspark** (S. 278/B6) Schlosspark 13, 01796 Pirna, Tel. +49 3501 5067733, www.reha-zentrum-pirna.de
GPS-Daten: 50.960000, 13.950833
Gebührenpflichtiger, stadtnaher Stellplatz für acht Wohnmobile auf gepflastertem Untergrund; komplette Infrastruktur; Anmeldung über Klingel an Versorgungsstation bzw. im Gesundheitszentrum.

S 15.8 **Wohnmobilstellplatz am Blüherpark** (S. 278/B6)
Zinzendorfstr. 1, 01069 Dresden, Tel. +49 351 4859900, www.wohnmobil-dresden.de
GPS-Daten: 51.043611, 13.743333

**Mal etwas anderes: Stellplatz auf dem ehemaligen Freibadgelände in Meißen**

Gebührenpflichtiger, zentral gelegener, asphaltierter Stellplatz für ca. 60 Wohnmobile; V/E, Strom, Dusche/WC; Check-in in der benachbarten Cityherberge, falls Häuschen am Platz nicht besetzt; für alle Fahrzeuggrößen; idealer Ausgangspunkt für Stadterkundung, die Altstadt ist fußläufig entfernt.

S 15.9 **Wohnmobilstellplatz Schloss Moritzburg** (S. 278/B5)
Schlossallee 4, 01468 Moritzburg,
Tel. +49 35207 8540,
www.kulturlandschaft-moritzburg.de
GPS-Daten: 51.164167, 13.679722
Gebührenpflichtige Stellfläche auf Schotter seitlich vom öffentlichen Parkplatz; Strom verfügbar; direkt gegenüber vom Schloss.

S 15.10 **Stellplatz am Freizeitbad Wellenspiel** (S. 278/A5)
Berghausstr. 2, 01662 Meißen,
Tel. +49 3521 701130, www.wellenspiel.de
GPS-Daten: 51.174444, 13.498333
Gebührenpflichtiger, weitläufiger Stellplatz auf Rasen hinter dem Freizeitbad (Zufahrt über Parkplatz); V/E, WC, Strom, Duschen im Freizeitbad nutzbar zu den Öffnungszeiten; geöffnet April bis Oktober.

S 15.11 **Wohnmobilstellplatz Ferienpark Seiffen** (S. 282/C2)
Deutschneudorfer Str. 57, 09548 Kurort Seiffen, Tel. +49 37362 150,
www.ferienpark-seiffen.de
GPS-Daten: 50.626389, 13.458333
30 gebührenpflichtige Stellplätze auf Plateau mit schönem Weitblick, oberhalb des Campingplatzes gelegen; ganzjährig geöffnet, komplette Infrastruktur mit Gastronomie (Hotel Ahornberg); am Ortsrand von Seiffen, zwei Kilometer bis Ortsmitte (Bus-Shuttle möglich); sehr guter Ausgangspunkt für den Einstieg in Wander- und Radwege sowie Langlaufloipen.

**S 15.12** **Wohnmobilstellplatz Augustusburg** (S. 277/H4)
Marienberger Str., 09573 Augustusburg, Tel. +49 37291 39550, www.augustusburg.de
GPS-Daten: 50.809722, 13.100833
Gebührenpflichtige Stellplätze auf Schotter am Ende des Pkw-Parkplatzes; keine Infrastruktur; unterhalb der Schlossanlage (Zufahrt über Marienberger Straße), das Schloss ist fußläufig entfernt.

**S 15.13** **Wohnmobilstellplatz an der Tennishalle** (S. 282/B3)
Vierenstr. 11 a, 09484 Kurort Oberwiesenthal, Tel. +49 37348 1200, www.oberwiesenthal-freizeitcenter.de
GPS-Daten: 50.427222, 12.969722
Gebührenpflichtiger Stellplatz für ca. 30 Wohnmobile am Sportcenter Fichtelberg; V/E, Strom, Benutzung der Dusch- und Sanitäranlagen im Sportcenter während der Öffnungszeiten; mitten im Wander- und Skigebiet gelegen, kurze Fußwege zu allen Freizeiteinrichtungen.

**S 15.14** **Winter-Parkplatz an der Fichtelberghütte** (S. 282/B3)
Fichtelbergstr. 6, 09484 Kurort Oberwiesenthal, Tel. +49 37348 23478, www.wintercamping-fichtelberg.de
GPS-Daten: 50.426111, 12.952500
Gebührenpflichtige Stellplätze auf Großraumparkplatz, der partiell für Wintercamping vermietet wird; Strom am Platz sowie Nutzung der Dusch- und Sanitäranlagen in der Fichtelberghütte; unmittelbare Nähe zu Liften und Loipen.

**S 15.15** **Wohnmobilstellplatz am Ubineum** (S. 277/G4)
Uhdestr. 25, 08056 Zwickau, Tel. +49 375 2713240, www.zwickautourist.de
GPS-Daten: 50.709722, 12.503056
Fünf kostenfreie, ganzjährig nutzbare und ruhig gelegene Stellplätze auf einem kleinen Parkplatz neben dem Ubineum (ehemalige Schwimmhalle); V/E, Strom; direkt am Mulde-Radweg, ca. 2,5 km bis ins Zentrum zum Platz der Völkerfreundschaft.

**Stellplatz hoch über Seiffen**

# 16 GROSSE THÜRINGENTOUR

## Kultur und Natur im Herzen Deutschlands entdecken

Viele Wege innerhalb Deutschlands kreuzen sich in der Mitte: Genau dort wartet Thüringen mit einer Fülle von Attraktionen, die ihresgleichen suchen. Ein besonderer Reiz liegt in dem Kontrast zwischen der lebendigen Landeshauptstadt Erfurt und den geschichtsträchtigen Städten Weimar und Eisenach sowie der lieblichen Landschaft des Thüringer Waldes für Aktivurlauber und Erholungsuchende. Diese Reisemobilroute ist bewusst als Rundtour konzipiert, der Einstieg ist daher von überall möglich, wenngleich die Beschreibung nahe der A 4 mit Treffurt an der Werra beginnt und in Eisenach endet.

Erfurter Dom St. Marien und Severikirche, weithin sichtbare und imposante Wahrzeichen der Stadt Erfurt

# ROUTE 16

**START- UND ENDPUNKT**
Creuzburg und Eisenach

**STRECKENLÄNGE**
443 Kilometer

**FAHRZEIT**
10 bis 14 Tage

Paddler auf der Werra

Die Abfahrt an der A 4 Richtung Creuzburg und Werratal signalisiert den Startpunkt. In Treffurt an der Deutschen Fachwerkstraße wartet bereits der direkt an der Werra gelegene Wohnmobilstellplatz mit Blick zur Burg Normannstein. Wer Lust hat, begibt sich auf die Premiumwanderung zum knapp 504 Meter hohen Heldrastein, der u. a. über die bei Einheimischen »Blaues Wunder« genannte Brücke führt, eine ehemalige Grenzanlage. Alternativ stimmen eine abendliche Fahrradtour auf dem Werra-Unstrut-Radwanderweg

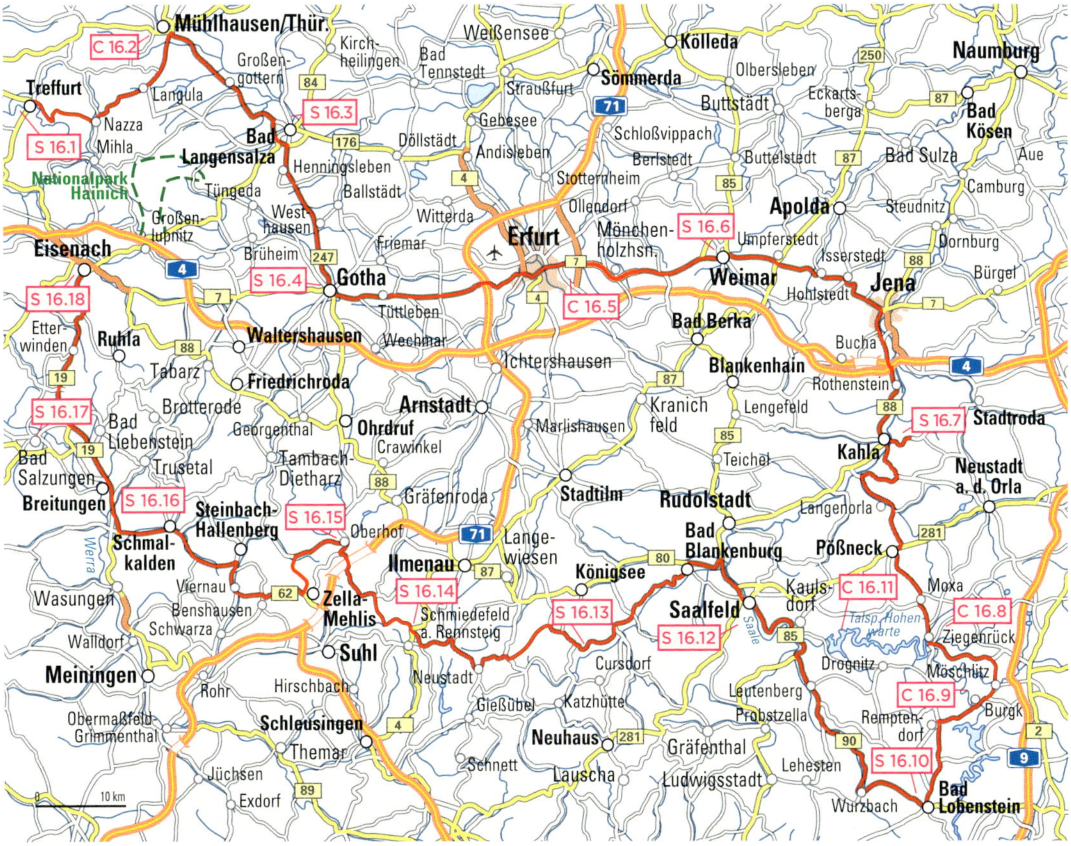

Früher Flusssperre, jetzt Wandererbrücke

oder einfach das Sitzen vor dem Wohnmobil auf die nächsten erholsamen wie ereignisreichen Tage ein.

Mit Glück glitzert morgens die Sonne auf der Werra, die ersten Kanuwanderer ziehen vorbei und nach dem Frühstück geht es durch Falken und Nazza weiter Richtung Langula. Verwunschen begleitet der dichte Wald die Serpentinen hinauf, für einen kurzen Stopp am geografischen Mittelpunkt Deutschlands in Niederdorla geht's es am Kreisel rechts ab.

## MÜHLHÄUSER FENSTERGUCKER

Zwischen Unstrut und Nationalpark Hainich gelegen, bietet die Stadt **Mühlhausen** eine gut erhaltene, historische Wehranlage. In deren Nähe ist das Parken auf P1 ratsam, um die Stadt und ihr Mittelaltererbe bei einem gemütlichen Spaziergang wirken zu lassen. Die Mühlhäuser Fenstergucker gibt es dabei übrigens gleich zweimal: einmal im Original an der Marienkirche und als Nachbildungen von Studenten. Die Marienkirche beherbergt die Müntzer-Gedenkstätte, die Ratsstraße hinunter befinden sich Rathaus und Kornmarktkirche mit der Gedenkstätte des Deutschen Bauernkriegs sowie dem Bauernkriegsmuseum. Johann Sebastian Bach war in jungen Jahren in der Divi-Blasii-Kirche als Organist tätig, was heute noch eine Skulptur vor der Kirche anzeigt.

Im Frühjahr von hell leuchtenden Rapsfeldern gesäumt, führt die Route zur nächsten Station **Bad Langensalza**. Auf dem Weg dorthin befindet sich auch der Abzweig ins Weltnaturerbe Nationalpark Hainich.

## RESTAURIERT UND HERAUSGEPUTZT

Die Zufahrt zum Wohnmobilstellplatz der Friederiken-Therme läuft über die Breitscheidstraße, von dort kann man per Fahrrad oder zu Fuß die schmucke Innenstadt mit restaurierten Fachwerkhäusern sowie der imposanten Kirche mit Holzkassettendecke erreichen. Sehenswert ist insbesondere zur

Schloss Friedenstein in Gotha

Kirsch- und Azaleenblüte der Japanische Garten, zudem schmückt sich die Stadt mit dem Titel »Blühendste Stadt 2011«. Der Wanderweg »Lutherweg« führt durch Bad Langensalza, zudem benennt die Stadt bedeutende Einwohner wie den Apotheker und Chemiker Johann Christian Wiegleb, der das erste private Bildungsinstitut für Chemiker und Pharmazeuten in Deutschland initiierte.

## VERZÜCKT EINTAUCHEN IN EINE ANDERE ZEIT

Wie an einer Perlenkette reihen sich mit Gotha, Erfurt und Weimar, verbunden durch die B 7, nun gleich drei sehenswerte Thüringer Städte aneinander. Die ehemalige Residenzstadt **Gotha** ist ein liebevoll erhaltenes Kleinod, das mit einer entzückenden, denkmalgeschützten Altstadt, restaurierten Bürgerhäusern und dem historischen roten Rathaus punktet. Das von Weitem sichtbare Schloss Friedenstein beherbergt das Ekhof-Theater, das Naturkundemuseum sowie eine Bücherei und bietet Führungen durch die Kasematten an. Der großzügige Schlosspark, die Ende des 19. Jahrhunderts erbaute Wasserkunst mit Kaskaden sowie die Orangerie sind zudem stille, sehenswerte Zeitzeugen vergangener Tage.

## QUIRLIGE LANDESHAUPTSTADT MIT FLAIR

Die B 7 führt über flaches, landwirtschaftlich genutztes Land in die Landeshauptstadt **Erfurt**. Der Stellplatz am egapark ist gut anfahrbar, die Straßenbahn fährt direkt in die Innenstadt. Erfurt hat viel zu bieten, gilt doch die bestens zu Fuß erkundbare Altstadt als das größte Flächendenkmal Deutschlands. Die barocke, sanierte Festungsanlage Zitadelle Petersberg ist ein wunderbares Fleckchen Erde, um sich einen Überblick über die Stadt zu verschaffen. Rechts liegen der Dom St. Marien sowie die Severikirche, davor der großzügige Domplatz, der zugleich Bühne für den beliebten Weihnachtsmarkt, aber auch Schauplatz der Domstufen-Festspiele

**Erfurt**
*Dom, Zitadelle, Petersberg, Krämerbrücke*
B7
26 km
**Weimar**
*Gedenkstätte Buchenwald, Goethe und Schiller, Bauhaus*
B7
22 km
**Jena**
*Planetarium, Burgau*
B88
17 km
**Kahla**
*Porzellanmanufaktur, Rudolstädter Straße*
B88

SPECIAL

### GUTES VOM ROST

Die Thüringer Küche ist übrigens herzhaft und eher fleischbetont. Aushängeschilder sind die original auf Holzkohle gegrillte Rostbratwurst, gerne mit Senf, oder das Rostbrätel, ein zuvor in Bier eingelegtes, ebenfalls gegrilltes Schweinenackensteak. Rinderrouladen, serviert mit handgeformten Thüringer Klößen aus Kartoffelteig zählen ebenfalls zu den Klassikern auf dem Speisezettel und sind ein beliebtes Sonntagsessen.

im August ist. Spricht man echte Erfurter auf die Gloriosa an, kommen sie ins Schwärmen über ihre Königin aller Glocken, die als »größte frei schwingende mittelalterliche Glocke der Welt« das Herz höherschlagen lässt. Kinderherzen schlagen übrigens überall in der Stadt höher, wenn Figuren wie das Sandmännchen oder Pittiplatsch sowie weitere vom Kinderkanal KiKa bekannte Lieblinge begeistert geherzt werden können, um gemeinsam fürs Erinnerungsfoto zu posieren.

## MEDITERRANES LEBENSGEFÜHL

Der Marktstraße und somit der Kulturroute der Via Regia folgend, geht es vom Domplatz zum Fischmarkt. Das imposante Rathaus, aber auch die gegenüberliegende Kunsthalle beeindrucken. Wenige Meter weiter besticht die einzigartige Krämerbrücke mit dem schönen Turmausblick von der Ägidien-Brückenkopfkirche hinunter auf die quirlige Geschäftigkeit rund um die 32 Brückenhäuser. Sie ist mit 120 Metern Europas längste durchgängig mit Häusern bebaute Brücke mit innenliegenden Läden, kleinen Cafés und Galerien.

Wer an einem lauen Sommerabend über die bezaubernden Plätze und durch die romantischen Gassen Erfurts schlendert, möchte nicht mehr ans Abreisen denken. Ob Fischmarkt, Domplatz oder Wenigemarkt

**Erfurter Fischmarkt mit Rathaus und historischem Gebäude-Ensemble**

– unzählige Cafés, Bistros und Restaurants machen mit ihrem Bewirtungsangebot im Freien die Stadt zu einer mediterran anmutenden Urlaubsoase. Wer Glück hat findet einen freien Tisch. Thüringer und internationale Spezialitäten, zufriedene Gäste, heiteres Gelächter – Lebensfreude hat in Erfurt ein gastliches Zuhause.

Digitaler Vorreiter ist die Touristeninformation, die gegenüber vom Hauptbahnhof mit »360Grad Thüringen Digital Entdecken« eine informative virtuelle Entdeckungstour zu zahlreichen Sehenswürdigkeiten des Landes anbietet. Leider heißt es dann doch irgendwann Abschied nehmen und erneut der B 7 Richtung Weimar folgen.

Oberhalb von Weimar, auf dem Ettersberg, wird die Gedenkstätte Buchenwald sichtbar, eines der größten Konzentrationslager in Deutschland, in dem während der Jahre 1937 bis 1945 ein trauriges Kapitel deutscher Geschichte stattfand.

## GOETHE, SCHILLER UND BAUHAUS

Dritte im Bunde ist nun die Klassikstadt **Weimar**. Kulturell ein Leckerbissen, aktive Studentenstadt und absolut sehenswert. Vom Stellplatz am Schwanseebad gibt es gleich zwei Wege, die sich lohnen. Entweder zum neuen Bauhaus-Museum, das pünktlich zum Jubiläum »100 Jahre Bauhaus« im April 2019 eröffnet wurde, oder Richtung Altstadt und Theaterplatz. Vor dem Nationaltheater grüßen die zwei wichtigsten Dichter der Stadt, Goethe und Schiller, von ihrem Denkmal, unweit davon befindet sich das Schillerhaus in einer hübschen Allee. Auf dem quadratisch gestalteten Marktplatz ist das Rathaus im neugotischen Stil mit Glockenspiel sehenswert. Idyllisch und fotogen präsentiert sich die Seifengasse. Weitere Anziehungspunkte für interessierte Besucher sind das 1709 erbaute Haus, in dem Goethe fast 50 Jahre verbrachte, sowie das angrenzende Goethe-Nationalmuseum.

Der Park an der Ilm ist grüne Oase und geschichtsträchtige Parkanlage zugleich.

Goethe und Schiller in Weimar

Auf der Innenstadtseite liegt in unmittelbarer Nähe zum Hauptgebäude der Bauhaus-Universität die unter Denkmalschutz und Naturschutz stehende Parkhöhle, ein unterirdisches System begehbarer Stollen. Auf der gegenüberliegenden Parkseite ist das Haus Am Horn zu besichtigen, das legendäre, 1923 errichtete Bauhaus-Musterhaus.

## STERNEGUCKER, PORZELLAN UND WASSERKRAFT

Der Traum, erwartungsvoll den Blick in die Sterne zu wagen, wird im Zeiss-Planetarium **Jena**, dem weltweit ältesten Großplanetarium, wahr.

Ein weiteres Augenmerk der nun nach Süden orientierten Route liegt auf Kaolin, Feldspat und Quarz, besser bekannt als Porzellan. In der Stadt **Kahla** produziert das gleichnamige Familienunternehmen moderne Formen, teils in ansprechenden, bunten

Naturpark Thüringer Schiefergebirge / Obere Saale; Mitte: Stausee nahe von Schloss Burgk

Farben, exportiert in mehr als 60 Länder und blickt auf 175 Jahre Firmengeschichte zurück.

Sieben Erlebniswelten rund um das weiße Gold bietet die Ausstellung auf der **Leuchtenburg** bei Seitenroda. Weltweit einzigartig ist die sogenannte Porzellan-Kirche, 2016 entstanden aus der alten Burgkapelle. Befreiend dürfte das Wunschtellerwerfen am Steg der Wünsche sein, auf jeden Fall gekrönt mit einem genialen Rundumblick.

Eintauchen in traumhafte Landschaftsbilder verspricht nun der Naturpark Thüringer Schiefergebirge/Obere Saale. Wald, Wiesen, Bäche, Höhen und Täler – idyllisch, kraftspendend, erholsam.

Wer jetzt noch Lust und Interesse hat, komplettiert den bisherigen »Tag des Handwerks« durch den Besuch des Wasserkraftmuseums in **Ziegenrück**. Die Fernmühle ist ein technisches Museum und eines der ältesten noch im Original erhaltenen Laufwasser-Kraftwerke. Beim Parkplatz ist die Fahrbreite von 2,20 Metern zu beachten.

## AKTIV AM THÜRINGER MEER

Die Stauseeregion Hohenwarte wird auch Thüringer Meer genannt. Es ist eine über 70 Kilometer lange Anstauung der Saale aus den 1930er-Jahren und, als Saalekaskade bezeichnet, das größte zusammenhängende Stauseegebiet Europas. An den Ufern ist eine perfekte Urlaubs-Infrastruktur entstanden und daher sind Wandern, Paddeln, Sonnenbaden, Camping und auch die Fahrgastschifffahrt möglich. Einen ersten Eindruck vermittelt der traumhafte Blick vom neu errichteten Saaleturm am **Schloß Burgk**. Reisemobilisten freuen sich über den Stellplatz direkt neben dem Turm und gut ausgeschilderte Wanderwege in die schöne Umgebung.

Den vielleicht müden Beinen und Gelenken mit Moorbädern oder herrlichen Massagen eine Wohltat zu gönnen ist im Anschluss in der Ardesia-Therme in **Bad Lobenstein** möglich. Der Wohnmobilstellplatz liegt auf dem Gelände und so steht der erholsamen Nachtruhe nichts im Wege.

## ERLEBNISWELT FEENGROTTEN

Wildromantisch schlängelt sich die B 90 am nächsten Tag in Richtung Leutenberg. Wer ein paar Tage ausspannen möchte, dem sei der Campingplatz Saalthal-Alter mit naturnahen Stellplätzen direkt am Wasser empfohlen. Die Anfahrt erfolgt über Kaulsdorf, am Kreisel rechts Richtung Hohenwarte-Stausee. Alle anderen folgen der B 85 nach **Saalfeld**. Was vielleicht kindlich verspielt klingt, hat einen wirtschaftlichen Ursprung. Die Feengrotten sind ein ehemaliges Bergwerk, das faszinierend illuminiert und anschaulich bei einer Führung interessante Informationen zum Bergbau, zu Tropfsteinen und Mineralien bereithält. Der Abenteuerwald Feenweltchen und das Grottoneum laden,

**Fantastisch und mystisch: Feengrotten; unten: Oberweißbacher Bergbahn auf 25 % Steigung**

AUSFLUG

### HISTORISCHE INGENIEURSKUNST LIVE

Die Oberweißbacher Bergbahn ist ein echter Hingucker, im Sommer mit dem Cabrio-Waggon und seinen Sonnenschirmen allemal: Als weltweit steilste Standseilbahn für den Transport normalspuriger Eisenbahnwagen ermöglicht diese Bergbahn nicht nur ein besonders entschleunigtes Fahrerlebnis, sondern auch wunderschöne Fernblicke. Wanderfreunden eröffnen sich zudem zahlreiche Möglichkeiten, das romantische Schwarzatal mit seinen wild wachsenden Heilkräutern oder die Hochebene um Oberweißbach und Cursdorf in den Tagesausflug einzubetten. Das Tagesticket kann für Fahrten mit dem Olitätenwagen, die Schwarzatalbahn sowie zahlreiche Buslinien genutzt werden.

liebevoll gestaltet, Groß und Klein zum Entdecker-Spaziergang ein.

## ROMANTISCHES RENDEZVOUS IM THÜRINGER WALD

Im Thüringer Wald treffen gleich mehrere Superlative aufeinander, denn er ist eine grandiose Aneinanderreihung von vier wildromantischen Mittelgebirgslandschaften, jede für sich genommen schon eine Attraktion, gemeinsam ein einzigartiges Gesamtkunstwerk der Natur. Ob Erholung oder Aktivurlaub, egal zu welcher Jahreszeit, ein Kennen- und Liebenlernen des Thüringer Waldes ist garantiert. Der **Rennsteig** ist der bekannteste Fernwanderweg Deutschlands und verführt auf knapp 170 Kilometer Länge zum Wandern inmitten landschaftlicher und kultureller Attraktionen quer durch den Thüringer Wald. Von der Werra im Nordwesten bis zur Saale im Südosten bestätigt der Weg den Mythos Rennsteig mit jedem Schritt und jedem neuen Blickwinkel. Ideal und eine gute Alternative für Radfahrer: Die Rennsteig-Radstrecke weicht teilweise vom Wanderweg ab und erfordert gute Kondition – oder ein E-Bike.

Der Aufenthalt im sportlichen **Oberhof** ist sommers wie winters lohnenswert. Der großzügige Stellplatz befindet sich direkt an der ganzjährig geöffneten Ski-Arena mit Blick auf das Biathlonstadion und ermöglicht den direkten Wander-Einstieg – ob nun zum Beerberg, mit 983 Metern die höchste Erhebung Thüringens, oder zum Rennsteiggarten als größter artenreichster Alpingarten Deutschlands. Downhillfahrer lieben den 2019 wiedereröffneten Bike-Park.

**SPECIAL**

**BUNKERBESICHTIGUNG**

Die jüngere deutsche Geschichte ist immer mal wieder präsent, so auch mitten im Thüringer Wald. 3600 Quadratmeter Bunkeranlage, ein Führungsbunker des ehemaligen Ministeriums für Staatssicherheit, erbaut in den 1970er- und 1980er-Jahren in Frauenwald, gewährt interessante Einblicke. Besonderheit: Übernachten ist auf dem angrenzenden Stellplatz im Wald oder als »Reality-Erlebnis« mit einem 16-Stunden-Programm sogar direkt im Bunker möglich. Buchbar im Waldhotel Rennsteighöhe (www.waldhotel-rennsteighoehe.de).

Unten: Ein Besuch von Oberhof und dem Rennsteig ist auch im Sommer lohnenswert.

## KIRCHENSPALTUNG, STAHL UND NOUGAT

Geschichte schreiben, darin ist Thüringen groß. **Schmalkalden** steuert ein besonderes Kapitel bei: den Schmalkaldischen Bund, geschlossen im 16. Jahrhundert und damit Zeichen des Beginns der Kirchenspaltung in Europa. Die Dauerausstellung im Museum Schloss Wilhelmsburg gibt diesem relevanten Aspekt der Reformation ein Gesicht.

Noch zwei weitere geschichtliche Highlights hat die südthüringische Fachwerkstadt zu bieten: Das Hochofen-Museum Neue Hütte im Schmalkaldener Hochofenwerk von 1835 informiert über 1300 Jahre Eisen- und Stahlwarenproduktion. Und für bekennende Süßschnäbel gibt es seit 2012 mit der Viba Nougat-Welt eine besondere Anlaufstelle. 1893 begann die Geschichte des Thüringer Nougats. Die moderne Ausstellung mit gläserner Schau-Confiserie, aber auch die Mitmachangebote zur Herstellung eigener Schokoladenkunstwerke sind sehr beliebt.

## MIT SOLE ENTSPANNEN

Nach so viel frischer Luft, wunderbaren Walderlebnissen und erinnerungswürdigen

Fernblicken lockt die Sole. Gesund und fit sind wir am liebsten, wer also etwas für seine Gesundheit tun möchte, ist in **Bad Salzungen** genau richtig. Der großzügig angelegte und vollständig ausgestattete Sole Reisemobilhafen liegt direkt an der Werra und ist nur wenige Gehminuten vom historischen Gradierwerk und der Solewelt mit Aktivbad, Saunaland und Gesundheitszentrum entfernt. Kurgäste wie auch Tagestouristen finden ein umfangreiches Angebot vor. Die ersten Gradierwerke wurden bereits 1590 errichtet, das östlich gelegene, heute noch begehbare Gradierwerk stammt aus den Jahren 1796/97.

Interessant sind darüber hinaus der direkte Einstieg in Nordic-Walking-Touren, Paddeln auf der Werra oder einfach ein Spaziergang mit dem Hund – Freizeitgestaltung wird hier großgeschrieben. In der Ortsmitte sehenswert ist der mit einem Panoramaweg ausgestattete, künstlich angelegte Burgsee mit Kurhaus, Villen und Kliniken.

Der Thüringer Wald begleitet nun die letzten Kilometer der Tour nochmals in seiner schönsten Form. Wanderbegeisterte finden mit der Klamm Drachenschlucht zwischen Eisenach und Hohe Sonne eine weitere, wunderbare Herausforderung.

## BEI LUTHER ZU BESUCH

Die B 19 führt schließlich direkt nach **Eisenach** und links hoch zur Wartburg, Ziel dieser ereignisreichen und von Natur und Kultur nur so strotzenden Thüringen-Rundreise. Auf dem angrenzenden Parkplatz gibt es Tagestickets für Wohnmobile (höhenabhängig). Tagsüber sind interessante, kostenpflichtige Führungen in den Räumen des UNESCO Weltkulturerbes Wartburg empfehlenswert, abends sind noch die Außenanlage und der Innenhof sowie das Restaurant geöffnet. Die Wartburg von innen und abseits des touristischen Trubels zu erleben gelingt denjenigen, die frühzeitig Karten für eine der im Festsaal stattfindenden Veranstaltungen buchen.

Und so heißt es hier, wo Luther einst Geschichte schrieb, nun mit einem weiten Blick über die thüringische Landschaft Abschied nehmen. Für alle, die noch das Luther-Haus in der Innenstadt besuchen möchten, eignet sich übrigens der Wohnmobilstellplatz an der Karl-Marx-Straße.

**Links: Gesundheitsbewusst und schön anzuschauen – Gradierwerk Bad Salzungen; rechts: Die Wartburg thront majestätisch über Eisenach.**

**Saalfeld**
*Feengrotten,* *Bad Blankenburg, Schwarzburg*
27 km

**Obstfelderschmiede**
*Oberweißbacher Bergbahn,* *Herschdorf, Neustadt am Rennsteig, Allzunah*
38 km

**Schmücke**
*Großer Beerberg*
13 km

**Oberhof**
*Biathlonstadion, Rennsteiggarten,* *Zella-Mehlis, Viernau*
35 km

**Schmalkalden**
*Schloss Wilhelmsburg, Nougat-Welt* *Wernshausen,*
25 km

**Bad Salzungen**
*Gradierwerk, Solewelt*
25 km

**Eisenach**
*Wartburg, Lutherhaus*

Ziel

# PRAKTISCHE HINWEISE

## TOURISTENINFORMATIONEN

**Tourist Information Mühlhausen**
Ratsstr. 20, 99974 Mühlhausen,
Tel. +49 3601 404770,
www.muehlhausen.de

**Touristinformation Bad Langensalza**
Bei der Marktkirche 11, 99947 Bad Langensalza, Tel. +49 3603 834424,
www.badlangensalza.de

**Tourist-Information Gotha**
Hauptmarkt 33, 99867 Gotha,
Tel. +49 3621 510450, www.gotha-adelt.de

**Tourist Information Erfurt**
Benediktsplatz 1, 99084 Erfurt,
Tel. +49 361 66400,
www.erfurt-tourismus.de

**Tourist Information Weimar**
Markt 10, 99423 Weimar,
Tel. +49 3643 7450, www.weimar.de

**Tourist Information Jena**
Markt 16, 07743 Jena,
Tel. +49 3641 498050, www.visit-jena.de

**Tourist-Information Hohenwarte**
Preßwitzer Str. 3, 07338 Hohenwarte,
Tel. +49 36733 239157,
www.gemeinde-hohenwarte.de

**Tourist-Information Saalfeld**
Markt 6, 07318 Saalfeld,
Tel. +49 3671 522181,
www.saalfeld-toursimus.de

**Touristeninformation Oberhof**
Crawinkler Str. 2, 98559 Oberhof,
Tel. +49 36842 2690, www.oberhof.de

**Tourist-Information Schmalkalden**
Auer Gasse 6–8, 98574 Schmalkalden,
Tel. +49 3683 6097580,
www.schmalkalden.com

**Touristinformation Bad Salzungen**
Am Flößrasen 1 (im Museum am Gradierwerk), 36433 Bad Salzungen,
Tel. +49 3695 693420,
www.badsalzungen.de

**Tourist-Information Eisenach**
Markt 24, 99817 Eisenach,
Tel. +49 3691 79230, www.eisenach.info

## STELLPLÄTZE UND CAMPINGPLÄTZE

S 16.1 **Wohnmobilstellplatz Unter den Linden** (S. 276/C3)
Unter den Linden 1, 99830 Treffurt,
Tel. +49 36923 80254, www.treffurt.de
GPS-Daten: 51.133333, 10.237500
Gebührenpflichtiger, ganzjährig geöffneter Stellplatz für ca. 20 Wohnmobile auf Wiese/Rasengitter; V/E, Strom (eingeschränkt); ruhig und direkt am Werraufer gegenüber von Treffurt gelegen; über die Brücke zu Fuß in den historischen Ortskern (500 m).

C 16.2 **Camping am Schwanenteich**
(S. 276/C3) Popperöder Gasse 2,
99974 Mühlhausen, Tel. +49 3601 4085830,
www.campingplatz-schwanenteich.de
GPS-Daten: 51.200278, 10.431944
Gebührenpflichtiger Campingplatz für ca. 20 Wohnmobile auf Wiese; komplette Infrastruktur; Ende Oktober bis Ende März geschlossen; durch angrenzendes Jugendcamp Beeinträchtigungen möglich.

S 16.3 **Wohnmobilstellplatz an der Friederikentherme** (S. 276/C3)
Breitscheidstr./Böhmenstr., 99947 Bad Langensalza, Tel. +49 3603 39760,
www.friederikentherme.de

GPS-Daten: 51.116944, 10.644444
Gebührenpflichtiger, ganzjährig nutzbarer Stellplatz für zwölf Wohnmobile auf separatem Bereich des Thermen-Parkplatzes; V/E, Strom (eingeschränkt), Wasser; Dusche/WC in der Therme möglich; Anmeldung/Bezahlung in der Therme; in fußläufiger Lage zur historischen Altstadt und zu den Themengärten.

S 16.4 **Wohnmobilstellplatz Gotha** (S. 276/C3–4) Parkallee, 99867 Gotha, Tel. +49 3621 510450, www.gotha-adelt.de
GPS-Daten: 50.944167, 10.708333
Gebührenfreier Stellplatz für drei Wohnmobile auf einem separaten Bereich eines Bus-/Pkw-Parkplatzes; keine Infrastruktur; gute Ausgangslage für Besichtigung von Schloss und Stadt, da beides fußläufig entfernt.

C 16.5 **Campingpark Erfurt** (S.276/D4) Rudolstädter Straße 83c, 99099 Erfurt, Tel. +49 176 95531746, info@campingpark-erfurt.de, campingpark-erfurt.de
GPS-Daten: 50.967204, 11.067516
Ganzjährig geöffneter, neuer Campingplatz mit ca. 100 Stellplätzen auf Rasenschotter. Komplette Infrastruktur. Am Ortsrand von Erfurt gelegen, mit guter ÖPNV-Anbindung. In 700m Entfernung befindet sich ein großes Einkaufscenter. Idealer Ausgangspunkt zur Erkundung von Thüringens attraktiver Landeshauptstadt. Wer nur als Tagesbesucher zur Stadtbesichtigung bleibt, findet auf den Großraumparkplätzen des egaparks (Gothaer Straße) und der Thüringenhalle (Werner-Seelenbinder-Straße) ganzjährig nutzbare Stellplätze ohne Infrastruktur mit direkter Straßenbahnanbindung in die Innenstadt.

S 16.6 **Wohnmobilstellplatz am Herrmann-Brill-Platz** (S. 277/E3) Herrmann-Brill-Platz, 99423 Weimar, Tel. +49 3643 7450, www.weimar.de
GPS-Daten: 50.985000, 11.317500
Gebührenpflichtiger, ganzjährig nutzbarer Stellplatz für ca. 20 Wohnmobile auf einem Großparkplatz; V/E (im Winter nicht verfügbar), Strom (eingeschränkt); Innenstadt fußläufig, daher gute Ausgangslage für Stadtbesichtigung.

**Naturnah und direkt an der Werra; Stellplatz in Treffurt**

S 16.7 **Reisemobilstellplatz Leuchtenburg** (S. 277/E4)
Dorfstr. 100 (Leuchtenburg), 07768 Seitenroda, Tel. +49 36424 713300, www.leuchtenburg.de, www.thueringen-entdecken.de
GPS-Daten: 50.803056, 11.614722
Gebührenfreier, ganzjährig nutzbarer Stellplatz für offiziell fünf Wohnmobile auf einem Parkplatz; keine Infrastruktur; ruhig und unterhalb der Leuchtenburg am Ortsende von Seitenroda gelegen.

C 16.8 **Naturcamping Plothental** (S. 277/E5) Plothental 9, 07924 Ziegenrück, Tel. +49 36483 20895, www.thueringen.info
GPS-Daten: 50.610278, 11.655278
Gebührenpflichtiger Campingplatz für ca. 20 Wohnmobile auf Wiese; komplette Infrastruktur mit Camping-Gastronomie; geöffnet Anfang Mai bis Ende September; ruhig am Plothenbach in einem kleinen Tal gelegen; inmitten der Ferienregion »Thüringer Meer«, direkt am Saale-Radwanderweg; Ortskern und Saale fußläufig.

S 16.9 **Stellplatz Saaleturm Burgk** (S.281/H2) 07907 Schleiz OT Burgk, Tel. +49 3663 48040, info@schleiz.de, www.schleiz.de
GPS-Daten: 50.556921, 11.721393
Ganzjährig nutzbarer Stellplatz für 16 Mobile auf teilweise unebenem Wiesenuntergrund. Strom. Am Ortsrand des Dorfes Burgk gelegen, 200m vom Saaleturm entfernt, sehr ruhige Lage. Öffentliche WC-Anlage, Kiosk und ÖPNV-Anbindung am Saaleturm, gastronomisches Angebot fußläufig im Ort. Sehenswert sind der Panoramablick vom Turm sowie Schloss Burgk. Als Ausflugsziel lockt die nahe Bleilochtalsperre mit Sandstrand, Personenschifffahrt und Bootsverleih.

S 16.10 **Wohnmobilstellplatz an der Ardesia-Therme** (S. 277/E5)
Parkstr. 8, 07356 Bad Lobenstein, Tel. +49 36651 3939100, www.ardesia-therme.de
GPS-Daten: 50.449444, 11.642222
Gebührenpflichtiger, ganzjährig geöffneter Stellplatz für fünf Wohnmobile auf Platten/Beton und weitere Stellplätze auf angrenzender Wiese; V/E, Strom, WLAN; Dusche/WC, Kiosk und Restaurant in der Therme während der Öffnungszeiten nutzbar; ruhig, direkt neben der Therme gelegen; das Stadtzentrum ist fußläufig entfernt.

C 16.11 **Campingplatz Saalthal-Alter** (S. 281/H2) Saalthal 7, 07333 Unterwellenborn, Tel. +49 36732 22267, www.camping-saalthal-alter.de
GPS-Daten: 50.621389, 11.508611
Gebührenpflichtiger Campingplatz für 32 Wohnmobile auf Rasen; komplette Infrastruktur; Gastronomie, Boots- und E-Bike-Verleih am Platz; geöffnet Anfang April bis Ende Oktober; ruhige Lage direkt am Hohenwarte-Stausee.

S 16.12 **Wohnmobilstellplatz an den Feengrotten** (S. 277/E5)
Feengrottenweg 2, 07318 Saalfeld, Tel. +49 3671 55040, www.feengrotten.de
GPS-Daten: 50.635556, 11.342500
Gebührenpflichtiger, ganzjährig geöffneter Stellplatz für zehn Wohnmobile auf gepflastertem Untergrund; V/E, Strom, Sanitärgebäude; am Ende der Besucherparkplätze und direkt am Wald gelegen; ruhig nach den Öffnungszeiten der Erlebniswelt Feengrotten; Hinweis: Anreiseempfehlung wegen Dauerbaustelle auf Website beachten.

S 16.13 **Wohnmobilstellplatz Obstfelderschmiede** (S. 276/D5)
An der Bergbahn 1, 98744 Schwarzatal, Tel. +49 36705 20134, www.oberweissbacher-bergbahn.com
GPS-Daten: 50.604167, 11.135833
Gebührenpflichtiger, ganzjährig nutzbarer, kleiner Stellplatz für offiziell zwei Wohnmobile auf dem Parkplatz der

Talstation der Oberweißbacher Berg- und Schwarzatalbahn; keine Infrastruktur, öffentliches WC-Gebäude; guter Ausgangspunkt für die Angebote des Bergbahnlandes.

S 16.14 **Wohnmobilstellplatz Waldhotel Rennsteighöhe** (S. 276/D5)
Am Rothenberg 1, 98711 Frauenwald,
Tel. +49 36782 62200,
www.waldhotel-rennsteighoehe.de
GPS-Daten: 50.604167, 11.135833
(Abzweig von L 1141)
Gebührenpflichtiger, ganzjährig geöffneter Stellplatz für ca. zehn Wohnmobile auf Schotter; Frischwasser, Strom; Dusche und WLAN im Hotel nutzbar; bei Nutzung der Hotelgastronomie entfällt die Stellplatzgebühr; ruhige Waldlage, gute Einstiegsmöglichkeit für Wanderungen; geführte Besichtigung des Bunkermuseums nach Voranmeldung.

S 16.15 **Caravanstellplatz am Biathlonstadion** (S. 276/D4)
Grenzadler, 98559 Oberhof,
Tel. +49 36842 2690, www.oberhof.de
GPS-Daten: 50.706111, 10.694444
Gebührenpflichtiger, ganzjährig geöffneter Stellplatz für ca. 40 Wohnmobile auf Asphalt; Frischwasser, Strom; Dusche/WC im UG des anliegenden Rennsteighauses mit Schrankenkarte nutzbar; direkt an der Lotto Thüringen/DKB Arena mit Blick auf das legendäre Biathlonstadion gelegen; drei Kilometer zum Ortszentrum, ÖPNV-Anschluss vorhanden.

S 16.16 **Reisemobilparkplatz am Westendpark** (S. 276/C4)
Westendstr. 4, 98574 Schmalkalden,
Tel. +49 3683 6097580,
www.schmalkalden.com
GPS-Daten: 50.720556, 10.439444
Gebührenpflichtiger, ganzjährig geöffneter und parzellierter Stellplatz für acht Wohnmobile auf Asphalt; V/E, Strom; im ehemaligen Gelände der Landesgartenschau gelegen; Bahnhof und Viba Nougat-Welt nebenan, der Ortskern ist fußläufig gut erreichbar.

**Hübsch angelegt – Sole Reisemobilhafen Bad Salzungen**

S 16.17 **Sole Reisemobilhafen**
(S. 276/C4) Am Flößrasen 5, 36433 Bad Salzungen, Tel. +49 3695 69340,
www.sole-reisemobilhafen.de
GPS-Daten: 50.815556, 10.237778
Gebührenpflichtiger, ganzjährig geöffneter und parzellierter Stellplatz für 80 Wohnmobile auf Rasengitter/Pflaster; komplette Infrastruktur (Sanitärnutzung im Solebad möglich); ruhig an einem Seitenarm der Werra gelegen; Solebad/ Gradierwerk und Ortskern fußläufig; Hinweis: Anfahrtsroute wegen Dauerbaustelle auf Webseite beachten.

S 16.18 **Wohnmobilstellplatz Eisenach**
(S. 276/C3) Karl-Marx-Str. 40,
99817 Eisenach, Tel. +49 3691 79230,
www.eisenach.info
GPS-Daten: 50.979167, 10.324167
Gebührenpflichtiger, ganzjährig geöffneter Stellplatz für zehn Wohnmobile auf Pflaster; V/E, Strom; Beeinträchtigungen durch Straße, Bahnlinie und gegenüberliegenden Supermarkt möglich; kurze Entfernung zum Stadtzentrum.

17

# DEUTSCHLAND IN VIER WOCHEN

## Die größten Hightlights in einer Tour

Diese große, einzigartige Deutschlandtour deckt auf über 3000 Kilometern die beliebtesten Sehenswürdigkeiten, attraktivsten Städte, schönsten Naturlandschaften und kulturellen Besonderheiten ab. Entgegen den in diesem Buch sonst üblichen Routenführungen auf Bundesstraßen und oftmals besonders hübschen, schmalen Landstraßen ist hier das weit verzweigte Autobahnnetz bewusst mit eingeplant, damit mehr Zeit für Besichtigungen vor Ort bleibt. Wer die zugrunde gelegten vier Wochen Reisezeit einhalten möchte, für den ist am Vormittag frühes Losfahren zur nächsten Station Voraussetzung.

Berlin ist immer eine Reise wert.

Der zeitige Start hat entscheidende Vorteile: Erstens ist zwischen neun und elf Uhr die Rushhour auf den Autobahnen in der Regel vorbei. Zweitens vereinfacht sich die Stellplatzsuche am Ende einer Etappe, da Plätze noch bzw. schon wieder frei sind, und man verbringt die Zeit nach einem interessanten Ausflug auf diese Weise mit Essen und Ausruhen statt mit mühseliger Stellplatzsuche.

Die Tour startet zwar offiziell in München und damit im Süden, ein Einstieg ist aber aufgrund der bewusst gewählten Routenführung überall möglich. Wer mehr Zeit hat, kann natürlich verlängern und aus den anderen 16 Routenvorschlägen weitere interessante Ziele hinzuplanen. Die Streckenleisten sind gerechnet von Stellplatz zu Stellplatz, um von dort direkt zu Fuß, mit dem Fahrrad/E-Bike oder per ÖPNV die Stadt und ihre Sehenswürdigkeiten zu erkunden.

## TAG 1: MÜNCHEN

München grüßt als bayerische Landeshauptstadt zur ersten Etappe. Die Frauenkirche, das Oktoberfest und natürlich das 1589 eröffnete Hofbräuhaus sind weltweit bekannt. Der Marienplatz und das neugotische Neue Rathaus ziehen die Besucher magisch an, wenn das Glockenspiel Melodien und Geschichten aus dem 16. Jahrhundert spielt. Von hier sind die Stände des Viktualienmarkts gut zu Fuß erreichbar und natürlich schmecken ein Weißwurstfrühstück oder die knusprige Haxe mit einem frisch gezapften Bier hier so richtig gut. Aber auch moderne Küche kann die Stadt, zahlreiche hippe Lokale mit trendigen Speisen siedeln sich gerade in den Flaniermeilen der Touristenströme an. Schloss Nymphenburg, Deutsches Museum, Olympiastadion und vieles mehr – langweilig

## ROUTE 16

**START- UND ENDPUNKT**
München und Rothenburg ob der Tauber

**STRECKENLÄNGE**
3357 Kilometer

**FAHRZEIT**
28 Tage

Unten: Marienplatz München – einmal das Glockenspiel hören

Auf dem höchsten Punkt Deutschlands: Zugspitze; Mitte: Schloss Neuschwanstein im Allgäu

wird es in München so schnell nicht; für einen ersten Eindruck ist eine Stadtrundfahrt gut geeignet. Über 40 Jahre warb die Stadt übrigens mit dem Slogan »Weltstadt mit Herz«. Übernachtet wird auf dem Wohnmobilstellplatz in Taufkirchen, 14 Kilometer südlich von München.

## TAG 2: ZUGSPITZE

Die beeindruckende Fahrt mit der neuen Seilbahn der Zugspitzbahn hoch hinauf zum Gipfel und der sensationelle Panoramablick von Deutschlands höchstem Berg begeistern. Hier ist Bergluft schnuppern auf 2962 Metern angesagt. Das Zugspitzmassiv bezaubert ganzjährig mit herrlichen Eindrücken. Wanderfreunde finden rund um Garmisch-Partenkirchen zahlreiche Wege; die Wankbahn ist für Ausflüge ebenfalls beliebt. Die alte Bobbahn entdeckt, wer die kleinere Spazierrunde um den Eibsee läuft. Übernachtet wird im Wohnmobilhafen Zugspitzblick Grainau.

## TAG 3: SCHLOSS NEUSCHWANSTEIN

Das romantische Schloss Neuschwanstein ist mystisch und unvollendet, ein Synonym für das Prädikat Märchenschloss schlechthin, zudem Sehnsuchtsziel von Besuchern aus aller Welt. König Ludwig II. hat sich mit vielen Prachtbauten verewigt, mit dem Schloss Neuschwanstein hat sich der »Märchenkönig« ein Denkmal gesetzt. Die Innenräume sind nur mit einer Führung zu besichtigen. Von der Marienbrücke ist der fantastische Blick auf den Wasserfall, das Schloss und den Forggensee möglich. Ein Spaziergang durch die Gassen der mittelalterlichen Altstadt von Füssen rundet den Tag gekonnt ab. Übernachtet wird auf dem Wohnmobilplatz Camper's Stop Füssen.

## TAG 4: LINDAU

Der Bodensee liegt mitten im Dreiländereck Deutschland, Österreich und Schweiz. Touristisch voll erschlossen, hat er viele Wasser-

sport-, Fahrrad- und Wanderfans. Insbesondere Lindau besticht durch seine attraktive Lage und mit der idyllischen Altstadt auf der Insel. Ausflugsfahrten durch die imposante Hafeneinfahrt haben ein besonderes Flair, stehen doch der Bayerische Löwe von 1856 und der Neue Leuchtturm Spalier. 139 Stufen führen nach oben zur Aussichtsplattform mit einem sensationellen Rundumblick auf die Stadt, die schneebedeckten Berge und das Blau des Sees. Über Kopfsteinpflaster führt die Flaniermeile in der Maximilianstraße; die Patrizierhäuser mit ihren Giebelkränen, Dachgauben und kunstvollen Wand- und Deckenbemalungen rechts und links ziehen die Blicke magisch an sich. Übernachtet wird auf dem Park-Camping Lindau.

## TAG 5: FELDBERG

Und wieder geht es nach oben, diesmal jedoch »nur« auf 1493 Meter. Der Feldberg ist die höchste Erhebung im Schwarzwald, leicht zu erklimmen mit der Feldbergbahn, deren Bergstation auf 1450 Metern liegt. Der Schwarzwald mit seinen bewaldeten Hängen und schmalen Tälern, mit Schluchsee und Titisee, Triberger Wasserfällen und der Donauquelle in Donaueschingen liegt nun dem Besucher zu Füßen. Geübte Wanderer lassen die Bergbahn sozusagen links liegen und erarbeiten sich den Weg zur Bergstation über den ausgeschilderten Feldbergsteig mit zwölf Kilometer Länge. Der Premiumwanderweg mit Einstieg am Haus der Natur in Feldberg/Seebuck verspricht herrliche Ausblicke und idyllische, schmale Pfade inmitten geschützter Natur. Nach so viel wunderbarer Natur wird auf dem Wohnmobilstellplatz Feldberg übernachtet.

## TAG 6: FREIBURG

Die Fahrrad- und Studentenstadt Freiburg ist modern und quirlig. Vom Stellplatz bis zum bekannten Freiburger Münster führt der knapp zwei Kilometer lange Weg an Fahrradstraßen entlang und vorbei am großen

Blick vom Feldberg im Schwarzwald

Fahrradparkhaus beim Hauptbahnhof. Die historische Altstadt ist Fußgängerzone, der Münsterplatz wird von hübschen kleinen Wasserkanälen, den sogenannten Freiburger Bächle, durchzogen. Bereits im Frühling herrschen hier milde Temperaturen, sodass die Innenstadtplätze schnell belebt sind. Dass am Freiburger Münster von 1200 bis 1513 gebaut wurde, ist noch an unterschiedlichen Baustilen ersichtlich, zuerst romanisch, dann gotisch sowie spätgotisch. Stadt- und Münsterführungen sind neben individuellen Stadtspaziergängen möglich; übernachtet wird auf dem Wohnmobilstellplatz Freiburg.

## TAG 7: HEIDELBERG

Wer Romantik liebt, kommt einmal im Leben zum Heidelberger Schloss. In- und ausländische Touristen entdecken immer wieder neue Perspektiven und Fotomotive an der Ruine, doch auch die Innenräume können sich sehen lassen. Wer alles entdecken will, bringt am besten Zeit und flache Schuhe mit, denn es gibt zahlreiche Stufen und ganz viel Kopfsteinpflaster. Ob Schlosshof, großes Fass oder Schlossgarten, die Anlage ist großzügig. Weitere Highlights sind das Deutsche Apotheken-Museum und die Fahrt mit der Bergbahn.

Das Schloss überragt die schnuckelige Altstadt, die sich eng an den Neckar schmiegt. Pflastersteine sowie Backstein- und Fachwerk-Gebäude in den Gassen erzählen zahlreiche Geschichten der Vergangenheit, das quirlige Leben dazwischen zeigt die Gegenwart.

Auf der gegenüberliegenden Neckarseite lädt der Philosophenweg zum Flanieren ein. Wo einst Hölderlin und Eichendorff während ihres Heidelberg-Aufenthalts in den Weinbergen philosophierten, wechseln sich heute interessierte Touristen aus aller Welt mit Einheimischen ab. Der über Treppen erreichbare, oberhalb der Stadt liegende Spazierweg mischt Geschichte mit Aussicht und

**Sehenswerte Altstadt, Brücke und selbstverständlich das Heidelberger Schloss**

bietet zugleich Raum für Biotope, Flora und Fauna. Unvergesslich der Blick auf die Heidelberger Altstadt nebst Schloss. Schattige, mit Bänken bestückte Nischen laden zum Verweilen ein. Übernachtet wird entweder in Heidelberg auf dem neuen Wohnmobilstellplatz oder im nahen Ladenburg mit schmucker Altstadt.

## TAG 8: INDUSTRIEDENKMAL VÖLKLINGER HÜTTE

In Völklingen steht ein sehenswertes Industriedenkmal im Rampenlicht. Vom Wohnmobil direkt ins UNESCO Weltkulturerbe, das ist hier möglich. Flache Schuhe sind ratsam, geht es bei der Besichtigungstour rund 7000 Meter kreuz und quer, treppauf und treppab sowie über Rampen durch die alten Anlagen. Sonderausstellungen beleben zusätzlich die Szenerie. Wer sich traut, schnappt sich einen Helm und steigt 45 Meter nach oben auf die sensationelle Aussichtsplattform der Gichtbühne. Fotofreunde haben ihre helle Freude an den ständig wechselnden Motiven. Der ausgeschilderte Parkplatz bietet Wohnmobilisten separat ausgewiesene Stellplätze, auf denen tagsüber das Parken, nachts die Übernachtung erlaubt ist. So ist die direkte Erholung von den Laufstrapazen möglich und ein Blick in der Abenddämmerung auf die beeindruckende, häufig farbig illuminierte Kulisse des Industriedenkmals gleich noch inklusive.

## TAG 9: TRIER

Das Zentrum der Antike lässt sich individuell äußerst komfortabel per Fahrrad entdecken, sofern die Wahl nicht zugunsten einer geführten Stadtführung per pedes ausfällt. Die Römer haben ihre Spuren hinterlassen, zu sehen sind u. a. die seit 1986 in die Liste der UNESCO Weltkulturerbestätten aufgenommene, faszinierende Porta Nigra, die Kaiserthermen, die Römerbrücke, die Barba-

Links: Industriedenkmal Völklinger Hütte; rechts: Zeugnis der Antike – Kaiserthermen in Trier

PARES NUMEROS OMNIA
PIIS DAT STUDIIS HOMINUM

rathermen und die Konstantin-Basilika. Von derartigen Eindrücken überwältigt, bietet der Hauptmarkt im historischen Stadtkern dann den richtigen Rahmen für eine erholsame Pause. Die Antike erlebbar machend, präsentiert das Rheinische Landesmuseum den größten Goldschatz der römischen Kaiserzeit sowie die einzigartige Multimediashow »Im Reich der Schatten«. Übernachtet wird auf dem großzügigen Reisemobilpark Treviris direkt an der Mosel.

## TAG 10: LORELEY UND MITTLERES RHEINTAL

Das Welterbe Mittleres Rheintal mit dem Tal der Loreley ist ein Sehnsuchtsziel Zigtausender in- und ausländischer Touristen. Die Schönheit und Einzigartigkeit brachte den Rheinkilometern 526 bis 593 den Titel UNESCO Welterbe ein. Und das zu Recht. Die Rheinschleife bei Boppard, die zahlreichen Burgruinen, Dörfer mit Uferstraße und Schiffsableger ziehen die Blicke auf sich. Atemberaubend präsentiert sich die Gegend rund um den Felsen der Loreley, auf dem sie der Sage nach, ihr Haar kämmend, gesessen und die Fischer derart abgelenkt haben soll, dass sie in den Untiefen und an den Felsen des Rheins mit ihren Booten sanken und starben. Am Rheinufer ist die beste Sicht auf den Felsen bei St. Goar, alternativ empfiehlt sich der wunderbare Blick vom Loreleyblick Maria Ruh, anfahrbar über St. Goar Richtung Urbar. Ab Oberwesel bis Bacharach beindruckt das attraktive Rheintal immer wieder mit wunderbaren Perspektiven. Übernachtet wird im historischen Bacharach mit Stadtmauer und der Burg Stahleck auf dem Reisemobilstellplatz.

## TAG 11: KÖLN

Die atemberaubende Kulisse Kölns erschließt sich bei der Fahrt über eine der innenstadtnahen Rheinbrücken. Im Süden die architektonisch sehenswerten Kranhäuser im Rheinauhafen, das Schokoladenmuseum, die Rheinpromenade mit den schmucken Altstadthäusern und der Kneipenszene und natürlich die weithin sichtbaren Zwillingstürme des sensationellen, gotischen Doms.

Der Wohnmobilstellplatz liegt verkehrsgünstig und doch ruhig am Rhein, mit dem Fahrrad oder zu Fuß geht es einfach immer an der Promenade entlang zur Innenstadt. Bei schönem Wetter lohnt es sich, das Panorama entspannt bei der Fahrt mit einem Ausflugsschiff an sich vorbeiziehen zu lassen. Kunstfreunde kommen im Museum Ludwig mit großer Sammlung von Meisterwerken und zudem wechselnden Sonderausstellungen auf ihre Kosten. Den Abend verbringt man stilecht in einer der Kölschkneipen bei rustikalem Essen oder dem typischen Halve Hahn (Roggenbrötchen mit Käse).

## TAG 12: AACHEN

Die westlichste Großstadt Deutschlands empfängt im Dreiländereck Belgien, Niederlande und Deutschland mit dem blumenumrankten Brunnen auf dem Kreisel des Europaplatzes.

Linke Seite oben: Interessante Perspektive – Eingangsportal des Kölner Doms; unten: Geschichtsträchtiger Eyecatcher in Aachen

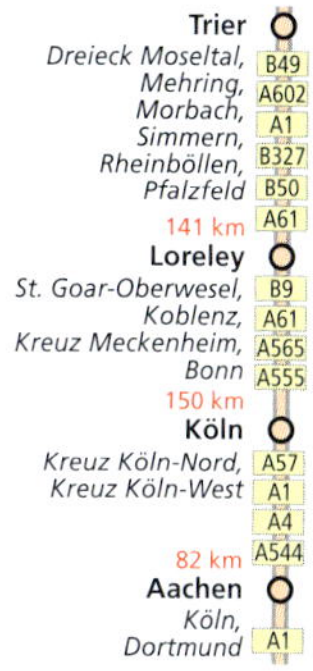


Dom in Aachen mit achteckiger Pfalzkapelle

Aachen
Köln, Dortmund A1
228 km
Münster
Dreieck Suhr, Dreieck Delmenhorst A1 A28 B75
160 km
Bremen
120 km A1
Hamburg

Die geschichtsträchtige Stadt Aachen ist Krönungsort von über 30 deutschen Königen und Kaisern, beherbergt die im Jahr 805 geweihte Pfalzkapelle Karls des Großen und ist Heimatstadt der weltweit beachteten Pferdesportveranstaltung CHIO.

Im Kurgebiet Bad Aachen liegt ruhig und in die Natur eingebettet der Wohnmobilstellplatz. Rund 30 Minuten sind es von dort zu Fuß bis zur Innenstadt. Vorrangig wartet das erste UNESCO Weltkulturerbe Deutschlands, der prächtige Aachener Dom mit der achteckigen Pfalzkapelle, auf den Besuch. Das heute sichtbare, faszinierende Mosaik ersetzt seit dem späten 19. Jahrhundert das Original. Highlight ist der vergoldete Radleuchter von Kaiser Friedrich Barbarossa. Nach Besichtigung auch der Domschatzkammer locken die leckeren Aachener Printen, die nicht nur zur Weihnachtszeit rund um den Dom angeboten werden. Wenige Meter weiter ist der Elisenbrunnen mit frei zugänglicher Heilwasserquelle einen Stopp wert.

## TAG 13: MÜNSTER

Wer die Fahrradstadt Münster mal so richtig live erleben will, nutzt die Gelegenheit als willkommene Abwechslung. Auf den Spuren der ehemaligen Stadtmauer und am Schloss vorbei führt heute die Promenade, ein knapp fünf Kilometer langer Fahrradweg. Sehenswert und geschichtlich relevant ist das Rathaus aus dem 14. Jahrhundert. Der gotische Bau war 1648 Verhandlungsplatz für den Westfälischen Frieden, der den 30-jährigen Krieg in Europa beendete. Dafür wurde das Rathaus 2015 mit dem Europäischen Kulturerbe-Siegel ausgezeichnet.

Als weiteres Wahrzeichen der Stadt gilt der Sankt-Paulus-Dom; fotogen sind auch die Giebelhäuser am nahe gelegenen Prinzipalmarkt in der Altstadt. Die Hafenpromenade am Dortmund-Ems-Kanal ist über die Jahre zum In-Viertel mit Szene-Gastronomie geworden und daher sehr beliebt. Übernachtet wird am Reisemobilhafen Camp

Rathaus der Hansestadt Bremen

Hansestadt Hamburg: eines der Wahrzeichen, das Rathaus

Marina Greven am Dortmund-Ems-Kanal, 13 Kilometer von der Innenstadt entfernt.

## TAG 14: BREMEN

Als kleinstes der 16 Bundesländer überzeugt die Hansestadt Bremen mit engen Gassen und hübschen Läden und Cafés der Altstadt Schnoor. Das wunderschöne Rathaus gilt als ein bedeutendes Bauwerk der Gotik und ist Zeugnis der Weser-Renaissance. Zusammen mit dem Bremer Roland wurde das Rathaus zum UNESCO Weltkulturerbe erklärt. Ganz in der Nähe ist das beliebte Fotomotiv der Bremer Stadtmusikanten. Schokoladenliebhaber schauen im Hachez-Shop oder beim Werksverkauf vorbei. Die Flaniermeile an der Weser ist mit Restaurants und Außensitzplätzen gut bestückt, der Blick verweilt auf der gegenüberliegenden Weserburg. Übernachtet wird auf dem Wohnmobilstellplatz Am Kuhhirten im Naherholungsgebiet Kuhhirtenweg.

## TAG 15: HAMBURG

Die obligatorische Hafenrundfahrt verschafft einen Eindruck von der Bedeutung des größten Seehafens Deutschlands, der mit 9000 Schiffsanläufen pro Jahr sowie knapp 300 Liegeplätzen an insgesamt 43 Kilometern Kaimauern für Seeschiffe imponiert. Entspannter und ebenfalls sehenswert ist eine Alsterrundfahrt. Wie wäre es im Anschluss mit einer Rathausführung? Die Speicherstadt lockt außerdem mit dem Miniatur Wunderland, das immer wieder kleine und große Eisenbahnfans fasziniert. Die Elbphilharmonie begeistert von außen wie von innen, zig Musicals laden zur gelungenen Abendgestaltung ein. Ach ja, 100 Jahre durchlaufen ist schon ein echtes Erlebnis. Denn der Alte Elbtunnel beeindruckt ganz bescheiden im Untergrund als echtes Stück Hamburger Geschichte. Übernachtet wird auf dem Wohnmobilhafen Hamburg, zentrumsnah und gut anfahrbar.

Spektakuläre Natur: Kreidefelsen auf Rügen

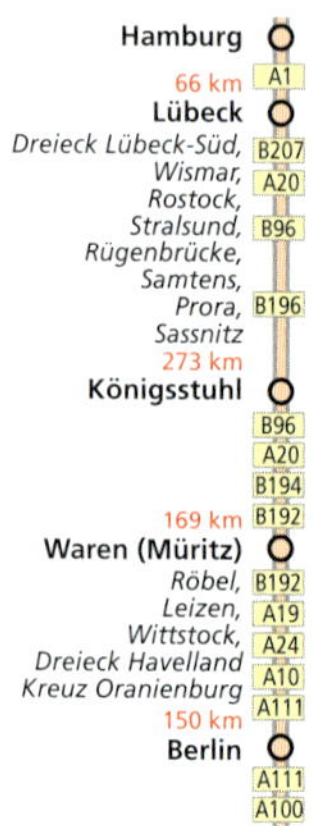


## TAG 16: LÜBECK

Die ehemalige Hauptstadt der Hanse lockt mit mittelalterlicher Romantik und leckerem Marzipan, dem Holstentor und einzigartigen Kaufmannshäusern. Ein Bummel durch die alten Gassen der ehemaligen Hauptstadt der Hanse beginnt, ausgehend vom Wohnmobilstellplatz an den Media Docks, mit der Überquerung der alten Drehbrücke. Rechts schließt sich der Museumshafen an, der Weg geradeaus durch die Engelsgrube hält auf beiden Seiten schmale Eingänge zu den für Lübeck typischen »versteckten« Gängen und Höfen parat. Die Breite Straße lädt zum Shoppen ein. An dieser reihen sich weitere Sehenswürdigkeiten: das Buddenbrookhaus in der Mengstraße; die das Stadtbild bestimmende Marienkirche, Teil des UNESCO Welterbes Lübecker Altstadt; das direkt anschließende, berühmte Rathaus in Backsteingotik. Einige Meter weiter der Holstenstraße Richtung Trave folgend, grüßt schließlich das Spätmittelalter mit dem Holstentor.

## TAG 17: RÜGEN

Der nächste Natur-Höhepunkt mit Buchenwäldern und faszinierenden Kreidefelsen wartet. Von Sassnitz aus gilt es nun, den Nationalpark Jasmund mit dem UNESCO Weltnaturerbe »Alte Buchenwälder Europas« zu erkunden. Der kostenpflichtige Parkplatz Lohme ist zugleich großzügiger Wohnmobilstellplatz sowie Ausgangspunkt für Wanderungen und Bustransfers zum Königsstuhl. Vier unterschiedliche Flyer beschreiben übersichtlich die Wandergebiete und geben Tourentipps. Spaziergänger führt der wildromantische, drei Kilometer kurze Fußweg vom Ende des Wohnmobilstellplatzes bis zum Königsstuhl mit Besucherzentrum. Für den perfekten Blick auf den Kreidefelsen ist der nur wenige Hundert Meter entfernte Aussichtspunkt Viktoria-Sicht die erste Wahl. Am Abend verlassen die Tagestouristen den Parkplatz und es kehrt etwas Ruhe ein auf der Anhöhe in Lohme. Willkommene Entschädigung also für die lange Anreise.

## TAG 18: WAREN (MÜRITZ) UND MECKLENBURGISCHE SEENPLATTE

Der Luftkurort Waren an der Müritz ist seit 2012 staatlich anerkanntes Soleheilbad, bietet geschichtsträchtige Plätze und Häuser, verbunden mit einer wechselvollen Geschichte. Weithin sichtbar sind die Türme der Marienkirche und der Georgenkirche – doch auch das Alte und das Neue Rathaus sowie das Haus des Gastes, ein denkmalgeschütztes Fachwerkhaus, sind sehenswert. Übernachtet wird auf dem Stellplatz »Blumen und Parken«, in fußläufiger Lage zu den Schiffabfahrtsstellen und der Innenstadt. Von der kurzen Schiffstour über eine mehrstündige Müritz-Rundfahrt bis hin zu einer naturverbundenen Radfahrt entlang der Seen ist alles möglich. Immerhin misst die Wasserfläche der Müritz 117 Quadratkilometer und der Müritz-Nationalpark grenzt direkt ans Stadtgebiet. Museumsfreunde finden im Müritzeum, dem naturhistorischen Museum und Naturerlebniszentrum vielfältige Informationen.

## TAG 19: BERLIN

Jetzt geht es rein in die Großstadt. Geparkt und übernachtet wird auf dem Stellplatz Plötzensee. Alles ist in Berlin machbar, von individuell zu Fuß, mit S- und U-Bahn, mit organisierter Stadtrundfahrt oder mit dem Fahrrad. Kombiniert mit einer Schifffahrt entlang der Spree wechseln sich zusätzlich beeindruckend die Perspektiven ab. Sehenswürdigkeiten gibt es nämlich mehr als genug: Brandenburger Tor, Reichstag, Siegessäule, Straße Unter den Linden, Gendarmenmarkt, Museumsinsel, das erste und älteste Wohngebiet mit dem Nikolaiviertel Berlin oder das Jüdische Museum mit der größten Ausstellung zum Judentum in Europa. Und ja, sensationell ist der Blick vom Fernsehturm

**Abendstimmung an der Mecklenburgischen Seenplatte**

Rechte Seite oben: Eine Kahnfahrt im Spreewald fasziniert mit herrlichen Licht- und Schattenspielen; unten: Prachtbau Schloss Sanssouci in Potsdam

Wichtiger Touristenmagnet: Brandenburger Tor in Berlin

am Alexanderplatz. Die East Side Gallery ist ehrliches Zeugnis der Teilung Deutschlands und Berlins, und die Hackeschen Höfe stehen mit ihrer typischen Hinterhofromantik für Kultur, Shopping und Nachtleben. Musical, Varieté, Livemusik oder Theater, Berlin hat jedes Genre im Programm. Kulinarisch ist so ziemlich alles möglich und zu finden, von der Sterneküche und Gourmetetage im KaDeWe bis zum Unverpackt-Laden, von vielfältigen Bio- und Ökomärkten bis hin zur schlichten, aber heiß geliebten Currywurst.

## TAG 20: POTSDAM

Potsdam, die Landeshauptstadt Brandenburgs, ist berühmt für das Schloss Sanssouci mit beeindruckendem, 300 Hektar großen Park und einzigartiger Terrassenanlage. 1990 in die Welterbeliste der UNESCO aufgenommen, begeistert das Schloss inklusive der prächtigen Fontäne Tag für Tag zahlreiche Besucher. Für Wohnmobilisten gibt es auf dem P1 (Busse/Wohnmobile) an der historischen Mühle einen geeigneten Parkplatz für Schloss- und Innenstadt-Besuch. Übernachtet wird auf dem Wohnmobilstellplatz Am Krongut.

Ein paar Minuten Spaziergang raus aus dem Schlosspark lohnen, um das Holländische Viertel mit Cafés, Läden und Flaniermeile zu erkunden. Etwas weiter entfernt wurde der Alte Markt unter Friedrich dem Großen Mitte des 18. Jahrhunderts in Havelnähe als römischer Platz gestaltet. Der 1753 errichtete und 1979 veränderte Marmorobelisk unterstreicht das römische Flair. Seit 1763 mit höchster Handwerkskunst produzierend, finden Porzellanliebhaber bei der Königlichen Porzellan-Manufaktur KPM ein wunderschönes Stück einzigartigen Designs, ob als Tasse, Teller oder Figur.

## TAG 21: SPREEWALD

Eine Kahnfahrt durch den Spreewald ist unvergesslich. Beschreibungen wie »sagenumwoben«, »ursprünglich«, »naturbelassen« und »traumhaft idyllisch« treffen immer wieder zu. Wie fast überall ist jedoch auch diese Schönheit touristisch erschlossen und entsprechend geschäftig. Unterschiedliche Anbieter locken am großen Kahnhafen in Lübbenau zu den beliebten Rundfahrten, auch einige Sonderfahrten sind im Angebot. Die Blickwinkel und dadurch die Fotomotive sind einfach faszinierend. Insbesondere dann, wenn die Sonnenstrahlen durch Zweige und grüne Blätter aufs Wasser brechen und man leise durchs Wasser gleitet. Wer den Spreewald und seine wunderschönen Ecken und Naturschauspiele entspannt und individuell entdecken will, kann zusätzlich mit dem Fahrrad auf Entdeckungstour ge-

hen oder das Kanu auspacken und die Ruhe auch in kleineren Kanälen paddelnd genießen. Natürlich gehört es dazu, hie und da die legendären Spreewälder Gurken zu probieren. Übernachtet wird auf dem Spreewald Caravan- und Wohnmobilpark Lübbenau.

## TAG 22: DRESDEN

Die wiederaufgebaute Frauenkirche, das Residenzschloss, der Zwinger als barocker Prachtbau mit Gärten und Porzellansammlung, gleich nebenan die Semperoper – innen wie außen ein Genuss. Gegenüber steht der größte Kirchenbau Sachsens, die Hofkirche. Meissener Porzellanfliesen erzählen auf über 100 Metern im Fürstenzug hinter dem Residenzschloss Geschichte, die Brühlschen Terrassen laden zum Flanieren oder zu einer Elbschifffahrt ein. Die Standseilbahn bringt Besucher im Stadtteil Weißer Hirsch nach oben, die Brücke Blaues Wunder beeindruckt durch Farbe und Stahlfachwerk-

konstruktion. Schloss Pillnitz mit einer der ältesten Kamelien, die bereits über 230 Jahre alt ist, verzaubert von Mitte Februar bis April ihre Besucher mit Zehntausenden glockenförmigen und karminroten Blüten. Die Landeshauptstadt Sachsens ist beliebte Studentenstadt und quillt über von Bauwerken, Museen, Kunst und Kultur, Tradition, Moderne und Historie. Übernachtet wird auf dem Wohnmobilstellplatz am Blüherpark Dresden.

## TAG 23: SÄCHSISCHE SCHWEIZ

Berühmtestes Naturspektakel im Nationalpark Sächsische Schweiz ist die geradezu romantisch anmutende Bastei mit sensationellem Blick auf das Elbtal. Jahr für Jahr lockt genau diese atemberaubende Aussicht über 1,5 Millionen Touristen an. Die Felsformationen ragen über 190 Meter in die Tiefe und sind von oben wie unten aus dem Tal ein wunderschöner Anblick und zu jeder Jahreszeit beliebtes Ausflugsziel. Wanderer kommen rund um die Bastei auf ausgeschilderten Routen auf ihre Kosten. Die knapp 77 Meter lange begehbare Basteibrücke vom Ferdinandstein verbindet einige Felsen miteinander und bietet ständig neue attraktive Ansichten und Fotomotive. Die Aussichtsplattform (Basteiaussicht) ist leider im vorderen Teil aus Sicherheitsgründen teilweise gesperrt, zu sehen gibt es dort trotzdem noch viel.

Das Reisemobil kann kostenpflichtig, aber noch günstig auf dem Parkplatz direkt hinter der Tankstelle rund drei Kilometer vor der Bastei geparkt werden. Wer den Weg weder zu Fuß noch per Fahrrad bewältigen möchte, nutzt den Bus-Shuttle. Übernachtet wird auf dem Parkplatz oder komfortabler direkt nebenan auf dem neuen Reisemobilpark an der Bastei.

## TAG 24: LEIPZIG

Die sächsische Stadt Leipzig spielte für die Wiedervereinigung eine übergeordnete Rolle, insbesondere die Nikolaikirche rückte mit den Friedensgebeten und den friedlichen Montagsdemos in den Fokus. Doch auch die Thomaskirche und der Leipziger Marktplatz mit altem Rathaus sind einen Besuch wert. Geradezu überwältigend ist das Neue Rathaus, im Stil des Historismus erbaut. Der überbordende Fassadenschmuck und eine kunstvolle Innengestaltung gleichen eher einem Schloss. Der höchste Rathausturm Deutschlands kann über 250 Stufen bei einer Führung (Mo–Fr, jeweils 14 Uhr) erstiegen werden und bietet einen herrlichen Blick über die quirlige Stadt, die sich einer steigenden Beliebtheit erfreut. Die Geschichte der Mädler-Passage kann bis ins 16. Jahrhundert zurückverfolgt werden. Ihre sagenhafte Architektur lässt staunen, ausgesuchte Geschäfte beleben irdische Gelüste. Selbst der Leipziger Hauptbahnhof ist architektonisch ein Hingucker und so reiht er sich in die zahlreichen großartigen Bauten der Stadt ein. Übernachtet wird auf dem Wohnmobilstellplatz Leipzig.

**Linke Seite oben: Die Elbflorenz beeindruckt – Frauenkirche in Dresden; unten: Felsengebilde stehen Modell – Bastei im Elbsandsteingebirge**

**Links: Architektur, Geschichte und traumhaft an der Elbe gelegen – Dresden, hier: Residenzschloss**

Erfurter Dom bei Nacht

Linke Seite: Schillerhaus in Weimar

## TAG 25: WEIMAR

Die Klassikstadt Weimar ist kulturell eine Sensation mit Goethe, Schiller und dem Bauhaus. Vom Stellplatz am Schwanseebad gibt es gleich zwei Wege, die sich lohnen. Entweder zum neuen Bauhaus-Museum, das pünktlich zum Jubiläum »100 Jahre Bauhaus« im April 2019 eröffnet wurde, oder Richtung Altstadt und Theaterplatz. Vor dem Nationaltheater grüßen die zwei wichtigsten Dichter der Stadt, Goethe und Schiller, von ihrem Denkmal, unweit davon befindet sich das Schillerhaus in einer hübschen Allee. Auf dem quadratisch gestalteten Marktplatz ist das Rathaus im neugotischen Stil mit Glockenspiel sehenswert. Idyllisch und fotogen präsentiert sich die Seifengasse. Weitere Anziehungspunkte sind das 1709 erbaute Haus, in dem Goethe fast 50 Jahre verbrachte, sowie das angrenzende Goethe-Nationalmuseum. Der Park an der Ilm ist grüne Oase und geschichtsträchtige Parkanlage zugleich. Auf der Innenstadtseite liegt in unmittelbarer Nähe zum Hauptgebäude der Bauhaus-Universität die unter Denkmal- und Naturschutz stehende Parkhöhle, ein unterirdisches System begehbarer Stollen. Auf der gegenüberliegenden Parkseite ist das Haus Am Horn zu besichtigen, das legendäre, 1923 errichtete Bauhaus-Musterhaus. Oberhalb von Weimar, auf dem Ettersberg, wird die Gedenkstätte Buchenwald sichtbar, eines der größten Konzentrationslager in Deutschland, in dem während der Jahre 1937 bis 1945 ein trauriges Kapitel deutscher Geschichte stattfand.

Leipzig
Schkeuditzer Kreuz, Hermsdorfer Kreuz A14 A9 A4
143 km
Weimar
25 km A4
Erfurt
Kreuz Erfurt, Suhl, A4 A71 A73
179 km
Bamberg
Mühlhausen, Kreuz Biebelried B22 A3
130 km A7
Rotheburg ob der Tauber
Ziel

## TAG 26: ERFURT

Die thüringische Landeshauptstadt Erfurt hat viel zu bieten, gilt doch die bestens zu Fuß erkundbare Altstadt als das größte Flächendenkmal Deutschlands. Die barocke, sanierte Festungsanlage Zitadelle Petersberg bietet sich an, um sich einen ersten Überblick über die Stadt zu verschaffen. Rechts liegen der Dom St. Marien sowie die Severikirche, davor der großzügige Domplatz, der zugleich Bühne für den beliebten Weihnachtsmarkt, aber auch Schauplatz der Domstufen-Festspiele im August ist.

Spricht man echte Erfurter auf die Gloriosa an, kommen sie ins Schwärmen über ihre Königin aller Glocken, die als »größte frei schwingende mittelalterliche Glocke der Welt« das Herz höherschlagen lässt. Kinderherzen schlagen übrigens überall in der Stadt höher, wenn Figuren wie das Sandmännchen oder Pittiplatsch sowie weitere, vom Kinderkanal KiKa bekannte Lieblinge begeistert geherzt werden können, um gemeinsam fürs Erinnerungsfoto zu posieren. Der Marktstraße und somit der Kulturroute der Via Regia folgend, geht es vom Domplatz zum Fischmarkt. Das imposante Rathaus, aber auch die gegenüberliegende Kunsthalle beeindrucken. Wenige Meter weiter besticht die einzigartige Krämerbrücke mit dem schönen Turmausblick von der Ägidien-Brückenkopfkirche hinunter auf die quirlige Geschäftigkeit rund um die 32 Brückenhäuser. Sie ist mit 120 Metern Europas längste durchgängig mit Häusern bebaute Brücke mit innenliegenden Läden und Galerien. Übernachtet wird im neuen Campingpark Erfurt.

## TAG 27: BAMBERG

Das historische Bamberg blickt auf 1000 Jahre Geschichte zurück. Die Stadt an der Regnitz, einem Nebenfluss des Mains, ist seit 25 Jahren Weltkulturerbe. Beeindruckend ist das über der Stadt thronende Ensemble, bestehend aus dem Bamberger Dom mit dem

Die ehemaligen Fischerhütten in »Klein Venedig«

einzigartigen Bamberger Reiter im Inneren, der Alten und der Neuen Hofhaltung, auch Residenz genannt.

Hinter der Residenz zur Regnitz hinunterzulaufen öffnet den Blick auf die ehemaligen Fischerhütten »Klein Venedig«. Der Straßenname Leintritt zeugt noch von der früheren Nutzung des Flusses, als Pferde mit langen Leinen versehen die Lastkähne flussaufwärts zogen. Heute paddeln hier Freizeitkapitäne und blicken vom Wasser aus auf das mit wunderschönen Fresken verzierte Alte Rathaus. Erbaut im Fluss und eingerahmt von zwei Brücken, beherbergt es die Sammlung Ludwig. Die Berufsschifffahrt hingegen nutzt den Rhein-Main-Donau-Kanal.

Der stark nachgefragte Bamberger Stellplatz am südlichen Heinrichsdamm ist gut anfahrbar und erste Anlaufstation. Seine zentrale Lage ist ideal, um bequem zu Fuß immer am Kanal entlang und dann links haltend am Alten Rathaus vorbei und schließlich über die Brücke zur wunderschönen Altstadt zu spazieren.

## TAG 28: ROTHENBURG OB DER TAUBER

Der letzte Tag dieser erlebnisreichen Reise ist erreicht. In Rothenburg ob der Tauber treffen mit der Burgenstraße, der Romantischen Straße und der Weinstraße Taubertal Mittelalter und Renaissance aufeinander. Genug Gründe, warum in- und ausländische Touristenscharen die historische Altstadt ganzjährig besichtigen. Beinahe jede Gasse hat im romantischen Rothenburg mit seiner erhaltenen Stadtmauer, seinen hübschen Türmen und Toren ihren eigenen Reiz. Auch das einzigartige Mittelalterliche Kriminalmuseum und das Deutsche Weihnachtsmuseum verlocken zu einem Besuch. Unbedingt probieren sollte man die köstliche wie traditionsreiche Süßigkeit Schneeballen.

Der fußläufig zur Altstadt gelegene Wohnmobilstellplatz auf P2 ist der letzte Übernachtungsplatz dieser Tour durch Deutschland in vier Wochen. Danach heißt es Abschied nehmen und von den wunderschönen Eindrücken Deutschlands zehren.

**Bezauberndes Rothenburg ob der Tauber, idyllisch im Taubertal gelegen**

# PRAKTISCHE HINWEISE

## TOURISTENINFORMATIONEN

**München**
Marienplatz 8, 80331 München,
Tel. +49 89 23396500, www.muenchen.de

**Garmisch-Partenkirchen (für Zugspitze)**
Richard-Strauss-Platz 2, 82467 Garmisch-Partenkirchen, Tel. +49 8821 180700,
www.gapa.de

**Füssen (für Schloss Neuschwanstein)**
Kaiser-Maximilian-Platz 1, 87629 Füssen,
Tel. +49 8362 93850, www.fuessen.de

**Lindau**
Alfred-Nobel-Platz 1 (Lennart-Bernadotte-Haus), 88131 Lindau im Bodensee,
Tel. +49 8382 260030, www.lindau.de

**Feldberg**
Dr.-Pilet-Spur 4, 79868 Feldberg
Kirchgasse 1, 79868 Feldberg-Altglashütten
beide: Tel. +49 7652 12060,
www.hochschwarzwald.de

**Freiburg**
Rathausplatz 2–4, 79098 Freiburg
im Breisgau, Tel. +49 761 3881880,
www.visit.freiburg.de

**Heidelberg**
Marktplatz 10 (Rathaus), 69117 Heidelberg
Willy-Brandt-Platz 1 (am Hauptbahnhof),
69115 Heidelberg
Obere Neckarstr. 31 (am Neckarmünzplatz),
69117 Heidelberg
alle: Tel. +49 6221 5844444,
www.heidelberg.de

**Trier**
An der Porta Nigra, 54290 Trier,
Tel. +49 651 978080, www.trier.de,
www.trier-info.de

**Loreley**
Auf der Loreley 7 (Loreley-Besucherzentrum oberhalb von St. Goarshausen),
56348 Bornich, Tel. +49 6771 599093,
www.loreley-besucherzentrum.de

**Bacharach**
Oberstr. 10, 55422 Bacharach,
Tel. +49 6743 919303, www.bacharach.de

**Köln**
Kardinal-Höffner-Platz 1, 50667 Köln,
Tel. +49 221 346430,
www.koelntourismus.de

**Aachen**
Friedrich-Wilhelm-Platz (Elisenbrunnen),
52062 Aachen, Tel. +49 241 1802950,
www.aachen-tourismus.de

**Münster**
Syndikatplatz 3, 48143 Münster
Prinzipalmarkt 10 (im historischen Rathaus), 48143 Münster
beide: Tel. +49 251 4922710,
www.stadt-muenster.de

**Bremen**
Im Hauptbahnhof (gegenüber dem DB Reisezentrum), 28195 Bremen
Böttcherstr. 4, 28195 Bremen
beide: Tel. +49 421 3080010,
www.bremen-tourismus.de

**Hamburg**
Am Hauptbahnhof (Hauptausgang Kirchenallee), 20095 Hamburg
St. Pauli Landungsbrücken (zwischen Brücke 4 und 5), 20359 Hamburg
Welterbe Info Point im Chilehaus, Pumpen 6, 20095 Hamburg
alle: Tel. +49 40 30051701,
www.hamburg-tourism.de

**Lübeck und Travemünde**
Holstentorplatz 1, 23552 Lübeck,
Tel. +49 451 8899700,
www.luebeck-tourismus.de

**Rügen**
Tel. +49 3838 807780, www.ruegen.de
Kurverwaltung Sellin Infostelle,
Seeparkpromenade 1, 18586 Sellin,
Tel. +49 38303 16222,
www.ostseebad-sellin.de
Touristinfo Lohme, Arkonastr. 31, 18551 Lohme, Tel. +49 38302 88855, www.lohme.de

**Waren (Müritz)**
Neuer Markt 21, 17192 Waren (Müritz), Tel. +49 3991 747790, www.waren-tourismus.de

**Berlin**
Brandenburger Tor: Pariser Platz (südliches Torhaus), 10117 Berlin
Europa-Center: Tauentzienstr. 9, 10789 Berlin
Hauptbahnhof: Alexanderplatz 7, 10178 Berlin
alle: Tel. +49 30 25002333,
www.visitberlin.de

**Potsdam**
Am Alten Markt: Humboldtstr. 1–2, 14467 Potsdam
Im Hauptbahnhof: Babelsberger Str. 16, Bahnhofspassagen (neben Gleis 6), 14473 Potsdam
beide: Tel. +49 331 27558899,
www.potsdamtourismus.de

**Spreewald**
Ehm-Welk-Str. 15, 03222 Lübbenau/Spreewald, Tel. +49 3542 887040,
www.luebbenau-spreewald.com
Am Hafen 6 (Haus des Gastes), 03096 Burg (Spreewald), Tel. +49 35603 750160,
www.burgimspreewald.de

**Dresden**
Neumarkt 2 (QF-Passage), 01067 Dresden,
Tel. +49 351 501501, www.dresden.de

**Leipzig**
Katharinenstr. 8, 04109 Leipzig,
Tel. +49 341 7104260, www.leipzig.de,
www.leipzig.travel/de

**Weimar**
Markt 10, 99423 Weimar,
Tel. +49 3643 7450, www.weimar.de

**Erfurt**
Benediktsplatz 1, 99084 Erfurt,
Tel. +49 361 66400,
www.erfurt-tourismus.de

**Bamberg**
Geyerswörthstr. 5, 96047 Bamberg,
Tel. +49 951 2976200, www.bamberg.info

**Rothenburg ob der Tauber**
Marktplatz 2, 91541 Rothenburg ob der Tauber, Tel. +49 9861 404800,
www.rothenburg-tourismus.de

## STELLPLÄTZE UND CAMPINGPLÄTZE

S 17.1 **Wohnmobilstellplatz Taufkirchen bei München** (S. 285/H4)
Hochstr. 11, 82024 Taufkirchen,
Tel. +49 89 6121266, www.dulipphof.de
GPS-Daten: 48.040000, 11.620556
Gebührenpflichtiger, ganzjährig geöffneter und parzellierter Stellplatz für zehn Wohnmobile auf Rasengitter; V/E, Strom; auf einem Landwirtschaftshof in ruhiger Feldrandlage von Taufkirchen (südlich von München), 1600 Meter von A 995 Autobahnausfahrt Oberhaching gelegen; 14 Kilometer Entfernung zur Stadtmitte München; ÖPNV-Anbindung (Bus 50 m, S-Bahn 2 km entfernt); gute Station für die Stadtbesichtigung München oder Durchreise.

S 17.2 **Wohnmobilhafen Zugspitzblick** (S. 285/G6) Griesener Str. 2, 82491 Grainau,
Tel. +49 8821 9439113,
www.pure-camping.de
GPS-Daten: 47.480000, 11.055556
Gebührenpflichtiger, ganzjährig geöffneter Stellplatz für 80 Wohnmobile auf Schotter;

komplette Infrastruktur; Teil des Campingareals »Erlebnis Zugspitze« mit Schwesteranlage auf der anderen Straßenseite; zwischen den Ortsteilen Breitenau und Schmölz gelegen; wunderschöner Blick auf das Zugspitzmassiv mit begleitender Bundesstraßen-Geräuschkulisse; gute Lage für Touren nach Garmisch-Partenkirchen und zur Zugspitze, ÖPNV-Anschluss in direkter Nähe.

S 17.3 **Wohnmobilplatz Camper's Stop**
(S. 285/F6) Abt-Hafner-Str. 9, 87629 Füssen, Tel. +49 8362 940104, www.wohnmobilplatz-fuessen.de
GPS-Daten: 47.582222, 10.700833
Gebührenpflichtiger, ganzjährig geöffneter und kompakter Stellplatz für 91 Wohnmobile auf Schotter; komplette Infrastruktur; am Ortsrand Füssens in einem Gewerbegebiet mit Supermärkten und nahe an der Umgehungsstraße B 310 gelegen; ÖPNV-Anschluss, ca. 30 Gehminuten bis ins Stadtzentrum und zum Hohen Schloss, Ausgangslage für Schloss Neuschwanstein.

Alternative: Wohnmobilstellplatz am Sportstudio Füssen, Abt-Hafner-Str. 2 (ca. 200 m Richtung Stadt entfernt), Stellplatz für 33 Wohnmobile, Anmeldung und Bezahlung im Sportstudio, www.wohnmobilstellplatz-fuessen.de.

C 17.4 **Park-Camping Lindau am See**
(S. 284/D6) Frauenhoferstr. 20, 88131 Lindau, Tel. +49 8382 72236, www.park-camping.com
GPS-Daten: 47.537778, 9.731111
Gebührenpflichtiger Campingplatz mit 288 Standplätzen auf Schotterrasen; komplette Infrastruktur; zehn kompakte Stellplätze als Durchreiseplatz vor dem Eingangsbereich und an Bahnlinie, V/E, Nutzung der Campingplatz-Einrichtungen, Aufenthalt beschränkt auf 24 Stunden; geöffnet von Ende März bis Anfang November; Campingplatz liegt in Zech (von Lindau Richtung Bregenz), sehr schöne Lage direkt am Bodensee mit Strandabschnitt; mit dem Fahrrad ca. sechs Kilometer nach Lindau Hafen.

**Stellplatz in Ladenburg, direkt am Radweg**

S 17.5 **Wohnmobilstellplatz Feldberg** (S. 283/G4) Dreiseenbahnweg, 79868 Feldberg-Altglashütten, Tel. +49 7655 8010, www.hochschwarzwald.de
GPS-Daten: 47.860278, 8.114722
Gebührenpflichtiger, ganzjährig geöffneter Stellplatz für 16 Wohnmobile auf Schotter; V/E, Strom; direkt an ÖPNV-Anschluss (Bahn) gelegen; Gastronomie um die Ecke; guter Ausgangspunkt für Wander- und Radtouren im Schwarzwald.

S 17.6 **Wohnmobilstellplatz Freiburg** (S. 283/F–G4) Bissierstr. 30, 79114 Freiburg im Breisgau, Tel. +49 761 2025139, www.stellplatz-freiburg.de
GPS-Daten: 47.999722, 7.825556
Gebührenpflichtiger, ganzjährig geöffneter und kompakter Stellplatz für ca. 80 bis 90 Wohnmobile auf Schotteruntergrund; V/E, Strom, WLAN; an verkehrsberuhigter Straße (Sackgasse) gelegen; punktet mit guter Lage für Stadtbesichtigung, Münster 30 Gehminuten entfernt.

S 17.7 **Wohnmobilstellplatz Ladenburg** (S. 280/B6) Heidelberger Str. 56, 68526 Ladenburg, Tel. +49 6203 9619655, www.wohnmobilstellplatz-ladenburg.de
GPS-Daten: 49.465556, 8.615556
Gebührenpflichtiger, ganzjährig geöffneter Stellplatz für 35 Wohnmobile; V/E, Strom, WLAN; ruhige Ortsrandlage, angrenzend an Tennisklub; 500 Meter bis an den Neckar, 800 Meter zur Ladenburger Altstadt, gute Anbindung an Neckar-Fahrradwege nach Mannheim und Heidelberg (je ca. 12 km).

S 17.8 **Wohnmobilstellplatz Heidelberg** (S. 280/B6) Harbigweg 1-3, 69124 Heidelberg, Tel. +49 6221 67419662, womo@sprungbude-heidelberg.de, wohnmobilstellplatz-heidelberg.com
GPS-Daten: 49.391232, 8.675225
Ganzjährig geöffneter, neuer Stellplatz für 48 Mobile bis 10m Länge auf Schotteruntergrund. V/E, Strom, WC/Dusche. Außengelände mit Biergarten (WLAN), Stadtstrand und diversen, familienfreundlichen Freizeiteinrichtungen. Am südwestlichen Ortsrand von Heidelberg Richtung Kirchheim gelegen. Schnelle Erreichbarkeit der Altstadt mit direkten ÖPNV-Verbindungen. Verschiedene Einkaufsmöglichkeiten in 800m Entfernung. Sehr guter Standort zum Kennenlernen von Heidelberg.

**Reisemobilpark Treviris Trier**

S 17.9 **Wohnmobilstellplatz Völklinger Hütte** (S. 279/F6) Rathausstr. 75, 66333 Völklingen, Tel. +49 6898 9100100, www.voelklinger-huette.org
GPS-Daten: 49.247500, 6.844722
Gebührenfreie, ganzjährig nutzbare, parzellierte und eingezäunte Stellplätze für zehn Wohnmobile auf Asphalt; V/E, Strom; in separatem Bereich auf dem Großparkplatz der Völklinger Hütte.

S 17.10 **Reisemobilpark Treviris** (S. 279/E4) In den Moselauen 1, 54293 Trier, Tel. +49 651 86921, www.camping-treviris.com
GPS-Daten: 49.740278, 6.624444
Gebührenpflichtiger, ganzjährig geöffneter Stellplatz für 120 Wohnmobile auf Rasengitter; komplette Infrastruktur, Camp-Card-System; weiträumige Gesamtanlage

Oben: Reisemobilhafen Köln mit Rheinblick; Großzügig – Wohnmobilstellplatz Bad Aachen

mit Campingpark, Biergarten und Zeltrestaurant; an der Mosel im Ortsteil Euren gelegen, die Trierer Innenstadt ist fußläufig entfernt.

**S 17.11 Reisemobilstellplatz Bacharach** (S. 279/H3) Strandbadweg 9, 55422 Bacharach, Tel. +49 6743 1752, www.camping-rhein.de
GPS-Daten: 50.054722, 7.771389
Gebührenpflichtiger, ganzjährig geöffneter Stellplatz für 33 Wohnmobile auf Schotter-/Sanduntergrund; komplette Infrastruktur (Anfang November bis Ende März eingeschränkt, da Campingplatz geschlossen); am Rheinufer, direkt vor dem Campingplatz Sonnenstrand gelegen; Zugverkehr auf beiden Rheinseiten und B 9 können als störend empfunden werden; Ortskern und Burg Stahleck fußläufig; Welterbe Mittelrheintal von hier bestens zu erkunden.

**S 17.12 Reisemobilhafen Köln** (S. 274/C6) An der Schanz, 50735 Köln, Tel. +49 178 4674591, www.reisemobilhafen-koeln.de
GPS-Daten: 50.962778, 6.982778
Gebührenpflichtiger, ganzjährig geöffneter Stellplatz für ca. 65 Wohnmobile auf Asphalt; V/E (außerhalb des Platzes in 200 m Entfernung), Strom; im Ortsteil Köln-Riehl, direkt am Rhein und neben der Jugendherberge gelegen; Umweltzone, dennoch Zu- und Abfahrt auf vorgegebenen Routen ohne Umweltplakette möglich; ÖPNV-Anschluss in der Nähe; vier Kilometer zum Dom.

**S 17.13 Wohnmobilstellplatz Bad Aachen** (S. 274/A6) Branderhofer Weg 11, 52066 Aachen, Tel. +49 241 99000991, www.aachen-camping.de
GPS-Daten: 50.761111, 6.102778
Gebührenpflichtiger, ganzjährig geöffneter und parzellierter Stellplatz für 46 Wohnmobile auf Rasengitter/Schotter; komplette Infrastruktur; südöstlich von Aachen im Stadtteil Burtscheid an einer Sportanlage gelegen; ÖPNV-Anschluss in 400 Metern; 800 Meter bis zum Kurviertel, 2300 Meter bis zum Dom; Stellplatz-Zufahrt führt durch Umweltzone.

**S 17.14 Reisemobilhafen Camp Marina Greven** (S. 274/D2) Fuestruper Str. 37, 48268 Greven, Tel. +49 2571 3896, www.yachthafen-fuestrup.de
GPS-Daten: 52.045278, 7.685556
Gebührenpflichtiger, ganzjährig geöffneter

Stellplatz für 90 Wohnmobile auf Rasengitter; komplette Infrastruktur mit Marina-Gastronomie; in ländlicher Lage direkt am Dortmund-Ems-Kanal und dem Jachthafen Alte Fahrt Fuestrup; guter Ausgangspunkt für Stadtbesichtigung Münster (13 km mit dem Fahrrad).

S 17.15 **Wohnmobilstellplatz Am Kuhhirten** (S. 270/B5)
Kuhhirtenweg, 28201 Bremen,
Tel. +49 173 9850092,
www.stellplatz-bremen.de
GPS-Daten: 53.065000, 8.818611
Gebührenpflichtiger, ganzjährig geöffneter Stellplatz für 70 Wohnmobile auf kompaktem Platz mit viel Baumbestand; komplette Infrastruktur; an der Zentrumsperipherie und dennoch ruhig im Grünen gelegen, kostenpflichtiger Shuttlebus in die Innenstadt buchbar; plakettenfreie Zufahrt durch die Umweltzone auf bestimmten Routen erlaubt.

S 17.16 **Wohnmobilhafen Hamburg**
(S. 271/E3) Grüner Deich 8 (Einfahrt über Süderstraße), 20097 Hamburg,
Tel. +49 40 30091890,
www.wohnmobilhafen-hamburg.de
GPS-Daten: 53.543333, 10.025556
Gebührenpflichtiger, ganzjährig geöffneter, sehr kompakter Stellplatz auf Schotteruntergrund, der für ca. 40 bis 50 Wohnmobile genutzt wird; komplette Infrastruktur; zentrale Lage (Stadtteil Hammerbrook), deshalb keine Ruheoase; gute Anbindung an Bus- und S-Bahn-Netz; idealer Ausgangspunkt für Stadtbesichtigungen, Innenstadt, Alster und Hafencity fußläufig.

S 17.17 **Media Docks Lübeck**
(S. 271/F2) Willy-Brandt-Allee/Abzweig Media Docks, 23554 Lübeck
GPS-Daten: 53.872778, 10.681667
Gebührenpflichtiger Parkplatz (Ticketautomat) ohne jegliche Infrastruktur; auf dem Gelände der Media Docks am Stadtgraben gelegen; Parkplätze in ausreichender Anzahl für jede Größenordnung vorhanden; nur wenige Gehminuten in die Altstadt.

**Schattig unter Bäumen: Stellplatz am Kuhhirten, Bremen**

S 17.18 **Parkplatz zum Königsstuhl**
(S. 268/C3) Stubbenkammerstr. 57, 18551 Lohme-Hagen, Tel. +49 38302 9412,
www.lohme.de
GPS-Daten: 54.561389, 13.623889
Ungefähr 40 kostenpflichtige Stellplätze auf Wiese/Kies am Ende des Großparkplatzes; keine Parzellierung, für jede Wohnmobilgröße geeignet, V/E gegen Gebühr; Imbiss- und Souvenirläden tagsüber geöffnet; drei Kilometer Fußweg zum Besucherzentrum und Kreidefelsen; Bushaltestelle am Stellplatz mit Verbindungen zu den Sehenswürdigkeiten Rügens.

S 17.19 **Wohnmobilstellplatz am Blumenhaus** (S. 273/E2)
Mecklenburger Str., 17192 Waren (Müritz),
Tel. +49 173 2070738,
www.blumen-und-parken.de
GPS-Daten: 53.513333, 12.694444
Gebührenpflichtiger, ganzjährig geöffneter Stellplatz auf geschottertem Untergrund für 40 Wohnmobile auf dem Gelände eines Blumenfachhändlers; umfassende Infrastruktur; fußläufige, kurze Entfernungen zum Hafen und zur Altstadt; günstige

**Parkplatz zum Königsstuhl mit Wohnmobilstellplatz inklusive direktem Einstieg in Wander- und Spazierwege**

zentrale Lage kann vorrangig tagsüber akustische Beeinträchtigungen durch umliegende Straßen verursachen.

S 17.20 **Stellplatz am Plötzensee**
(S.273/F6) Nordufer 26, 13351 Berlin, Tel. +49 30 85976425, Mobil: +49 163 9175767, stellplatz@ploetzensee.de, stellplatz.ploetzensee.de
GPS-Daten: 52.541294, 13.329980
Ganzjährig geöffneter, überwiegend naturbelassener Stellplatz für ca. 25 Mobile auf befestigtem Untergrund mit Rasen. Komplette, teilweise noch im Umbau befindliche Infrastruktur, gastronomische Einrichtungen, Freibad, Badesee, Spielplatz, ÖPNV-Anschluss fußläufig. Zwischen Wedding und Charlottenburg-Nord gelegen, auf dem Gelände des historischen Strandbades am Plötzensee mit weitläufigen Grünflächen. Idealer Standort, um mit öffentlichen Verkehrsmitteln oder Fahrrad ins Berliner Zentrum zu fahren.

S 17.21 **Parkplatz P1 Schloss Sanssouci**
(S.273/E6) Zur Historischen Mühle, 14469 Potsdam
GPS-Daten: 52.405000, 13.035833
Gebührenpflichtiger, ganzjährig geöffneter Großparkplatz für Pkw und 30 Bus-/Wohnmobilstellplätze auf Asphalt; keine Infrastruktur; an der Rückseite von Schloss Sanssouci gelegen; sehr kurzer Fußweg zum Schloss, ideal für Besichtigungen, weniger zum Übernachten.

S 17.22 **Wohnmobilstellplatz Am Krongut** (S. 273/E6) Potsdamer Straße 196, 14469 Potsdam, Tel. +49 331 60147154, kontakt@parkplatz-am-krongut.de, parkplatzamkrongut.de
GPS-Daten: 52.413509, 13.029450
Ganzjährig nutzbarer Großraumparkplatz für ca. 60 Mobile auf asphaltiertem und gepflastertem Untergrund. Der Parkplatz ist mittels Schrankenanlage zweigeteilt: Auf der rechten Seite mit Platz für ca. 15-20 Mobile sind einige Stromsäulen vorhanden. Auf der linken Seite finden ca. 40 Mobile in Parkbuchten ihren Platz (ohne Stromversorgung). Einkaufsmöglichkeiten, gastronomische Einrichtungen und ÖPNV-Anbindung in fußläufiger Entfernung. Ausgezeichneter Standort, um die Stadt der Schlösser und Könige zu erkunden: Nur 2,5km bis zu Schloss Sanssouci, Brandenburger Tor und seiner angrenzenden Fußgängerzone.

S 17.23 **Spreewald Caravan- und Wohnmobilpark Dammstraße**
(S.278/B3) Dammstr. 62 d, 03222 Lübbenau/Spreewald, Tel. +49 3542 2921, www.spreewald.xyz
GPS-Daten: 51.863611, 13.969167
Gebührenpflichtiger Stellplatz für ca. 30 Reisemobile auf Rasen; komplette Infrastruktur; geöffnet von Ostern bis Mitte Oktober; Hafen und Ortskern fußläufig, guter Ausgangspunkt für Kahnfahrten und Radtouren.

S 17.24 **Wohnmobilstellplatz am Blüherpark** (S.278/B6)
Zinzendorfstr. 1, 01069 Dresden, Tel. +49 351 4859900, www.wohnmobil-dresden.de
GPS-Daten: 51.043611, 13.743333
Gebührenpflichtiger, zentral gelegener, asphaltierter Stellplatz für ca. 60 Wohnmobile; V/E, Strom, Dusche/WC; Check-in in der benachbarten Cityherberge, falls Häuschen am Platz nicht besetzt; für alle Fahrzeuggrößen; idealer Ausgangspunkt für Stadterkundung, da in fußläufiger Nähe zur Altstadt.

S 17.25 **Wohnmobilstellplatz Leipzig** (S. 277/G2) Stöhrerstr. 3, 04347 Leipzig, www.stellplatz-leipzig.de
GPS-Daten: 51.366389, 12.427222
Gebührenpflichtiger, ganzjährig geöffneter Stellplatz für ca. 20 Wohnmobile auf Schotter/Rasen; V/E (eingeschränkt), Strom; außerhalb der Umweltzone, in einem Gewerbegebiet und am Rande des Abtnaundorfer Parks gelegen; ÖPNV-Anbindung (Bus 200 m, Straßenbahn 1 km), guter Standort für Stadtbesichtigung Leipzig, ca. sechs Kilometer in die Innenstadt.

S 17.26 **Wohnmobilstellplatz am Hermann-Brill-Platz** (S. 277/E3)
Hermann-Brill-Platz, 99423 Weimar, Tel. +49 3643 7450, www.weimar.de
GPS-Daten: 50.985000, 11.317500
Gebührenpflichtiger, ganzjährig nutzbarer Stellplatz für ca. 20 Wohnmobile auf einem Großparkplatz; V/E (im Winter nicht verfügbar), Strom (eingeschränkt); gute Ausgangslage für Stadtbesichtigung, da in fußläufiger Nähe zur Altstadt.

C 17.27 **Campingpark Erfurt** (S.276/D4)
Rudolstädter Straße 83c, 99099 Erfurt, Tel. +49 176 95531746, info@campingpark-erfurt.de, campingpark-erfurt.de
GPS-Daten: 50.967204, 11.067516
Ganzjährig geöffneter, neuer Campingplatz mit ca. 100 Stellplätzen auf Rasenschotter. Komplette Infrastruktur. Am Ortsrand von Erfurt gelegen, mit guter ÖPNV-Anbindung. In 700m Entfernung befindet sich ein großes Einkaufscenter. Idealer Ausgangspunkt zur Erkundung von Thüringens attraktiver Landeshauptstadt. Wer nur als Tagesbesucher zur Stadtbesichtigung bleibt, findet auf den Großraumparkplätzen des egaparks (Gothaer Straße) und der Thüringenhalle (Werner-Seelenbinder-Straße) ganzjährig nutzbare Stellplätze ohne Infrastruktur mit direkter Straßenbahnanbindung in die Innenstadt.

S 17.28 **Reisemobilstellplatz Heinrichsdamm** (S. 281/F4)
Rhein-Main-Donau-Damm, 96047 Bamberg, Tel. +49 951 774977, www.stadtwerke-bamberg.de
GPS-Daten: 49.885833, 10.902778
Gebührenpflichtiger, ganzjährig geöffneter Stellplatz für 25 Wohnmobile auf einem P+R-Parkplatzgelände am südlichen Heinrichsdamm; V/E, Strom, freies WLAN; Innenstadt fußläufig, Stadtbusanbindung direkt am Stellplatz; trotz Lärmbeeinträchtigungen sehr nachgefragter Stadtstellplatz, deshalb frühes Anfahren empfehlenswert.

S 17.29 **Wohnmobilstellplatz P2 Rothenburg** (S. 281/E6)
Nördlinger Str., 91541 Rothenburg ob der Tauber, Tel. +49 9861 404800, www.rothenburg-tourismus.de
GPS-Daten: 49.370278, 10.182500
Gebührenpflichtiger, ganzjährig geöffneter Stellplatz für ca. 30 Wohnmobile auf Pflaster/Rasengitter; V/E, Strom, öffentliches WC; an der Nördlinger Straßenkreuzung, gegenüber vom Spitalgebäudekomplex und in einem separaten Stellplatz-Bereich gelegen; Platz profitiert von guter Lage für Stadtbesichtigung, 15 Gehminuten ins Ortszentrum; Ausweichalternative: Stellplatz P3 in der Schweinsdorfer Straße.

**Fußläufig zur Innenstadt: Stellplatz in Rothenburg ob der Tauber**

Kieler Stellplatz mit Aussicht auf den Nord-Ostsee-Kanal

# » REISE-INFORMATIONEN VON A BIS Z

C 10

# REISEINFORMATIONEN VON A BIS Z

## ABWASSERENTSORGUNG

→ siehe Wasser

## CAMPINGPLÄTZE

Wer für längere Zeit an einem schönen Ort verweilen möchte, für den wird auch mit dem Wohnmobil ein klassischer Campingplatz interessant sein. In den Ferien- und Hochsaisonzeiten ist es, wie überall in touristisch attraktiven Regionen, empfehlenswert, frühzeitig einen Platz zu reservieren. Da dieses Buch Tourenvorschläge beinhaltet, liegt der Fokus auf Wohnmobilstellplätzen.

## DIESELFAHRVERBOTE

Zusätzlich zur Plakettenpflicht in bestehenden Umweltzonen werden in Deutschland künftig mehr und mehr Dieselfahrverbote zum Zwecke der Stickstoffdioxid-Reduzierung in ausgewiesenen Stadtgebieten von Ballungsgebieten in Kraft treten. Das in Teilen bereits umgesetzte bzw. in Planung befindliche Fahrverbots-Spektrum reicht von einzelnen Straßenabschnitten (z. B. Hamburg) und Autobahnabschnitten (z. B. Essen) über die eingegrenzten Umweltzonen bis hin zu gesamten Stadtgebieten (z. B. Stuttgart). Es wird empfohlen, sich über die aktuelle Rechtslage (die sich auch kurzfristig verändern kann) vor Fahrtantritt zu erkundigen, um Bußgelder zu vermeiden. Es gibt hierbei keine Unterscheidung, ob das Fahrzeug im In- oder Ausland zugelassen ist. Eine Karte mit lokalen Durchfahrtsverboten und -beschränkungen für Diesel-Kfz in Deutschland findet sich auf der Website des Umweltbundesamtes unter www.uba.de.

Einige innerstädtische Wohnmobilstellplätze haben Ausnahmegenehmigungen, die es Gästen erlauben, trotz fehlender grüner Plakette durch die Umweltzone auf direktem Wege zum Stellplatz anzureisen (z. B. Bremen, Köln). Auch hier hilft ein Blick auf die Webseite der Betreiber, um zu prüfen, wie die aktuelle Rechtslage ist und welche Transitrouten zum An- und Abfahren erlaubt sind.

## EINREISE

Staatsangehörige aus EU-Staaten benötigen (trotz des Schengen-Abkommens) zur Einreise nach Deutschland einen gültigen Personalausweis, alle anderen einen gül-

Glückstadt mit Blick auf die Elbe

Krämerbrücke in Erfurt, längste durchgehend mit Häusern bebaute und bewohnte Brücke Europas

tigen und anerkannten Reisepass, der zum Zeitpunkt der geplanten Ausreise noch mindestens drei Monate gültig ist. Visumpflicht besteht für alle Nicht-EU-Staatsangehörige – mit Ausnahme der Staaten, für die die EU die Visumpflicht aufgehoben hat (z. B. Schweiz); darunter fallen visumfreie Besuchsaufenthalte bis zu 90 Tagen pro Halbjahr. Eine Liste mit allen Ländern, für die eine Visumpflicht besteht, ist auf der Website des Auswärtigen Amts unter www.auswaertiges-amt.de zu finden, zusätzliche nützliche Informationen unter www.bundespolizei.de.

## ENTSORGUNG

Die Abwasser-Entsorgung im öffentlichen Raum ist in Deutschland verboten: Dieses Verbot erstreckt sich, entgegen der weit verbreiteten Meinung, auch auf die direkte Abwassereinleitung in die Kanalisation und beinhaltet neben der Fäkalienentsorgung (insbesondere mit Chemikalienzusätzen, sog. Schwarzwasser) auch die Entsorgung von fäkalienfreiem, gering verschmutztem Abwasser (sog. Grauwasser). Weitere Informationen zum Entsorgen von Abwasser und Fäkalien finden sich beim Absatz »Wasser«.

## FAHRRAD-HELMPFLICHT

Es besteht in Deutschland keine gesetzliche vorgeschriebene Helmpflicht für Fahrradfahrer, jedoch gilt allgemein eine grundsätzliche Empfehlung zum Tragen eines Fahrradhelms. Auch für Fahrer von Pedelecs (umgangssprachlich, aber unzutreffend als E-Bike bezeichnet) besteht keine Helmpflicht, sofern der Elektromotor maximal 250 Watt Leistung hat. Schnelle Pedelecs (sog. S-Klasse) mit Elektromotoren bis 500 Watt dürfen dagegen erst ab 16 Jahren mit gültiger Fahrerlaubnis und Versicherungskennzeichen sowie geeignetem Schutzhelm gefahren werden. E-Bikes im eigentlichen Sinne sind Kleinkrafträder bis maximal 20 km/h Geschwindigkeit, für die keine Helmpflicht besteht.

## FREIES STEHEN

→ siehe Übernachten im Wohnmobil im öffentlichen Raum

## FRISCHWASSERVERSORGUNG

→ siehe Wasser

Hambacher Schloss an der Deutschen Weinstraße

## GAS

Gasflaschen können in Deutschland auf zahlreichen Wohnmobilstellplätzen und Campingplätzen, in Baumärkten und an Tankstellen erworben bzw. ausgetauscht werden. Handelsüblich sind die grauen 5-Kilogramm- und 11-Kilogramm-Propangasflaschen. Ausländischen Wohnmobilisten wird empfohlen, ein EURO-Flaschenfüll-Set mit verschiedenen Adaptern mitzuführen bzw. sich vor Reiseantritt über die spezifischen Gegebenheiten ihrer Gasinstallation zu informieren. Wohnmobile mit Gastankflasche oder Gastank können an LPG-Tankstellen Nachschub erhalten.

## GPS-DATEN

Die angegebenen GPS-Daten orientieren sich an markanten Abzweigungen zu den Stell- und Campingplätzen, wo immer dies die Auffindbarkeit erleichtert. Ansonsten bestimmen die Koordinaten die jeweilige Haupteinfahrt zum StP/CP.

## HUNDE/LEINENPFLICHT

Hundehalter können sich in Deutschland leider auf keine einheitliche Regelung verlassen, sondern müssen sich mit den jeweils bundeslandspezifischen Unterschieden vertraut machen. Als Richtschnur gilt Leinenpflicht für sämtliche Hunde, unabhängig von Rasse und Größe, innerhalb der Stadtgrenzen in Bereichen mit starkem Publikumsverkehr. Dazu zählen beispielsweise Einkaufsgebiete, Fußgängerzonen, öffentliche Plätze, Märkte und Parkanlagen. Leinenpflicht besteht auch bei Veranstaltungen und in öffentlichen Verkehrsmitteln. Komplett verboten sein kann die Mitnahme von Hunden in besonders schützenswerten Zonen wie z. B. auf Spielplätzen. Andererseits weisen manche Städte in Grünanlagen Hundewiesen aus, damit die Vierbeiner sich auch mal ohne Leine auslaufen können.

Außerorts besteht oftmals keine Leinenpflicht mehr, kann aber wiederum durch kommunale Vorschriften eingeschränkt sein. So dürfen mancherorts Hunde auf ausgewiesenen Waldwegen frei laufen, andernorts ist im gesamten Waldgebiet ganzjährig Leinenpflicht vorgeschrieben.

Um eventuellen Missverständnissen und möglichen Bußgeldern aus dem Weg zu gehen, ist es ratsam, sich auf einschlägigen Internetseiten rechtzeitig über Vorhandensein und Ausgestaltung der Vorschriften zu informieren. Auch eine gültige Hundehaftpflichtversicherung ist in einigen Bundesländern gesetzlich festgesetzt.

Auf Wohnmobilstell- und Campingplätzen ist es

weitaus einfacher, den Überblick zu bekommen. Dort regelt die Hausordnung, was erlaubt ist und was nicht.

## INFRASTRUKTUR

Die Bezeichnung »komplette Infrastruktur« soll die lange Auflistung sämtlicher Ausstattungsangebote verkürzen und bedeutet, dass auf dem Stell- bzw. Campingplatz mindestens die Basis-Versorgungseinrichtungen zur Verfügung stehen. Diese sind insbesondere V/E (Versorgung/Entsorgung), Strom, Sanitäreinheit (WC/Dusche, Wasch-/Geschirrspülbecken), Waschmaschine/Trockner, WLAN. Zusätzliche Einrichtungen wie z.B. Gastronomie, Minimarkt, Sport- und Freizeitangebote werden extra erwähnt. Wenn nur partiell Basis-Versorgungseinrichtungen vorhanden sind, werden diese in Abgrenzung zur »kompletten Infrastruktur« einzeln aufgeführt.

## NOTRUFNUMMERN

Polizei: 110
Feuerwehr und Rettungsdienst: 112
Ärztlicher Bereitschaftsdienst: 116 117
ADAC Pannenhilfe: 222 222
Sperr-Notruf EC-/Kreditkarte: 116 116

Stadtmauer im thüringischen Mühlhausen

## PARKEN

Das Parken mit dem (zugelassenen) Wohnmobil bis 7,5 Tonnen zulässige Gesamtmasse ist in Deutschland im öffentlichen Raum überall dort ohne zeitliche Beschränkung erlaubt, wo es nicht durch offizielle Verkehrsschilder verboten oder eingeschränkt ist. Wohnmobile mit bis zu 2,8 Tonnen dürfen auf dem rechten Gehweg (in Einbahnstraßen beidseitig) parken, wo es durch Verkehrszeichen oder Parkflächenmarkierungen ausdrücklich erlaubt ist.

Parkplätze, die mit einem Verkehrsschild (blaues Schild mit weißem P) gekennzeichnet sind, dürfen von Wohnmobilen genutzt werden. Zusatzschilder können dies einschränken: Ein weißes Schild mit Wohnmobil-Symbol bestimmt, dass dort ausschließlich Wohnmobile parken dürfen – ein weißes Schild mit Auto-Symbol, dass dort keine Wohnmobile geparkt werden dürfen.

## PROMILLEGRENZE

In Deutschland gilt für Kfz-Fahrer eine Promillegrenze von 0,5 ‰. Jedoch ist zu beachten, dass bereits ab 0,3 ‰ eine relative Fahruntüchtigkeit vorliegt, die als Straftat gewertet wird, wenn »alkoholtypische Ausfallerscheinungen« festgestellt wurden. Eine Unfallbeteiligung unter Alkoholeinfluss hat immer Auswirkungen auf den Versicherungsschutz. Eine absolute Fahruntüchtigkeit wird ab einer Blutalkoholkonzentration von 1,1 ‰ angenommen und als Straftat mit erheblichen Geldbußen, Führerscheinentzug und Punkten im sogenannten Fahreignungsregister beim Kraftfahrt-Bundesamt geahndet. Für Fahranfänger bis zur Vollendung des 21. Lebensjahres gilt ein absolutes Alkoholverbot.

Achtung: Auch Radfahrer riskieren Bußgelder, wenn sie betrunken unterwegs sind. Wer kontrolliert wird, aber unauffällig ist, bleibt bis 1,5 ‰ straffrei. Alkoholtypisches Verhalten, insbesondere mit Verkehrsbehinderung oder gar Unfallbeteiligung, kann jedoch schon bei geringen Blutalkoholkonzentrationen ab 0,3 ‰ rechtliche Konsequenzen haben. Ab 1,6 ‰ drohen empfindliche Strafen bis hin zum Kfz-Fahrverbot.

Für Pedelecs bis 25 km/h Motorunterstützung gelten die gleichen Bedingungen wie für Fahrräder. Schnellere Pedelecs und E-Bikes i. e. S. (Mofa, Klein- bzw. Leichtkraftrad), aber auch Elektro-Tretroller bzw. E-Scooter, neu im Straßenverkehr hinzugekommen, unterliegen den Regeln für Kfz-Fahrer.

## STROM

Stromanschlüsse auf Wohnmobilstellplätzen und Campingplätzen werden bereitgestellt über Verteilerkästen bzw. sogenannte Stromsäulen mit blauen, dreipoligen CEE-Steckverbindungen. Die Netzspannung in Deutschland beträgt 230 Volt, die Absicherung 16 Ampère. Die mit 20 Metern maximal zulässige Entfernung vom Wohnmobil zur Stromentnahmestelle kann es erforderlich machen, ein Verlängerungskabel bzw. eine Kabeltrommel verfügbar zu haben. Die Stromsäulen werden überwiegend mit 50 Cent- und 1-Euro-Münzen aktiviert, sodass es sinnvoll ist, einen entsprechenden Münzen-Mix vorrätig zu haben.

## TANKEN

Das Tankstellennetz in Deutschland ist mit ca. 14 500 Tankstellen sehr dicht (Stand: Anfang 2019). Die Preise können anbieter- und tageszeitenspezifisch sehr stark variieren. An Autobahntankstellen sind die Preise in der Regel höher. Akzeptiert werden ganz überwiegend EC-Karte und die gängigen Kreditkarten (Visa, Mastercard); bei Barzahlungen kann es Einschränkungen hinsichtlich größerer Banknoten geben (insbesondere bei 200- und 500-Euro-Scheinen), darauf wird üblicherweise bereits an den Zapfsäulen hingewiesen.

## TELEFONIEREN WÄHREND DER FAHRT

Elektronische Geräte zur Kommunikation, Information und Organisation dürfen vom Fahrer während der Fahrt nicht in der Hand gehalten werden. Dazu zählen neben dem Handy/Smartphone z. B. auch mobile Navigationsgeräte, Tablets, mobile Media Player sowie Diktiergeräte; erlaubt ist dies erst bei Stillstand des Fahrzeugs und komplett ausgeschaltetem Motor (keine Start-Stopp-Automatik). Die seit 19.10.2017 gültigen neuen Bestimmungen beinhalten neben gestaffelten Bußgeldern auch Punkte und Fahrverbote. Übrigens: Auch Radfahrer werden zur Kasse gebeten, wenn sie ohne Freisprecheinrichtung erwischt werden.

## TEMPOLIMITS

Sofern nicht durch Verkehrsschilder abweichende Geschwindigkeitsbeschränkungen vorgeschrieben sind, gelten folgende Regelungen:

- in geschlossenen Ortschaften max. 50 km/h
- außerhalb geschlossener Ortschaften für Wohnmobile bis 3,5 t zGG auf Land- und Bundesstraßen max. 100 km/h, auf Autobahnen unbeschränkt (Achtung: Richtgeschwindigkeit von 130 km/h beachten!); Wohnmobile über 3,5 t zGG bis 7,5 t zGG auf Land- und Bundesstraßen max. 80 km/h, auf Autobahnen max. 100km/h; Wohnmobile über 7,5t zGG auf Land- und Bundesstraßen max. 60 km/h, auf Autobahnen max. 80 km/h; Wohnmobile bis 3,5 t zGG mit Anhänger dürfen außerhalb geschlossener Ortschaften max. 80 km/h fahren. Ausnahme: Wohnmobile, die einen Anhänger mit amtlicher, gesiegelter 100-km/h-Plakette haben, dürfen auf Autobahnen und autobahnähnlichen Kraftfahrtstraßen max. 100 km/h fahren.

## ÜBERNACHTEN IM WOHNMOBIL IM ÖFFENTLICHEN RAUM

Für die sogenannte »Wiederherstellung der Fahrtüchtigkeit« ist in Deutschland das einmalige Übernachten im Wohnmobil gestattet. Als Zeitspanne der Übernachtung bzw. Wiederherstellung der Fahrtüchtigkeit wird ein Aufenthalt von bis zu zehn Stunden zugrunde gelegt. Einschränkung: Das Übernachten darf nicht zum Campieren genutzt werden, d. h. das Aufstellen von Tisch und Stühlen, das Ausfahren der Markise, das Aufstellen von Vordach/Zelt und Grill sowie andere campingtypische Verhaltensweisen sind zu unterlassen; ansonsten handelt es sich, ähnlich wie beim mehrmaligen Übernachten am gleichen öffentlichen Platz, um eine genehmigungspflichtige Sondernutzung.

## UMWELTZONE/UMWELTPLAKETTE

Umweltzonen sind innerstädtische Gebiete mit Einfahrterlaubnis für nur solche Fahrzeuge, die bestimmte Abgasstandards erfüllen. Es gibt zurzeit vier Abgaskategorien, drei davon werden durch eine farbige Umweltplakette (oder auch Feinstaubplakette) in den Farben Rot, Gelb und Grün identifiziert, die an der Windschutzscheibe angebracht wird, kennzeichengebunden ist und landesweit Gültigkeit hat.

Ausgegeben werden die Plaketten (Preis ca. 5–20 Euro) in Deutschland von Zulassungsbehörden und von zur Abgasuntersuchung anerkannten Werkstätten. Die Zuordnung zu einer Abgas-Schadstoffklasse erfolgt über die Emissionsnummer in den Kfz-Zulassungspapieren. Beginn und Ende von Umweltzonen werden durch Verkehrsschilder gekennzeichnet, deren farbige Plakettensymbole festlegen, welche Abgas-Schadstoffgruppen vom Fahrverbot ausgenommen sind.

Durch die schrittweise Verschärfung der Bestimmungen ist inzwischen in allen betroffenen deutschen Städten (außer Neu-Ulm) die grüne Umweltplakette erforderlich. Im Ausland zugelassene Reisemobile benötigen ebenfalls eine Plakette, sofern sie in Umweltzonen einfahren möchten (Ausnahme: Oldtimer, d. h. Fahrzeuge älter als 30 Jahre). Ausländische Fahrzeugbesitzer haben die Möglichkeit, die Plakette vorab, teils auch online, zu bestellen (z. B. in der Schweiz beim TCS, in Österreich beim ÖAMTC).

Verstöße gegen die Bestimmungen von Umweltzonen werden mit Bußgeldern geahndet, die Beitreibung erfolgt auch gegenüber ausländischen Fahrzeughaltern. Eine Karte mit allen Umweltzonen in Deutschland findet sich auf der Website des Umweltbundesamtes unter www.uba.de.

## VISUM

siehe → Einreise

## WASSER

Frischwasserversorgung, Abwasser- und Fäkalienentsorgung erfolgen auf Wohnmobilstellplätzen meist über Service-Säulen. Vergleichbar der Stromversorgung ist die Nutzung entweder über Münzeinwurf möglich (10-Cent-, 50-Cent- und 1-Euro-Münzen) oder wird mittels Pauschalen über den Platzbetreiber abgerechnet. Für die Frischwasserentnahme kann es notwendig sein, einen Wasserschlauch mit passendem Wasserhahn-Adapter an Bord zu haben. Alternativ kann eine einfache Gießkanne gute Dienste leisten. Die Abwasser- und Fäkalienentsorgung darf nur in den dafür eigens ausgewiesenen Aufnahmevorrichtungen erfolgen.

## WOHNMOBILSTELLPLÄTZE

Dieses Buch enthält bereits eine Auswahl von Wohnmobilstellplätzen entlang der beschriebenen Routen. Das Spektrum reicht dabei ganz bewusst von einfachen, parkplatzähnlichen und oftmals kostenfreien Stellplätzen über kleine, aber sehr persönlich geführte, gebührenpflichtige Plätze bis hin zu hochpreisigen Komfort-

Immer ein grandioses Erlebnis: die Zugspitze

Arealen, die mit Hotelanlagen zu vergleichen sind. So unterschiedlich die Wohnmobile, so andersartig die Erwartungshaltung der Reisenden an den Aufenthalts- und Übernachtungsort. Deshalb stellen die hier aufgeführten Stellplätze lediglich Empfehlungen dar, die auf der Neigung der Autoren basieren, das Wohnmobil in seinem originär konzipierten Sinne zu nutzen: als weitgehend autarke Möglichkeit eines abwechslungsreichen Bereisens von Regionen.

Deutschland bietet bereits, mit sehr wenigen regionalen Ausnahmen, eine sehr gute Versorgung mit Wohnmobilstell- und Campingplätzen, neue Plätze sind permanent im Entstehen. Wer abseits der hier beschriebenen Übernachtungsmöglichkeiten auf der Suche nach »seinem« Wunschplatz ist, wird in den zahlreichen Stellplatzführern, ob in gedruckter Form oder als App verfügbar, sicher fündig.

## ZOLL

Waren für den persönlichen Ge- oder Verbrauch können bei der Einreise aus jedem EU-Land abgabenfrei mitgeführt werden. Für verbrauchssteuerpflichtige Genussmittel wie z. B. Tabak-, Alkohol- und Kaffee-Erzeugnisse gelten Richtmengen, bis zu denen eine Verwendung zu privaten Zwecken angenommen wird. Zollbestimmungen für Einreisen aus Nicht-EU-Ländern sowie aktuelle Mengenbeschränkungen sind aufgelistet auf der Website der Generalzolldirektion unter www.zoll.de.

# REGISTER

# PS.: DA FÄLLT UNS NOCH WAS EIN!

Wir sind monatelang kreuz und quer durch Deutschland gefahren, um dieses Wohnmobil-Tourenbuch schreiben zu können. Wir hatten das große Glück, einen super Sommer zu erwischen, der uns nahezu durchgängig Sonnenschein, blauen Himmel, mediterrane Temperaturen und tiefe Dankbarkeit unserer Klimaanlage gegenüber bescherte.

Auf unseren Routen haben wir bestens vertraute als auch unbekannte Orte angefahren. Immer wieder aufs Neue waren wir begeistert von unterschiedlichsten, attraktiven Landschaften und den Möglichkeiten, die uns das weitgehend autarke Reisen in Kombination mit Komfort – in unserem Fall auch Arbeiten – mit dem Wohnmobil ermöglicht. Unterwegs und doch zu Hause. Mobil in jedem Moment. Länger vor Ort, wann immer uns danach war.

Und – wir geben es zu: Wir haben es kaum bemerkt. Das Überqueren von Grenzen. Unsichtbar. Fast geschichtsvergessen. Dabei gehören wir einer Generation an, die noch ungläubig vor den deutsch-deutschen Grenzanlagen stand und die gefühlte Fassungslosigkeit nicht in Worten beschreiben konnte. Heute, 30 Jahre nach der Wiedervereinigung, reisen wir durch ein Deutschland, das kaum noch Spuren seiner 40-jährigen Trennung zeigt. Wir meinen: gut so! Nach uns rückt eine junge Wohnmobil-Generation heran, die vom ehemals geteilten Deutschland nur noch eine vage Vorstellung aus Erzählungen der Eltern hat. Welch ein glücklicher Zustand, heute grenzenlos durch ein wiedervereinigtes Land reisen zu können, das sich zukunftsorientiert zeigt, ohne jedoch seine Vergangenheit zu verleugnen.

In diesem Bewusstsein haben wir deshalb auch immer wieder Orte angesteuert, die den Blick auf Vergangenes ermöglichen, ohne die Freude am Genuss »Reiseland Deutschland« schmälern zu wollen. Es sind wie immer die bekannten zwei Seiten der Medaille. Wir ermuntern alle Deutschland-Entdecker, insbesondere unsere ausländischen Gäste, diese Chance wahrzunehmen und sich ihr eigenes Bild zu machen. Von Deutschland, vom Reisen in Deutschland mit dem Wohnmobil. Wir sind überzeugt, Sie werden so begeistert sein wie wir. Und das haben wir dann schon mal gemeinsam.

Gute Reise, wo immer Sie unterwegs sind!
*Petra Lupp und Martin Klug*

# » STRASSENATLAS

Tolles Ausflugsziel: der Spreewald

HYMER

# LEGENDE

- 1 Route 1 - AUF ZU DEUTSCHLANDS ZWEI MEEREN
- 2 Route 2 - ENTLANG DER OSTSEEKÜSTE VON LÜBECK BIS RÜGEN
- 3 Route 3 - VON DER EMS BIS AN DIE ELBE
- 4 Route 4 - DREILÄNDERECK RHÖN
- 5 Route 5 - FRANKEN UND MAIN MIT ALLEN SINNEN GENIESSEN
- 6 Route 6 - SCHWARZWALD NEU ENTDECKEN
- 7 Route 7 - DREAMTEAM WINTER UND WOHNMOBIL
- 8 Route 8 - VOM KÖNIGSEE ZUM KÖNIGSSCHLOSS
- 9 Route 9 - NATUR, GENUSS & DIE SAAR
- 10 Route 10 - DER GRÜNE POTT
- 11 Route 11 - WEIN UND PFÄLZER LEBENSART
- 12 Route 12 - VON DER PORTA NIGRA BIS ZUM DEUTSCHEN ECK
- 13 Route 13 - ENTLANG DES RHEINS
- 14 Route 14 - VOM MÜRITZ-FISCH BIS ZUR SPREEWALD-GURKE
- 15 Route 15 - DIE GROSSE SACHSENTOUR
- 16 Route 16 - GROSSE THÜRINGENTOUR
- 17 Route 17 - DEUTSCHLAND IN VIER WOCHEN

- M8 Autobahn mit Anschlussstelle
- 1 Schnellstraße
- 189 Fernstraße
- Nebenstraße
- Sonstige Straße
- Fahrweg
- Eisenbahn
- Flüsse
- See
- Bebauung
- Natur-, Nationalpark
- Staatsgrenze mit Grenzübergang

- C 10 Campingplätze
- S 10 Stellplätze
- Sehenswürdigkeit - Kultur
- Sehenswürdigkeit - Natur
- Kirche
- Kloster, Klosterruine
- Schloss
- Schlossruine
- Museum
- Höhle
- Windmühle
- Leuchtturm
- Wasserfall
- Aussichtspunkt
- Flughafen

HUBER KARTOGRAPHIE

N

0 20 km

1 : 812.500

KØBENHAVN
Esbjerg
Kolding
Bornholm
DÄNEMARK
Ostsee
Sylt
Flensburg
Nordfriesische Inseln
Rügen
Sassnitz
Fehmarnbelt
Schleswig
Kieler Bucht
Fehmarn
Nordsee
Husum
266
Kiel
267
Stralsund
268
Rendsburg
Usedom
Helgoland
Rostock
Deutsche Bucht
Greifswald
Wismar
Świnoujście
Cuxhaven
Itzehoe
Lübeck
Ostfriesische Inseln
Elbe
Schwerin
Neubrandenburg
Wilhelmshaven
Bremerhaven
HAMBURG
Szczecin
Emden
Neustrelitz
Prenzlau
269
Weser
270
271
272
Müritz
273
Groningen
Elbe
Ludwigslust
Oder
Lüneburg
Oldenburg
BREMEN
Soltau
Wittenberge
NIEDERLANDE
Havel
POLEN
Oranienburg
Aller
Meppen
Zwolle
Celle
BERLIN
Ems
HANNOVER
Wolfsburg
Brandenburg
Potsdam
Frankfurt/Oder
Enschede
Osnabrück
Braunschweig
Oder
Magdeburg
Arnhem
Hildesheim
Salzgitter
Bielefeld
Münster
Dessau
Cottbus
Nijmegen
Rhein
274
275
Weser
276
Saale
277
278
Gelsenkirchen
Paderborn
Senftenberg
Bottrop
DORTMUND
Göttingen
Nordhausen
Halle
Elbe
Neiße
ESSEN
Bochum
LEIPZIG
Kassel
Görlitz
DÜSSELDORF
DRESDEN
Leverkusen
Bad Hersfeld
Gotha
Erfurt
Weimar
Maastricht
KÖLN
Siegen
Eisenach
Gera
Jena
Chemnitz
Liberec
Aachen
Werra
Zwickau
Bonn
Gießen
Fulda
BELGIEN
Koblenz
Limburg
Coburg
Hof
FRANKFURT a. Main
Karlovy Vary
PRAG
Mosel
Wiesbaden
Offenbach
Schweinfurt
LUXEMBOURG
279
Mainz
280
Main
281
Bayreuth
282
TSCHECHISCHE REPUBLIK
Rhein
Bamberg
Plzeň
Darmstadt
Würzburg
Trier
Nahe
Erlangen
Luxembourg
Kaiserslautern
Mannheim
Rothenburg o. d. Tauber
Fürth
NÜRNBERG
Klatovy
Tabor
Saar
Ludwigshafen
Heidelberg
Schwandorf
Saarbrücken
Pirmasens
Regensburg
České Budějovice
Metz
Heilbronn
Karlsruhe
Regen
Ludwigsburg
Ingolstadt
Donau
Straubing
Deggendorf
Pforzheim
STUTTGART
Nancy
Isar
Lech
Rhein
Passau
Strasbourg
Freising
Offenburg
Linz
Donau
FRANKREICH
Ulm
Neu-Ulm
Altötting
Inn
Augsburg
MÜNCHEN
283
284
Donau
285
286
Freiburg
Memmingen
Isar
Rosenheim
Chiemsee
Salzburg
Landsberg a. Lech
Mulhouse
Friedrichshafen
Kempten
Belfort
Liezen
Konstanz
Bodensee
Garmisch-Partenkirchen
Basel
Lindau
Füssen
Kufstein
Inn
ZÜRICH
ÖSTERREICH
Besançon
Innsbruck
Solothurn
Vaduz
Luzern
BERN
SCHWEIZ
Brixen
Villach
Bozen

A
B
C
D
1
2
3
4
5
6
DÄNEMARK
Rømø
Havneby
List
Kampen (Sylt)
Wenningstedt (Sylt)
Westerland
Sylt-Ost
Morsum
Morsum Kliff
Rantum (Sylt)
Sylt
Hörnum (Sylt)
Nationalpark
Schleswig-
Holsteinisches
Wattenmeer
Nationalpark
Schl.-Holstein.
Wattenmeer
Nationalpark
Hamburgisches
Wattenmeer
Föhr
Wyk a. Föhr
Amrum
Pellworm
Nordstrand
Hooge
Husum
Tønder
Tinglev
Aabenraa Fjord
Sønderborg
Augustenborg
Als
Lille Bælt
Niebüll
Leck
Nordfriesland
Flensburg
Harrislee
Glücksburg
Flensburger Förde
Angeln
Kappeln
Schleswig
Haithabu
Freizeitpark Tolk-Schau
Eckernförde
Eckernförder Bucht
Kiel
Freilichtmus.
Rendsburg
Fockbek
Büdelsdorf
Eiderstedt
Tönning
Garding
St. Peter-Ording
Friedrichstadt
Heide
Büsum
Meldorf
Landesmus.
Meldorfer Bucht
Dithmarschen
Friedrichskoog
Marne
Brunsbüttel
Nord-Ostsee-Kanal
Neumünster
Itzehoe
Glückstadt
Elmshorn
Pinneberg
Wedel
Schiffsbegrüßungsanlage
HAMBURG
Museumshfn.
Cuxhaven
Otterndorf
Land Hadeln
Hemmoor
Naturerlebnisbahn Moorkieker
Kehdingen
Stade
Bremerhaven
Klimahaus 8° Ost
Elbe
Nolde-museum
Roter Haubarg
S 1.1
S 1.2
S 1.3
S 1.4
S 1.5
S 1.6
S 1.7
C 1.8
S 1.9
S 1.10
S 1.11
S 1.12
S 1.13
S 3.14
S 3.15
S 3.16
S 3.17
S 3.18
S 3.19
S 3.20
S 3.21




270

E
F
G
H
1
2
3
4
5
6
Fakse Bugt
Karrebæksminde Bugt
Smålandsfarvandet
Sjælland
Vordingborg
Langeland
Langelands Bælt
Svendborg
Rudkøbing
Ærøskøbing
Marstal
Ærø
Nakskov
Lolland
Maribo
Sakskøbing
Nykøbing
Falster
Rødbyhavn
Fehmarnbelt
Kieler Bucht
Fehmarn
Burg auf Fehmarn
Meereszentrum
Heiligenhafen
Hohwachter Bucht
Großenbrode
Oldenburg i. Holst.
Mecklenburger Bucht
Wagrien
Holsteinische Schweiz
Plön
Malente
Eutin
Neustadt
Hansa-Park
Scharbeutz
SEA-LIFE
Timmendorfer Strand
Travemünde
Lübecker Bucht
Lübeck
Holstentor
Bad Oldesloe
Ratzeburg
Schwerin
Freilicht-museum
Wismar
Poel
Wismarbucht
Ostseebad Kühlungsborn
Ostseebad Rerik
Bad Doberan
Rostock
Warnemünde
Güstrow
Sternberg
Archäol. Landesmus.
S 1.14
S/C 1.15
S 1.16
S 1.17
S 2.1
S 2.2
S 2.3
S 2.4
S 2.5
S 2.6
S 2.7
S 17.17
268
271
272

A
B
C
D
1
2
3
4
5
6
O S T S E E
Møns Klint
Elmelunde
Magleby
Keldbymagne
Klintholm Havn
Møn
Kap Arkona
Putgarten
Wittow
Altenkirchen
Dranske
Wiek
Breege
Tromper Wiek
Nationalpark Jasmund
Lohme
S 2.11
S 17.18
Stubbenkammer Königsstuhl
Jasmund
Kloster
Hiddensee
Vitte
Neuendorf
Neuenkirchen
Trent
Schaprode
Rappin
Großer Jasmunder Bodden
Lietzow
Sagard
Sassnitz
Rügen
Nationalpark Vorpommersche Boddenlandschaft
Ostseebad Prerow a. Darß
Ostseebad Zingst
S 2.9
Zingst
Darß
C 2.8
Pramort
Freesenort
Kluis
Patzig
Gingst
Bergen
Ostseebad Binz
S 2.10
Ostseebad Ahrenshoop
Born a. Darß
Pruchten
Groß Mohrdorf
Klaus-dorf
Kubitzer Bodden
Prohn
Karow
Sehlen
Zirkow
Putbus
»Rasender Roland«
Lancken-Granitz
Ostseebad Baabe
Ostseebad Göhren
Ostseebad Wustrow
Fuhlendorf
Barth
Günz
Parow
Rambin
Samtens
Altefähr
Garz
Kasnevitz
Lauter-bach
Gager
Fischland
Saal
Lüdershagen
Niepars
Rathaus
Stralsund
Gustow
Poseritz
Zudar
Thiessow
Ostseebad Dierhagen
Bartelshagen II
Löbnitz
Karnin
Kummerow
Velgast
Zarrendf.
Brandshagen
Damgarten
Freilichtmus.
Trinwillers-hagen
Steinhagen
Reinberg
Greifswalder Bodden
Klockenhagen
Ribnitz-
Daskow
Schlemmin
Ravenhorst
Miltzow
Usedom
Hist. techn. Museum
Peenemünde
Spandower-hagen
Lubmin
Freest
Karlshagen
Blankenhagen
Semlow
Franzburg
Richtenberg
Gresenhorst
Marlow
Kavels-dorf
Papenhagen
Bartmanns-hagen
Mesekenhagen
Horst
Loissin
Kemnitz
Wuster-husen
Kröslin
Trassenheide
Zinnowitz
Dänschenburg
Drechow
Grimmen
Greifswald
Dettmannsdorf
Bad Sülze
Tribsees
Gremersdorf
Griebenow
Koserow
Sanitz
Böhlendorf
Siemersdorf
Wendisch Baggendf.
Poggendorf
Dersekow
Diedrichs-hagen
Hanshagen
Wolgast
Krummin
Zarnewanz
Rakow
Lütow
Ückeritz
Gubkow
Thelkow
Grammendorf
Glewitz
Dargelin
Groß Kiesow
Lühmanns-dorf
Wehr-land
Warthe
Seebad Bansin
Tessin
Behren-Lübchin
Düvier
Züssow
Karlsburg
Pudagla
Cammin
Woltow
Basse
Nehringen
Görmin
Lassan
Neppermin
Goritz
Gnoien
Nossendorf
Trantow
Gützkow
Ranzin
Rankwitz
Usedom
Walkendorf
Stubbendorf
Loitz
Jarmen
Kl.Bünzow
Murchin
Buggen-hagen
Mellenthin
Swinoujscie
Kobrow
Boddin
Wotenick
Peene
Gr.Polzin
Laage
Herrenhaus
Finkenthal
Zarnekow
Demmin
Kletzin
Liepen
Stolpe
Zirchow
Neu Heinde
Preb-berede
Remlin
Altkalen
Dargun
Tutow
Ziethen
O.-Lilienthal-Gedenkstätte
Anklam
Zecherin
Liessow
Jördens-torf
Schönfeld
Siedenbrünzow
Neetzow
Diekhof
Lelkendorf
Verchen
Utzedel
Krien
Postlow
Blesewitz
Gnevezin
Stettiner Haff
Plaaz
Matgendorf
Dalkendorf
Thürkow
Neukalen
Meesiger
Hohenmocker
Bartow
Neuen-kirchen
Pelsin
Bugewitz
Leopolds-hagen
Mönkebude
Roggow
Wattmann-shagen
Alt Sührkow
Kummerower See
Borrentin
Sarow
Golchen
Spantekow
Neu Kosenow
Teterow
Grammentin
Linden-berg
Alten-hagen
Burow
Breest
Japenzin
Sarnow
Ducherow
Ueckermünde
Vietgest
Mecklenburgische
Schwanbeck
Rathebur
Lalen-dorf
Remplin
Tützpatz
Boldekow
Löwitz
Liepgarten
Groß Wokern
Hohen Demzin
Malchin
Kriesow
Werder
Altwigshagen
Meiersberg
Lang-hagen
Burg Schlitz
Basedow
Reuterstadt Stavenhagen
Reinberg
Altentreptow
Salow
Schwichten-berg
Ferdinands-hof
Eggesin
Ziddorf
Gielow
Wolde
Wildberg
Brunn
Friedland
Heinrichsruh
Malchiner See
Jürgenstorf
Neddemin
Torgelow
Vollrathsruhe
Rothenmoor
Rosenow
Groß Teetzleben
Neverin
Wittenborn
Heinrichs-walde
Hammer a.d. Uecker
Krakower See
Hohen Wangelin
Moltzow
Faulenrost
Eichhorst
Alt Schönau
Kittendorf
Briggow
Sadelkow
Rothemühl
Dobbin
Schön-hausen
Jatznick
Viereck
Möllin
Weitin
Neu-brandenburg
Schönbeck
Lehsten
Blumen-hagen
Groß Gievitz
Wulkenzin
Groß Miltzow
Belling
Pasewalk
Neetzka
Waren (Müritz)
Möllenhagen
Wisent-gehege
Strasburg (Uckermark)
Cölpin
Alt Käbelich
Papendorf
Rollwitz
Rothen-klempenow
S 14.4
S 14.3
Ankers-hagen
Groß Vielen
Penzlin
Tollense-see
Burg Stargard
Mildenitz
Wilsickow

267
272

N O R D S E E
Deutsche Bucht
Helgoland
"Lange Anna"
Düne
Ostfriesische Inseln
Nationalpark Nieders. Wattenmeer
Borkum
Lütje Hörn
Rottumerplaat
Rottumeroog
Juist
Memmert
Norderney
Baltrum
Langeoog
Spiekeroog
Wangerooge
Nordseebad Wangerooge
Minsener Oog
Ostfriesland
Ammerland
Leybucht
Dollart
Norddeich
Norden
Junkersrott
Neßmersiel
Dornumersiel
Neuharlingersiel
Harle
Minsen
Hohenkirchen
Hooksiel
Jade-Weser-Port
Tettens
Waddewarden
Sengwarden
Jever
Schortens
Sande
Wilhelmshaven
Altfunnixsiel
Freizeitpark Lütge Land
Esens
Wittmund
Burhafe
Ochtersum
Blomberg
Westerholt
Utarp
Dornum
Hage
Arle
Großheide
Berumerfehn
Westermarsch I
Osteel
Upgant-Schott
Victorbur
Südbrookmerland
Wirdum
Aurich
Plaggenburg
Wiesedermeer
Leerhafe
Reepsholt
Brockzetel
Ems-Jade-Kanal
Friedeburg
Horsten
Zetel
Bockhorn
Marx
Wiesmoor
Holtrop
Westerende-Kirchloog
Großes Meer
Greetsiel
Zwillingsmühlen
Ostfries. Freilichtmus.
Pewsum
Schiefer Turm v. Suurhusen
Hinte
Loppersum
Riepe
Ihlow
Emden
Rysum
Neuenburg
Urwald
Oltmannsfehn
Altjührden
Bockhornerfeld
Firrel
Remels
Schwerinsdorf
Oldersum
Neermoor
Dtzum
Jemgum
Brinkum
Leer
Filsum
Westerstede
Wiefelstede
Linswege
Detern
Apen
Ocholt
Godensholt
Bad Zwischenahn
Zwischenahner Meer
Oldenburg
Bunderhee
Bunde
Folmhusen
Boen
Weener
Ihrhove
Stapelmoor
Rhauderfehn
Ostrhauderfehn
Barßel
Westerscheps
Edewecht
Strücklingen
Harkebrügge
Ramsloh
Suddorf
Rhede
Papenburg
Aschendorf
Burlage
Scharrel (Oldenburg)
Kampe
Husbäke
Wardenburg
Bockhorst
Heede
Neulehe
Esterwegen
Friesoythe
Surwold
Gehlenberg
Bösel
Garrel
Dörpen
Dersum
Neubörger
Kluse
Bredenberg
Tier- u. Freizeitpark Thüle
Markhausen
Rastdorf
Vrees
Thülsfelder Stausee
Petersfeld
Varrelbusch
Börger
Lorup
Walchum
Renkenberge
Lathen
Spahnharrenstätte
Werlte
Molbergen
Lindern (Oldenburg)
Museumsdorf
Cloppenburg
Sögel
Lahn
Niederlangen
Stavern
Hüven
Lastrup
Wachtum
Cappeln (Oldenburg)
Hemmelte
Kl. Berßen
Gr. Berßen
Haren
Wesuwe
Lähden
Löningen
Elsten
Essen (Oldenburg)
Menslage
Meppen
Haselünne
Herzlake
Quakenbrück
Dinklage
Varloh
Dohren
Börstel
Berge
Nortrup
Badbergen
Kettenkamp
Gr.-Hesepe
Osterbrock
Bawinkel
Bippen
Dalum
Geeste
Gersten
Wettrup
Lengerich
Eggermühlen
Lingen (Ems)
Langen
Andervenne
Fürstenau
Ankum
Alfhausen
Bersenbrück
Groningen
Eemshaven
Roodeschool
Usquert
Menkemaborg
Pieterburen
Warffum
Baflo
Middelstum
'tZandt
Spijk
Loppersum
Delfzijl
Wybelsum
Leens
Zoutkamp
Winsum
Bedum
Stedum
Appingedam
Ten Post
Steendam
Ten Boer
Oldehove
Sauwerd
Aduard
Zuidhorn
Hoogkerk
Oostwold
Slochteren
Nieuwolda
Leek
Peize
Eelde
Roden
Haren
Hoogezand-Sappemeer
Winschoten
Zuidlaren
Veendam
Bellingwolde
Oude Pekela
Nieuwe Pekela
Wedde
Vries
Hunebert
Wildervank
Roderesch
Bakkeveen
Haulerwijk
Norg
Annen
Eext
Gieten
Onstwedde
Vlagtwedde
Veenhuizen
Kloosterveen
Assen
Rolde
Appelscha
Gasselte
Stadskanaal
Bourtange
Smilde
Hooghalen
Grolloo
Borger
Nieuw-Buinen
Musselkanaal
Mussel
Sellingen
Hoogersmilde
Hünengrab
Schoonloo
Ter Apel
Dieverbrug
Beilen
Westerbork
Orvelte
Odoorn
Nieuw-Weerdinge
Dwingeloo
Wijster
Schoonoord
Emmer-Compascuum
Rütenbrock
Pesse
Zweeloo
Emmen
Ferienzentrum Schloss Dankern
Sleen
Oosterhesselen
Hoogeveen
Nieuw-Amsterdam
Dalen
Klazienaveen
Schöninghsdorf
Rühlermoor
Zuidwolde
Coevorden
Schoonebeek
Nieuw-Schoonebeek
Slagharen
Eschebrügge
Gramsbergen
Emlichheim
Twist
Laar
Ringe
Moormus.
Hardenberg
Hoogstede
Wielen
Georgsdorf
Emsland
Wilsum
Itterbeck
Esche
Gölenkamp
Neuenhaus
Ommen
Marienberg
S 3.1
S 3.2
S 3.3
S 3.4
S 3.5
S 3.6
S 3.7
S 3.8
C 3.9
S 3.10
S 3.11
S 3.12
274
270

266
269
275
A
B
C
D
1
2
3
4
5
6
Nationalpark
Schl.-Holstein.
Wattenmeer
Nationalpark
Hamburgisches
Wattenmeer
Meldorfer
Bucht
Jadebusen
Dithmarschen
Land
Hadeln
Land
Kehdingen
Teufelsmoor
Lüneburg
Elbe
Weser
Altes Land
S 1.5
S 1.4
S 1.3
S 1.2
S 3.15
S 3.16
S 3.10
S 3.11
S 3.14
S 3.17
S 3.20
S 3.19
S 3.18
S 17.15
S 3.13
Cuxhaven
Bremerhaven
Nordenham
Brunsbüttel
Heide
Meldorf
Itzehoe
Glückstadt
Elmshorn
Pinneberg
Wedel
Stade
Buxtehude
Bremervörde
Zeven
Rotenburg
Buchholz
Tostedt
Soltau
Walsrode
Verden
Achim
BREMEN
Delmenhorst
Oldenburg
Nienburg (Weser)
Vechta
Syke
Osterholz-Scharmbeck
Rendsburg
HAMB
Klimahaus 8° Ost
Wildpark Schwarze Berge
Freilichtmus.
Tier- und Freizeitpark Jaderberg
Vogelpark
Serengeti Safaripark Hodenhagen
Gedenkstätte Bergen-Belsen
Erdölmuseum
Museumsdorf
Naturerlebnisbahn Moorkieker
Schiffsbegrüßungsanlage
Museumshfn.
Wildpark Lüneburger Heide
Heide-park
Naturtierpark
Freilichtmus.

Mecklenburger Bucht
Lübecker Bucht
267
276
272
E
F
G
H
1
2
3
4
5
6
Lübeck
Schwerin
Wismar
Bad Doberan
Ostseebad Kühlungsborn
Ostseebad Rerik
Neustadt
Timmendorfer Strand
Travemünde
Grevesmühlen
Ratzeburg
Mölln
Hagenow
Ludwigslust
Parchim
Lauenburg/Elbe
Boizenburg
Lüneburg
Uelzen
Wittenberge
Perleberg
Salzwedel
Dannenberg (Elbe)
Lüchow
Wittingen
Klötze
Plön
Eutin
Bad Segeberg
Bad Oldesloe
Ahrensburg
Geesthacht
Winsen (Luhe)
Neustadt-Glewe
Grabow
Wendland
Altmark
Holsteinische Schweiz
Wagrien
S 1.14
S/C 1.15
S 1.16
S 1.17
S 2.1
S 2.2
S 2.3
S 2.4
S 2.5
S 2.6
S 2.7
S 17.17
Hansa-Park
SEA-LIFE
Holstentor
Freilicht-museum
Schiffshebewerk
Elbbrücke
Rundling
Freilichtmuseum
Dampflokmus.
Archäol. Landesmus.
Snow-Funpark
Friedrichsruh
Elbe

Lübecker Bucht
Lübeck
Scharbeutz
Timmendorfer Strand
Travemünde
Wismar
Poel
Rostock
Schwerin
Schweriner See
Güstrow
Bützow
Ratzeburg
Mölln
Wittenburg
Hagenow
Ludwigslust
Neustadt-Glewe
Parchim
Lübz
Plau
Malchow
Boizenburg
Lauenburg/Elbe
Bleckede
Neuhaus/Elbe
Dömitz
Dannenberg (Elbe)
Lüchow
Wendland
Uelzen
Salzwedel
Wittenberge
Perleberg
Pritzwalk
Kyritz
Havelberg
Osterburg
Stendal
Tangermünde
Tangerhütte
Rathenow
Gardelegen
Klötze
Altmark
Wittingen
Gifhorn
Wolfsburg
Elbe
Havel
268
271
277
A
B
C
D
1
2
3
4
5
6

E
F
G
H
1
2
3
4
5
6
Pommersche Bucht
Stettiner Haff
Zalew Szczeciński
Usedom
Świnoujście
Seebad Heringsdorf
Seebad Ahlbeck
Wolgast
Anklam
Demmin
Malchin
Reuterstadt Stavenhagen
Altentreptow
Friedland
Ueckermünde
Eggesin
Torgelow
Pasewalk
Neubrandenburg
Strasburg (Uckermark)
Waren (Müritz)
Müritz
Neustrelitz
Seenplatte
Prenzlau
Uckermark
SZCZECIN
Police
Gryfino
Chojna
Schwedt/Oder
Angermünde
Templin
Zehdenick
Fürstenberg
Rheinsberg
Neuruppin
Oranienburg
Eberswalde
Bad Freienwalde (Oder)
Wriezen
Strausberg
Müncheberg
Seelow
Nauen
Hennigsdorf
Falkensee
Potsdam
BERLIN
Kleinmachnow
Teltow
Erkner
Fürstenwalde
Nationalpark Unteres Odertal
Oderbruch
Oder
S 14.4
S 17.19
S 14.5
S 14.6
S 14.7
S 17.20
S 14.8
S 17.21
S 14.10
S 17.22
S 14.9
S 14.11
S 16.1


278

269

A
B
C
D
1
2
3
4
5
6
Apeldoorn
Deventer
Zutphen
Arnhem
Doetinchem
NIJMEGEN
Almelo
Hengelo
ENSCHEDE
Oldenzaal
Gronau
Rheine
Ahaus
Winterswijk
Bocholt
Borken
Coesfeld
Münster
Dülmen
Emmerich
Kleve
Wesel
Dorsten
Recklinghsn.
Gelsenkirchen
Bottrop
ESSEN
Oberhsn.
DUISBURG
Bochum
DORTMUND
Herne
Hagen
Venlo
Krefeld
Mönchengladbach
DÜSSELDORF
Neuss
Wuppertal
Remscheid
Roermond
Leverkusen
KÖLN
Düren
Siegburg
Gummersbach
Lüdenscheid

279

E
F
G
H
270
276
280
1
2
3
4
5
6
Osnabrück
Bramsche
Wallenhorst
Georgsmarienhütte
Melle
Bünde
Löhne
Minden
Bad Oeynhausen
Porta Westf.
Bückeburg
Rinteln
Hameln
HANNOVER
Seelze
Bad Nenndorf
Barsinghausen
Wennigsen
Springe
Espelkamp
Petershagen
Lübbecke
Herford
Bielefeld
Bad Salzuflen
Lemgo
Lage
Detmold
Bad Pyrmont
Gütersloh
Rheda-Wiedenbrück
Oelde
Warendorf
Rietberg
Delbrück
Paderborn
Bad Lippspringe
Höxter
Holzminden
Beckum
Ahlen
Hamm
Lippstadt
Soest
Werl
Erwitte
Geseke
Büren
Bad Wünnenberg
Warburg
Brakel
Beverungen
Arnsberg
Meschede
Warstein
Brilon
Marsberg
Bad Arolsen
Volkmarsen
Kassel
Baunatal
Korbach
Willingen
Winterberg
Medebach
Schmallenberg
Lennestadt
Bad Berleburg
Frankenberg (Eder)
Bad Wildungen
Fritzlar
Melsungen
Homberg (Efze)
Schwalmstadt
Siegen
Kreuztal
Netphen
Biedenkopf
Teutoburger Wald
Weserbergland
Sauerland
S 15.6
Kahler Asten 841
Nationalpark Kellerwald-Edersee

A
B
C
D
1
2
3
4
5
6
Höxter
Holzminden
Einbeck
Northeim
Osterode a. Harz
Herzberg
Bad Lauterberg
Braunlage
Wernigerode
Nationalpark Harz
Hochharz
Brocken 1141
Göttingen
Duderstadt
Nordhausen
Hann. Münden
Kassel
Herkules
Bergpark
Witzenhausen
Heiligenstadt
Leinefelde
Worbis
Bleicherode
Sondershausen
Eschwege
Mühlhausen/ Thür.
Bad Langensalza
Treffurt
Nationalpark Hainich
Eisenach
Wartburg
Gotha
Erfurt
Arnstadt
Ilmenau
Bad Hersfeld
Bebra
Rotenburg a.d.Fulda
Melsungen
Homberg (Efze)
Alsfeld
Lauterbach
Fulda
Hünfeld
Bad Salzungen
Schmalkalden
Zella-Mehlis
Suhl
Meiningen
Wasserkuppe 950
Kreuzberg 928
Bad Neustadt
Bad Kissingen
Bad Königshofen
Coburg
Hildburghausen
Eisfeld
Schleusingen
Bad Brückenau
Schlüchtern
Gersfeld (Rhön)
Rhön
Thüringer Wald
Harz
C 16.2
S 16.1
S 16.3
S 16.18
S 16.4
C 17.27
S 16.17
S 16.15
S 16.16
S 16.14
S 16.13
S 4.1
S 4.2
S 4.12
S 4.10
S 4.3
S 4.4
S 4.5
S 4.9
S 4.6
S 4.7
S 4.8
4
16
17
271
275
281

272
278
282
E
F
G
H
1
2
3
4
5
6
Halle (Saale)
Leipzig
Chemnitz
Zwickau
Gera
Jena
Weimar
Plauen
Hof
Dessau
Wolfen
Bitterfeld
Delitzsch
Köthen
Bernburg
Aschersleben
Lutherstadt Eisleben
Merseburg
Weißenfels
Naumburg
Zeitz
Altenburg
Grimma
Döbeln
Torgau
Wurzen
Eilenburg
Bad Düben
Saalfeld
Apolda
Greiz
Reichenbach
Aue
Annaberg-Buchholz
Fichtelberg 1214
Karlovy Vary
Sokolov
Cheb
Selb
Klingenthal
Schloss
Bauernhof-mus.
S 17.25
S 16.6
S 16.7
S 16.9
S 16.10
S 16.11
C 16.8
S 15.12
S 15.13
S 15.14
S 15.15
S 5.1
15
16
17

273
277
Frankfurt (Oder)
Słubice
Fürstenwalde
Königs Wusterhausen
Schönefeld
Zossen
Beeskow
Eisenhüttenstadt
Guben
Gubin
Lübben/Spreewald Lubin
Lübbenau/Spreewald Lubnjow
Spreewald
Luckau
Cottbus
Forst
Peitz
Calau
Finsterwalde
Niederlausitz
Großräschen
Lausitz-Ring
Senftenberg
Spremberg
Bad Muskau
Muskauer Park
Weißwasser
Hoyerswerda
Oberlausitz
Kamenz
Bautzen
Löbau
Görlitz
Zgorzelec
Niesky
Meissen
Radebeul
Karl-May-Museum
Zwinger
Hofkirche
Dresden
Pillnitz
Pirna
Festung
Königstein
Bad Schandau
Nationalpark Sächs. Schweiz
Elbsandsteingebirge
Freiberg
Freital
Zittau
Děčín
Liberec
POLEN
S 14.12
S 14.14
S 17.23
S 14.13
S 15.1
S 15.10
S 15.9
S 15.5
S 15.3
C 15.2
S 15.4
S 17.24
S 15.8
S 15.7
S 15.6
14
15
17

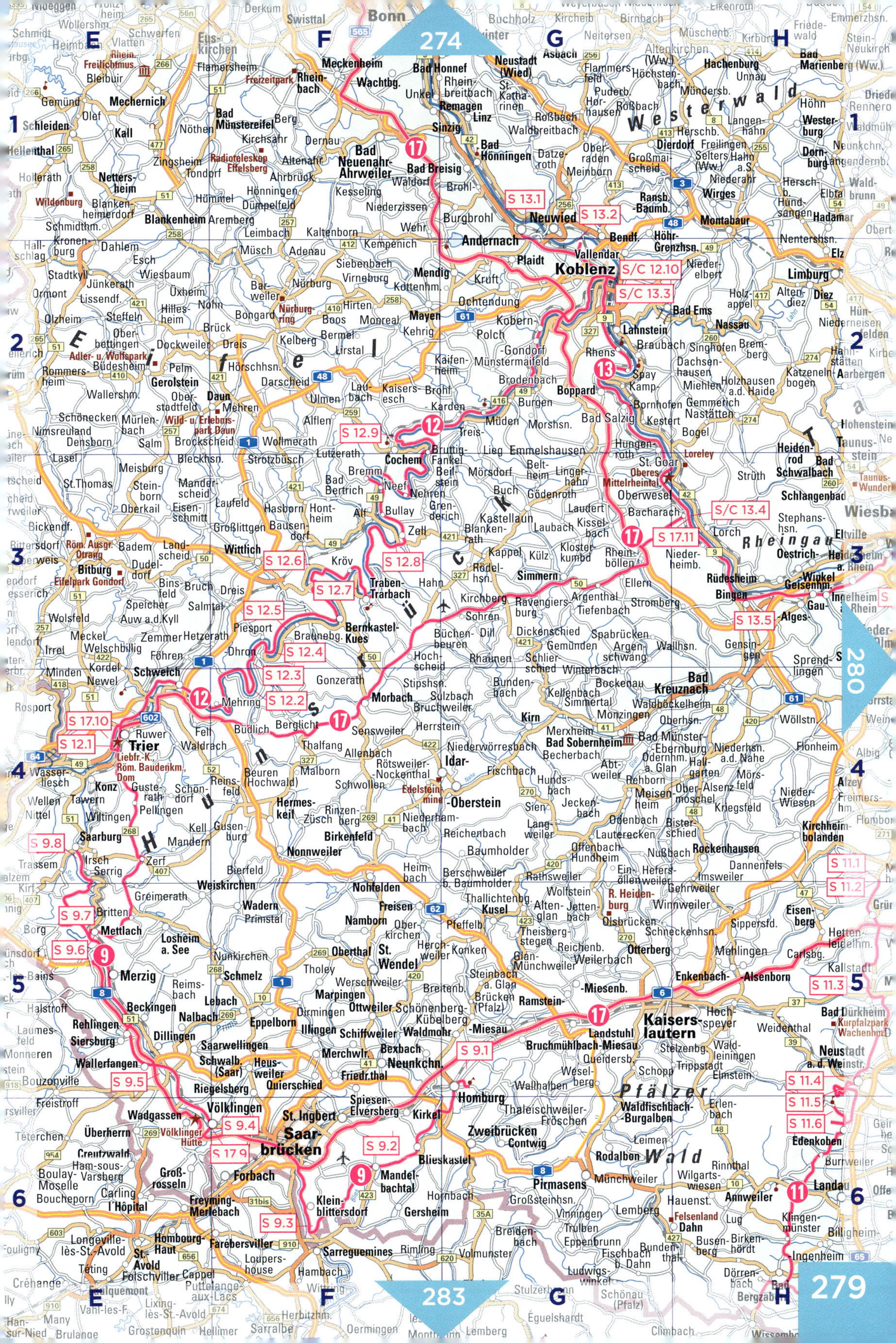
274
280
283
E
F
G
H
1
2
3
4
5
6
Bonn
Meckenheim
Bad Honnef
Neustadt (Wied)
Asbach
Hachenburg
Bad Marienberg (Ww.)
Schleiden
Kall
Mechernich
Bad Münstereifel
Bad Neuenahr-Ahrweiler
Bad Breisig
Sinzig
Remagen
Linz
Bad Hönningen
Westerwald
Westerburg
Montabaur
Neuwied
Andernach
Koblenz
Limburg
Diez
Bad Ems
Nassau
Lahnstein
Braubach
Boppard
Bad Salzig
St. Goar
Loreley
Oberwesel
Bacharach
Lorch
Rheingau
Oestrich-Winkel
Rüdesheim
Bingen
Ingelheim a. Rhein
Blankenheim
Adenau
Nürburgring
Mayen
Mendig
Polch
Kobern-Gondorf
Münstermaifeld
Eifel
Gerolstein
Daun
Ulmen
Cochem
Bullay
Zell
Traben-Trarbach
Bernkastel-Kues
Bitburg
Wittlich
Hunsrück
Simmern
Kastellaun
Emmelshausen
Kirchberg
Bad Kreuznach
Bad Sobernheim
Kirn
Idar-Oberstein
Morbach
Hermeskeil
Trier
Konz
Saarburg
Schweich
Merzig
Mettlach
Losheim a. See
Wadern
St. Wendel
Nohfelden
Birkenfeld
Baumholder
Kusel
Ottweiler
Neunkirchen
Homburg
St. Ingbert
Saarbrücken
Völklingen
Saarlouis
Dillingen
Forbach
Sarreguemines
Zweibrücken
Pirmasens
Landstuhl
Kaiserslautern
Pfälzer Wald
Rockenhausen
Kirchheimbolanden
Alzey
Bad Dürkheim
Neustadt a. d. Weinstr.
Edenkoben
Landau
Annweiler
Dahn
S 13.1
S 13.2
S/C 12.10
S/C 13.3
S/C 13.4
S 13.5
S 12.9
S 12.8
S 12.7
S 12.6
S 12.5
S 12.4
S 12.3
S 12.2
S 12.1
S 17.10
S 17.11
S 9.1
S 9.2
S 9.3
S 9.4
S 9.5
S 9.6
S 9.7
S 9.8
S 17.9
S 11.1
S 11.2
S 11.3
S 11.4
S 11.5
S 11.6
9
11
12
13
17

275

A
B
C
D
1
2
3
4
5
6
Siegen
Kreuztal
Hilchenbach
Netphen
Bad Laasphe
Biedenkopf
Wetter
Frankenberg
Marburg
Kirchhain
Neustadt
Schwalmstadt
Treysa
Bad Hersfeld
Niederaula
Alsfeld
Homberg (Ohm)
Dillenburg
Haiger
Herborn
Gladenbach
Lahntal
Amöneburg
Ebsdorfergrund
Stadtallendorf
Kirtorf
Schlitz
Lauterbach
Hünfeld
Wetzlar
Gießen
Lollar
Staufenberg
Buseck
Grünberg
Laubach
Lich
Hungen
Pohlheim
Linden
Langgöns
Solms
Braunfels
Weilburg
Runkel
Weilmünster
Schotten
Herbstein
Großenlüder
Fulda
Petersberg
Künzell
Eichenzell
Neuhof
Flieden
Kalbach
Vogelsberg
Taufstein 773
Wasserkuppe 950
Butzbach
Münzenberg
Rockenberg
Nidda
Gedern
Bad Nauheim
Friedberg
Usingen
Wehrheim
Neu-Anspach
Bad Camberg
Limburg
Idstein
Bad Homburg
Oberursel
Kronberg
Königstein
Bad Soden
Eschborn
Bad Vilbel
Karben
Wöllstadt
Niddatal
Florstadt
Altenstadt
Büdingen
Ortenberg
Gelnhausen
Wächtersbach
Bad Orb
Birstein
Schlüchtern
Steinau
Bad Brückenau
Wetterau
Taunus
FRANKFURT am Main
Offenbach am Main
Maintal
Hanau
Großkrotzenburg
Rodenbach
Freigericht
Alzenau
Mömbris
Hammelburg
Gemünden a. Main
Lohr a. Main
Karlstadt
Wiesbaden
Mainz
Hochheim
Flörsheim
Hattersheim
Kelsterbach
Rüsselsheim
Raunheim
Walldorf
Mörfelden
Neu-Isenburg
Dreieich
Langen
Dietzenbach
Heusenstamm
Obertshausen
Seligenstadt
Rodgau
Babenhausen
Aschaffenburg
Stockstadt a. Main
Goldbach
Hösbach
Laufach
Spessart
Marktheidenfeld
Zellingen
Würzburg
Höchberg
Nierstein
Oppenheim
Groß-Gerau
Darmstadt
Dieburg
Münster
Groß-Umstadt
Griesheim
Riedstadt
Pfungstadt
Seeheim-Jugenheim
Bensheim
Lorsch
Heppenheim
Lampertheim
Worms
Bürstadt
Biblis
Gernsheim
Reinheim
Höchst
Breuberg
Michelstadt
Erbach
Bad König
Obernburg
Erlenbach a. Main
Klingenberg a. Main
Miltenberg
Wertheim
Odenwald
Lindenfels
Fürth
Rimbach
Weinheim
Viernheim
Mannheim
Ludwigshafen
Frankenthal
Schwetzingen
Heidelberg
Leimen
Neckargemünd
Eberbach
Mosbach
Buchen
Walldürn
Hardheim
Külsheim
Tauberbischofsheim
Lauda-Königshofen
Bad Mergentheim
Boxberg
Osterburken
Adelsheim
Speyer
Hockenheim
Walldorf
Wiesloch
Sinsheim
Bad Wimpfen
Neckarsulm
Möckmühl
Künzelsau
Hohenlohe
Neustadt a.d. Weinstr.
Bad Dürkheim
Grünstadt
Alzey
Saulheim
Ingelheim
C 13.6
S 13.7
S 13.8
S 13.9
S 11.1
S 11.2
S 11.3
S 11.7
S 17.7
S 17.8
S 4.1
S 4.2
S 4.5
S 4.9
S 4.10
S 5.5
S 5.6
4
5
13
17

279

284

276
282
285
Thüringer Wald
Fränkische Schweiz
Steigerwald
Nationalpark Hainich
Eisenach
Gotha
Erfurt
Weimar
Jena
Apolda
Arnstadt
Ilmenau
Suhl
Zella-Mehlis
Meiningen
Schmalkalden
Bad Salzungen
Saalfeld
Rudolstadt
Bad Blankenburg
Sonneberg
Coburg
Hildburghausen
Eisfeld
Kronach
Kulmbach
Bayreuth
Lichtenfels
Bad Staffelstein
Bamberg
Schweinfurt
Haßfurt
Bad Kissingen
Bad Neustadt
Bad Königshofen
Kitzingen
Forchheim
Erlangen
Fürth
Nürnberg
Schwabach
Ansbach
Rothenburg ob d. Tauber
Hof
Naila
Bad Lobenstein
Pößneck
Neustadt a. d. Orla
Kahla
Stadtroda
Hersbruck
Lauf a.d. Pegnitz
Pegnitz
Auerbach
Neustadt a. d. Aisch
Scheinfeld
Schlüsselfeld
Burgebrach
Höchstadt
Herzogenaurach
Wartburg
Miniaturenpark »mini-a-thür«
Burg Gleichen
Freilandmus.
Wagner Opernhaus
Eremitage
Erlebnispark Schloss Thurn
Fränkisches Wunderland
Playmobil Fun Park
Freizeitland Geiselwind
Mariaburghsn.
Bauernhof mus.
S 16.18
S 16.4
C 17.27
C 16.5
S 17.26
S 16.6
S 16.7
S 16.17
S 16.15
S 16.16
S 16.14
S 16.13
S 16.12
C 16.8
C 16.11
S 16.9
S 16.10
S 4.6
S 4.7
S 5.1
S 17.28
S 5.2
S 5.3
S 5.4
S 17.29
E
F
G
H
1
2
3
4
5
6

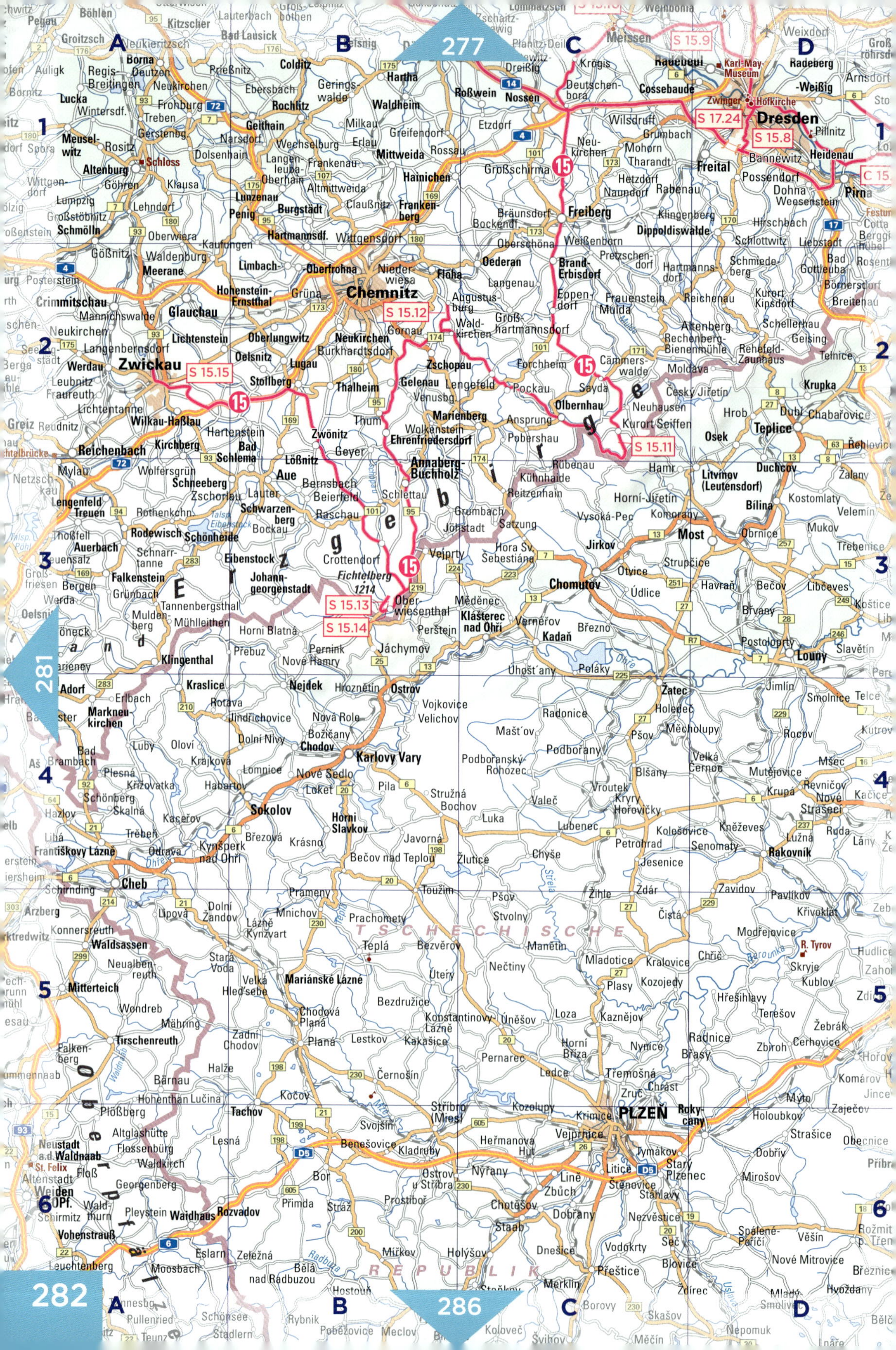

277
281
286
A
B
C
D
1
2
3
4
5
6
Dresden
Chemnitz
Zwickau
Freiberg
Meissen
Freital
Pirna
Heidenau
Altenburg
Glauchau
Crimmitschau
Werdau
Reichenbach
Aue
Annaberg-Buchholz
Marienberg
Olbernhau
Teplice
Most
Chomutov
Litvínov (Leutensdorf)
Bílina
Louny
Žatec
Kadaň
Jáchymov
Ostrov
Karlovy Vary
Sokolov
Cheb
Františkovy Lázně
Mariánské Lázně
Tachov
Plzeň
Rakovník
Stříbro (Mies)
Waldsassen
Mitterteich
Tirschenreuth
Weiden i. d. OPf.
Vohenstrauß
Fichtelberg 1214
S 15.8
S 15.9
S 15.10
S 15.11
S 15.12
S 15.13
S 15.14
S 15.15
S 17.24
C 15
T S C H E C H I S C H E
R E P U B L I K
E r z g e b i r g e
O b e r p f a l z

279
284
E
F
G
H
1
2
3
4
5
6
STRASBOURG
MULHOUSE
BASEL
ZÜRICH
Freiburg
Colmar
Haguenau
Rastatt
Gaggenau
Baden-Baden
Bühl
Kehl
Offenburg
Lahr
Emmendingen
Waldkirch
Breisach
Müllheim
Lörrach
Weil
Rheinfelden
Bad Säckingen
Waldshut
Schaffhausen
Villingen-Schwenningen
Freudenstadt
Titisee-Neustadt
Donaueschingen
Bad Wildbad i. Schwarzw.
Ettlingen
Karlsruhe
Saverne
Sarrebourg
Phalsbourg
Molsheim
Obernai
Sélestat
Ste.-Marie-aux-Mines
Guebwiller
Cernay
Thann
Altkirch
St.-Louis
Delémont
Aarau
Baden
Kloten
Feldberg 1493
Kaiserstuhl 557
Schwarzwald
Vogesen
Breisgau
Hist. Zentrum
Europa-Park
Steinwasen-Park
Schwarzwaldpark Löffingen
Goetheanum
Rheinfall
SCHWEIZ
S 6.2
S 6.3
C 6.1
S 6.4
S 6.5
S 6.6
S 6.7
S 6.8
S 6.9
S 17.5
S 17.6
6
17

280

A
B
C
D
Karlsruhe
Bruchsal
Heilbronn
Schwäbisch Hall
Pforzheim
Baden-Baden
Bretten
Mühlacker
Vaihingen
Bietigheim-Bissingen
Ludwigsburg
Backnang
Waiblingen
Schorndorf
Schwäbisch Gmünd
Leonberg
Fellbach
STUTTGART
Esslingen
Sindelfingen
Böblingen
Göppingen
Kirchheim unt. Teck
Geislingen
Calw
Nagold
Herrenberg
Tübingen
Reutlingen
Rottenburg
Freudenstadt
Balingen
Albstadt
Rottweil
Schramberg
Villingen-Schwenningen
Donaueschingen
Tuttlingen
Sigmaringen
Riedlingen
Biberach
Ulm
Ehingen
Laupheim
Blaubeuren
Münsingen
Bad Urach
Metzingen
Nürtingen
Singen
Radolfzell
Konstanz
Überlingen
Meersburg
Friedrichshafen
Ravensburg
Weingarten
Wangen
Lindau
Bregenz
Schaffhausen
Winterthur
Frauenfeld
Kreuzlingen
Romanshorn
Arbon
Rorschach
St. Gallen
Wil
ZÜRICH
Bodensee
Schwäbische Alb
Schwarzwald
Schwäbisch-Fränkischer Wald


283

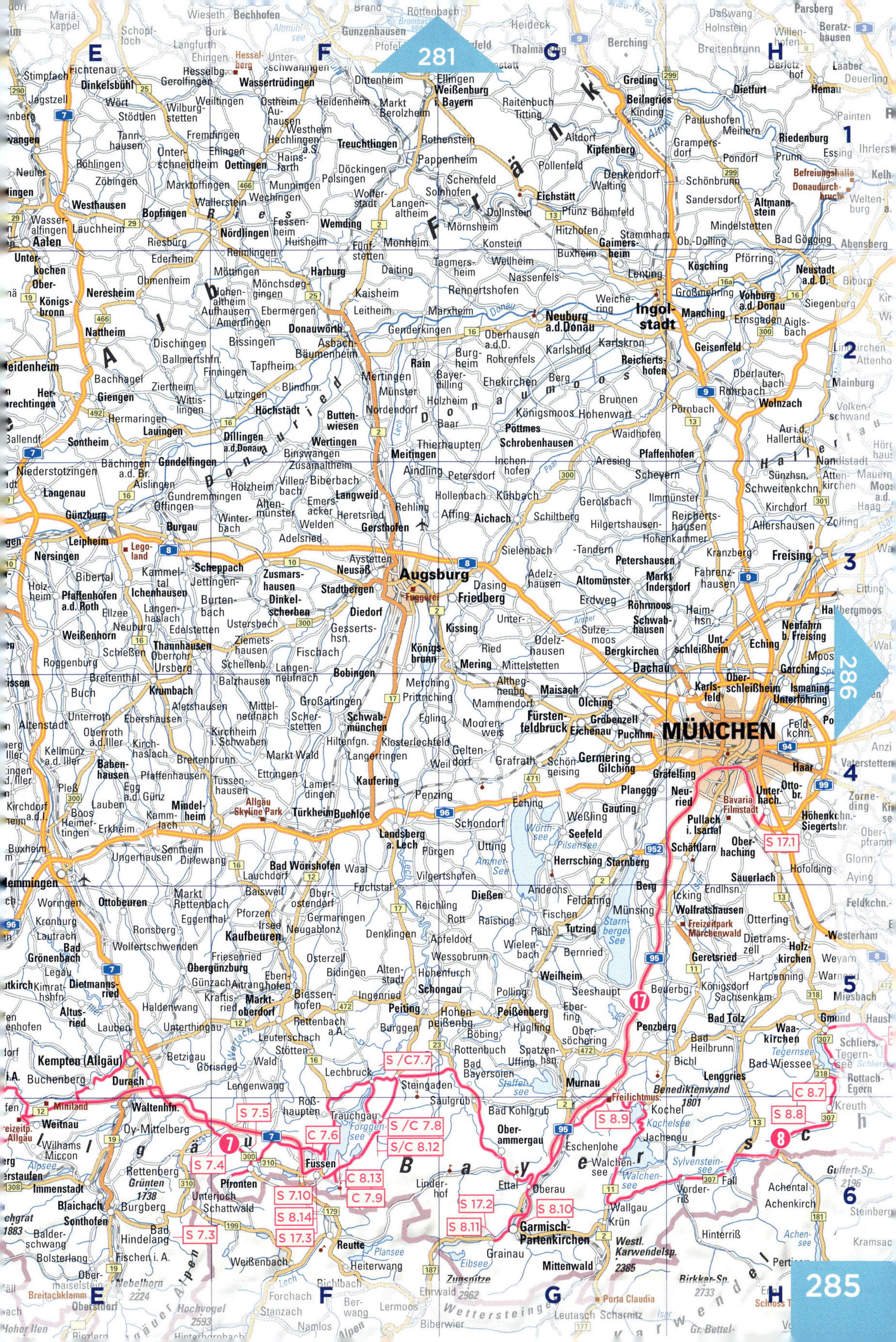

MÜNCHEN
Augsburg
Ingolstadt
Kempten (Allgäu)
Garmisch-Partenkirchen
Kaufbeuren
Memmingen
Landsberg a. Lech
Freising
Dachau
Donauwörth
Nördlingen
Aalen
Eichstätt
Füssen
Weilheim
Starnberg
Günzburg
Neuburg a.d.Donau
Dillingen a.d.Donau

281
286

282
285
Regensburg
Straubing
Deggendorf
Passau
Landshut
Dingolfing
Landau a.d. Isar
Mühldorf am Inn
Burghausen
Braunau am Inn
Rosenheim
Traunstein
SALZBURG
Bad Reichenhall
Berchtesgaden
Kufstein
Kitzbühel
Wörgl
Saalfelden
Erding
Freising
Altötting
Vilshofen
Plattling
Bayerischer Wald
Nationalpark Bayer. Wald
Nationalpark Berchtesgaden
Chiemsee
Kaisergebirge
Steinernes Meer
Salzkammergut
Kitzbüheler Alpen
S 8.1
S/C 8.2
S 8.3
S 8.4
S 8.5
S 8.6

# IMPRESSUM


## DIE AUTOREN

**Petra Lupp** gründete im Jahr 2001 ihre Presseagentur und ist seit einigen Jahren insbesondere im Ausland als freie Reisejournalistin tätig. 2012 richtet sie ihre Recherchen und Reportagen verstärkt auf die Lebens- & Reisegewohnheiten der Zielgruppe 50 plus aus. Ihre authentischen Reisereportagen auf dem Onlineportal »Lebensdomizile weltweit« erfreuen sich großer Beliebtheit.

**Martin Klug** begann seine touristische Karriere klassisch bei einem Reiseveranstalter, die er nach dem BWL-Studium im Incentive-und Eventbusiness bei großen Agenturen verdichtete. Nach mehrjährigen Tätigkeiten in leitenden Marketing-Funktionen bei Konzernen machte er sich 2001 mit seiner eigenen Agentur selbständig und realisierte weltweit Gruppenreisen, internationale Kongresse und Events.

Die Leidenschaft für das Reisen sowie für das mobile Leben und Arbeiten gehören mittlerweile für die beiden zu ihrem Alltag.



Verantwortlich: Kerstin Thiele
Lektorat: Michaela Zelfel
Layout: Eva-Maria Klaffenböck
Repro: Cromika/LUDWIG:media
Kartografie: Huber Kartografie
Herstellung: Anna Katavic
Printed in Slovenia by Florjancic


★★★★★

**Sind Sie mit diesem Titel zufrieden? Dann würden wir uns über Ihre Weiterempfehlung freuen.** Erzählen Sie es im Freundeskreis, berichten Sie Ihrem Buchhändler, oder bewerten Sie bei Onlinekauf. Und wenn Sie Kritik, Korrekturen oder Aktualisierungen haben, freuen wir uns über Ihre Nachricht an den Bruckmann Verlag, Postfach 40 02 09, D-80702 München oder per E-Mail an lektorat@verlagshaus.de.

Unser komplettes Programm finden Sie unter www.bruckmann.de




Bildnachweis: Alle Bilder auf dem Umschlag und im Innenteil stammen von den Autoren, außer: S. 91 shutterstock/lavinia.buffa; S. 100 li.: Skywalk Allgäu Naturerlebnispark/Thomas Gretler; S. 130 o. © Weltkulturerbe Völklinger Hütte/Hans-Georg Merkel, S. 139 re.: RWW Rheinisch-Westfälische Wasserwerksgesellschaft mbH, Am Schloß Broich 1–3, 45479 Mülheim an der Ruhr, Fotograf: Andreas Köhring; S. 224/225 shutterstock/travelism; S.228 shutterstock/Noppasin Wongchum; S. 239 shutterstock/toawndonebuilding

Umschlagvorderseite: Süddeutschland begeistert immer wieder mit der Vielfältigkeit der Alpen.
Umschlagrückseite: Vor dem Reichstag in Berlin

Die Deutsche Nationalbibliothek verzeichnet diese Publikation in der Deutschen Nationalbibliografie; detaillierte bibliografische Daten sind im Internet über http://dnb.d-nb.de abrufbar.

3. aktualisierte Auflage



ISBN 978-3-7343-1274-8

LEVERKUSEN
KÖLN
MAASTRICHT
SIEGEN
Rhein
BONN
Euskirchen
Marburg
Fulda
Gießen
Wetzlar
Fulda
BELGIEN
Andernach
Neuwied
KOBLENZ
Lahn
Mosel
Großer
FRANKFURT/
MAIN
Bad
Neustadt
Cochem
WIESBADEN
OFFENBACH
MAINZ
Bernkastel-Kues
DARMSTADT
LUXEM-
BURG
TRIER
Oppenheim
Main
WÜRZBURG
Wertheim
Mosel
Worms
Viernheim
MANNHEIM
LUDWIGS-
HAFEN
SAAR-
BRÜCKEN
Homburg
Neustadt
a.d. Weinstr.
HEIDELBERG
Rothenburg
o. d. Tauber
Neckar
METZ
Pirmasens
Sinsheim
Bad Bergzabern
KARLSRUHE
Bruchsal
Crailsheim
Moselle
Rastatt
Pforzheim
Aalen
NANCY
Sarre
STUTTGART
Schwäbisch
Gmünd
Baden-Baden
STRASBOURG
Kehl
Freudenstadt
Rhein
Offenburg
Neckar
Tübingen
FRANKREICH
ULM
Rust
Canal du Rhône au Rhin
Kandel
1240
Villingen
Schwenningen
Donau
Biberach
FREIBURG
Titisee-
Feldberg
1493
Neustadt
Belchen
1414
Schluchsee
Ravensburg
MULHOUSE
Singen
Weil am
Rhein
Thur
Bodensee
BASEL
ZÜRICH
SCHWEIZ
Oberstdorf
BESANÇON
Zürich-
see
Aare
Widderstein
2553
LIECHTEN-
STEIN